텃밭을 밥상에 올리다

이현숙 글 · 신민주 사진

들녘

텃밭을 밥상에 올리다
ⓒ이현숙 2016

초판 1쇄 발행일 2016년 4월 15일

지은이 이현숙

출판책임 박성규
기획실장 선우미정
편집진행 김상진
편　　집 유예림·구소연
디자인 김지연·이수빈
마케팅 석철호·나다연
경영지원 김은주·박소희
제　　작 송세언
관　　리 구법모·엄철용

펴낸곳 도서출판 들녘
펴낸이 이정원
등록일자 1987년 12월 12일
등록번호 10-156
주　　소 경기도 파주시 회동길 198
전　　화 마케팅 031-955-7374　편집 031-955-7381
팩시밀리 031-955-7393
홈페이지 www.ddd21.co.kr

ISBN　979-11-5925-139-9(14520)
　　　　979-89-7527-160-1(세트)

값은 뒤표지에 있습니다. 잘못된 책은 구입하신 곳에서 바꿔드립니다.

이 도서의 국립중앙도서관 출판예정도서목록(CIP)은 서지정보유통지원시스템 홈페이지(http://seoji.nl.go.kr)와 국가자료공동목록시스템(http://www.nl.go.kr/kolisnet)에서 이용하실 수 있습니다.(CIP제어번호: CIP2016007779)

∞

이른 새벽에 일어나 정갈한 밥상을 차려주시던
아흔세 살 우리 어머니의 삶을 기억하며……

들어가는 글

'맛의 원형'을 찾아서:
텃밭에서 밥상을 설계하다!

나는 당근이 색스러울 뿐 맛도, 향도 밋밋한 줄로만 알았다. 하지만 텃밭을 하면서 갓 캔 당근을 먹어보고 엄청나게 놀랐다. 이렇게 강한 향과 맛을 지니고 있는 거였어? 텃밭에서 금방 뽑은 열무로 김치를 담가보라. 마트에서 사 온 열무로 담근 김치가 도저히 따라올 수 없을 만큼 시원하다. 우엉을 길러보면 알게 되리라, 뿌리만이 아니라 잎이 얼마나 맛있는지. 겨울 지나 이른 봄에 새로 난 우엉잎, 살짝 데치면 쌉쌀하고 도톰하면서도 감칠맛 나게 부드럽다. 텃밭을 하지 않으면 도저히 접할 수 없는 맛들이다.
작물 자체가 가지고 있는 강렬한 원형의 맛을 하나둘씩 접하다 보니 그동안 내가 알던 맛이 제대로 된 맛이 아닐 수 있겠다 싶었다. 그제야 공장식 농업, 식품가공업, 외식산업에 포위된 일상 너머가 내다보였다. 다행히 어린 시절 시골에서 자란 덕에 나는 삼삼하게 떠오르는 맛을 기억해낼 수 있었다. 텃밭을 가꾸시던 어머니가 차려주신 조촐하지만 감칠맛 넘치는 제철밥상. 맛의 원형…… 그런 것이 있다면 텃밭에서 방금 거둬서 만든 음식으로 차린 밥상에 있을 것이다. '오래된 밥상'을 기억의 구석쟁이에서 불러내면서 나는 '돈으로 사 먹을 수 없는 맛의 원형에 가까이 가려면 텃밭을 밥상에 올리는 수밖에 없구나' 하는 생각에 이르렀다. 마흔이 훌쩍 넘어서였다. 요즘은 20대가 된 딸아이가 텃밭 재료로 맛을 상상하고 빚어내는 것을 보면서 거기 접맥해보려고 끙끙거린다. 원재료의 맛과 향을 찾아볼 수 없는 정체불명의 퓨전요리가 아니라 재료가 지닌 성질을 끌어올리는 젊은 요리. 그렇게 보면 3대에 걸쳐 맛의 길을 찾아가고 있다.
작물들은 원래가 맛있는 것. 수천 년 동안 인류가 어떤 식물을 선택해 재배한 이유는 대부분 그 식물이 맛있고 몸에 좋기 때문이었을 게다. 새싹, 곁순과 잎과 줄기, 뿌리, 꼬투리와 열매를 먹으면서 제맛을 끌어올리는 방식으로 먹을 수는 없을까? 온갖 화학조미료와 첨가물로 분칠한 맛이 아니고 맨얼굴같이 싱그럽고 순한 제맛 말이다. '음식이 약이고, 약이 음식'이라는데…… 어떻게 하면 제대로 먹을 수 있을까?

이 책은 그러한 생각들을 놓지 않고 더듬어온 텃밭 살림의 궤적이다. 성인 남자는 셋 가운데 하나가, 성인 여자는 넷 가운데 하나가 암에 걸린다는 보도가 아니어도 주변에서 암에 걸려 고생하는 이들을 보면서 조바심치며 건강한 먹을거리를 더듬은 이야기이기도 하다. '먹는 대로 몸이 된다'는 말이 겁나도록 실감나서 오래된 밥상 앞으로 살금살금 나앉은 흔적이기도 하다. 나는 결코 요리 전문가가 아니고, 전업주부도 아니다. 내가 농사지은 것으로 하루 세 끼 밥상을 차리려는 꿈을 가지고 10년 남짓 농부의 길을 찾아온 사람일 뿐이다.

화두1. 텃밭 농사로 밥상을 자급할 수 있을까?

몇 가지 궁리가 필요하다. 밥상을 차릴 때 늘 필요한 기본재료들, 식구들이 즐기는 먹을거리를 떠올려 텃밭을 설계한다. 땅의 면적에 비춰 무엇을, 얼마나, 언제 심을지 따져보자는 것. 내다팔 것이 아니라 한 가족이 먹을 밥상을 차리는 데 쓸 거라면 한두 그루만 심어도 다 못 먹는 것들이 적지 않더라. 으레 사 먹어야 하는 걸로 알았던 차, 음료, 과일 같은 것들도 텃밭에서 나는 것들로 다채롭게 차릴 수 있고.

밥상을 달리하기만 해도 밥상을 자급할 수 있는 폭은 넓어진다. 무엇보다도 들풀! 겨울을 빼고는 일 년 내내 작물보다 먼저 싹트고 그보다 늦게까지 살아가는 들풀이 넘쳐난다. 저마다 고유한 영양분과 약성을 지니고 있는 싱싱한 들풀로 밥상을 차리면 차림표는 풍성해진다. 그다음은 저장. 작물이든 들풀이든 한철을 살고 나면 사라지는 법. 제철에 저장해두면 밥상이 든든해진다. 말려두고, 얼려두고, 절여두는 것—간장, 된장, 고추장 혹은 소금이나 설탕에—은 쏠쏠한 농사의 영역이다. 텃밭이 숨을 고르는 겨울에는 이렇게 저장한 것들을 꺼내 한 상 차릴 수 있다.

화두2. 이걸 어떻게 해 먹어야 하나?

텃밭을 잘 가꾸어도 끙끙거리게 되더라. 그 대목에서 나는 어릴 적 어머니가 차려주시던 맛을 떠올릴 수 있었다. 집집이 맛있는 맛의 추억이 다르리라. 지역에 따라서도 다르리라. 나는 경기도 북부식이다. 그렇더라도 맛의 요체는 어찌 보면 간단하다. 날로 먹을까, 익혀서 먹을까? 간을 무엇(간장, 소금, 된장, 고추장, 액젓)으로 할까? 새콤, 달콤, 매콤, 감칠맛을 어떻게 어울리게 할까? 맛과 별맛이 갈리는 지점이다. 어머니 밥상의 맛을 떠올리면서 맛의 미로를 더듬어가다 보니 그것은 창조적 표현에 열려 있더라. 그래서인가, 우리 어머니는 "머리가 좋아야 음식을 잘한다"고 철석같이 믿으시더라. '맛'에 얽혀 있는 요소들—재료 각각의 맛, 그들의 어울림, 온도에 따른 맛의 변화, 하다못해 그릇에 담는 순서와 모양 그리고 먹을 때의 기분과 분위기 등—을 어떻게 부리는가는 맛에 대한 안목에 따라 달라진다는 말씀일 터. 이 책이 그런 무궁한 표현 행위를 도울 수 있었으면 좋겠다. 더 많은 레시피를 추가하고 싶은 욕심을 떨치고 간소하게 추려낸 것도 그런 맥락이다.

텃밭에서 늘 해오던 일이고, 늘 차리던 밥상인데도 막상 그것을 글로 쓰자니 생각만큼 쉽지 않더라. 출판사와는 가을에 원고를 마치기로 봄에 약속했는데 가을이 끝나가도록 거의 손을 못 대고 있었다. 주경야독이라고!? 그것은 아무나 할 수 있는 일이 아니더라. 농사에 꽂혀서 종일 밭에서 살다 보니 그리된 것. 밤이 되면 온몸의 기운이 사위어 글을 쓸 수 없다는 걸 그제야 알았다. 가을걷이를 대충 마치고 겨울이 되어서야 책상머리에 앉을 수 있었다.

그날부터 한 달 남짓 세끼 밥상을 차려주며 가을걷이 뒷일을 도맡아준 옆지기 보연, 그는 이 책을 같이 쓴 사람이라고 할 수 있다. 같이 농사지으면서 삼시세끼 같이 음식을 만드는 그는 나보다 '창의성'이 넘치는 '맛의 달인'. 나는 그의 레시피를 베끼기 일쑤다. 그를 거들어 밥상을 챙겨주고 아궁이에 군불을 지펴주며 잔심부름을 덥석덥석해준 막내아들 민후. '엄마는 글이나 쓰라'는 마음 씀씀이가 시간에 쫓기던 내게 얼마나 힘이 되었는지 모른다. 엄마가 쓴 글을 짬짬이 읽어주고 되새겨볼 만한 말 한마디씩을 던져준 둘째딸 민하 덕분에 글을 다시 보고 고쳐 쓸 수 있었다. 작물 사진은 그렇다 치고 밥상을 차리면서 사진까지 찍는 일은 여간 힘에 부치는 일이 아니었다. 듬성듬성 비어 있는 사진들을 찍어준 큰딸 민주가 발 벗고 나서지 않았다면 이 책은 나올 수나 있었을지 모르겠다. 그러고 보면 이 소소한 책 하나를 내기 위해서 온 식구들이 자신의 몫으로 채워주고 뒷받침해준 셈.

'나'란 존재는 늘 그렇구나. 다른 이들의 존재와 더불어 살아가는구나. 삼라만상이 그렇듯 서로 의지해서 살아간다는 이치를 위안 삼고 격려 삼아 나도 다른 이들의 존재에 보탬이 되는 삶을 살고 싶다.

차례

들어가는 글_ '맛의 원형'을 찾아서: 텃밭에서 밥상을 설계하다! •4

 3월

3월 밥상 •16

들풀_밥상 위로 스며드는 봄의 향연 들풀밥 | 들풀비빔밥 | 들풀김밥 | 들풀주먹밥 | 들풀샐러드 | 들풀샤브샤브 | 들풀겉절이 | 들풀모듬전 | 들풀모듬비빔국수 | 들풀정식 •18

냉이_밥상 위 봄의 전령사 냉이무침 •26

꽃다지_심장에 좋은 봄 약초 꽃다지무침 •28

원추리_싹과 꽃은 물론 뿌리까지 버릴 것 없네! 원추리초회 •30

망초_부드러운 식감에 담긴 싱그러운 봄의 향기 망초장아찌 •32

보리순_겨울 추위를 이겨낸 칼슘 덩어리 보리순무침 •34

3월 텃밭 텃밭에서 하는 일 •36

 4월

4월 밥상 •40

쑥_나른해지고 처지는 몸속에 기운을 쑥쑥 쑥완자탕 | 쑥버무리 | 쑥개떡 | 쑥주먹밥 •44

돌나물_사각거리는 식감의 유혹 돌나물물김치 •48

별꽃_흙에서 나는 미역 별꽃나물무침 | 별꽃샐러드 •50

민들레_시큰둥해진 입맛을 되살려주는 쌉싸름한 끝맛! 민들레겉절이 •52

진달래_밥상 위에 펼쳐지는 분홍빛 꽃놀이 진달래화전 •54

부추_양기 가득한 텃밭의 자양강장제 부추겉절이 •56

달래_자극적이지 않으면서도 입맛을 당기는 독특한 향 달래장 •58

풋마늘_풋풋하면서 알싸한 풍미 풋마늘초회 | 풋마늘무침 •60

배추꽃_햇살의 기운을 담뿍 담은 노란 빛깔 배추꽃샐러드 •62

목련_찻잔에 그윽한 봄의 정취 목련꽃차 •64

4월 텃밭 텃밭에서 하는 일 •66

5월

5월 밥상 •72

새싹_텃밭일꾼만이 맛볼 수 있는 특권 새싹모듬비빔밥 •74
상추_흙의 기운을 담은 맛 상추겉절이 | 상추냉국 •76
질경이_질긴 생명력에 담긴 약초의 효능 질경이밥 | 질경이나물 •78
머위_씁쌀한 풍미가 선사하는 봄의 향연 머윗잎들깨무침 | 머윗대장아찌 •80
마늘종_봄에 빼놓을 수 없는 쏠쏠한 반찬거리 마늘종무침 | 마늘종장아찌 •82
딸기_오종종한 알에 담긴 텃밭의 참맛 딸기샐러드 •84
아카시아꽃_달콤한 5월의 향취를 담은 추억 아카시아꽃샐러드 | 아카시아꽃차 •86
허브_알아서 크고 활용도 높은 텃밭 안의 효자 허브차 •88

5월 텃밭 텃밭에서 하는 일 •90

6월

6월 밥상 •96

완두콩_연둣빛 구슬에 들어 있는 햇빛의 기운 완두콩밥 | 완두콩샐러드 •98
강낭콩_1년에 두 번 수확해서 즐길 수 있는 구수함 강낭콩샐러드 | 강낭콩밥 •100
감자_칼바람 맞으며 심었던 고생을 보상받는 맛 알감자조림 | 감자전 | 감자스프 | 감자뇨키 •102
양상추_초여름의 사각거리는 싱그러운 식감 양상추샐러드 | 양상추볶음우동 •106
브로콜리_오래 두고 먹을 수 있는 텃밭 영양덩어리 브로콜리채소볶음 | 브로콜리초회 •108
양파_10개월 동안 축적된 텃밭의 맛과 향 양파볶음 | 양파장아찌 •110
양배추_벌레들이 먼저 알아보는 텃밭의 달콤함 양배추모듬찜 | 양배추샐러드 •112
열무_찬 성질이 더운 여름에 딱! 열무김치 •114
고춧잎_멸치 위에 뱅어포, 뱅어포 위에 고춧잎! 고춧잎나물 •116
쇠비름_숨겨진 효능 덕에 빛을 본 '벼락 들풀 스타' 쇠비름샐러드 | 쇠비름발효음료 •118
당근_이 맛에 텃밭 가꾸지! 당근잎부침개 | 당근주스 •120

6월 텃밭 텃밭에서 하는 일 •122

7월

7월 밥상 •128

가지_다양한 요리에 어울리는 부드러운 속살 가지무침 | 가지냉국 | 가지구이롤 | 가지프리타타 •130

오이_여름텃밭에서 빼놓을 수 없는 청량함 오이냉국 | 오이소박이 | 오이지 •134

꽈리고추_약방에는 감초, 밥상에는 꽈리고추! 꽈리고추찜 | 꽈리고추멸치볶음 •138

들깻잎_텃밭을 스쳐 지나가만 해도 향이 물씬 깻잎겉절이 | 깻잎김치 •140

토마토_마트에서는 못 사 먹는 무궁무진한 텃밭의 맛 토마토퓌레 | 토마토가지스파게티 | 토마토리소토 | 건토마토올리브유 | 라타투이 •142

바질_군침이 돌 정도로 식욕을 자극하는 향 바질페스토 •146

콩_콩국수를 떠올리며 입맛을 다시게 하는 텃밭작물 콩물과 콩국수 •148

채소모듬_여름텃밭에서 넘쳐나는 맛과 향 채소모듬찜 | 모듬채소전 •150

원추리꽃_이른 봄 새싹도, 한여름 꽃도, 가을 뿌리도 음식이 되고 약이 되는 꽃 원추리샐러드 •152

7월 텃밭 텃밭에서 하는 일 •154

8월

8월 밥상 •158

고구마줄기_텃밭 고구마 알도 키우고, 제철 반찬으로도 안성맞춤! 고구마줄기볶음 | 고구마줄기김치 •160

호박_한 포기만 심어도 밥상이 푸짐해지는 마법의 채소 호박전 | 호박볶음 •162

오이노각_늙는다는 건 말라비틀어지는 것이 아니라 속이 깊어진다는 뜻! 오이노각무침 •164

초록토마토_텃밭꾼만이 꿈꿀 수 있는 이색적인 맛 초록토마토튀김 | 초록토마토피클 •166

옥수수_따자마자 바로 요리해 먹어야 제맛을 느낄 수 있는 여름채소 옥수수밥 | 옥수수샐러드 •168

콩잎_콩순을 질러주다가 얻게 되는 특별한 밑반찬 콩잎물김치 •170

고추_연한 육질, 아삭한 식감 때문에 붉어질 때까지 남아 있기 어려운 '텃밭 스타'! 풋고추무침 | 고추소박이 •172

방울토마토_과일 '대역'은 물론, 다른 요리에도 '훌륭한 조연'이 되다! 방울토마토마리네이드 •174

한련화_빛깔로 밥상을 환하게 밝히고, 상큼한 식감으로 입맛을 돋우다 한련화샐러드 •176

8월 텃밭 텃밭에서 하는 일 •178

9월

9월 밥상 •182

고구마_신비로운 빛깔만큼이나 입안으로 번지는 텃밭의 온화함 고구마맛탕 | 고구마라떼 •184

아욱_조금씩 밥상으로 올라오는 가을기운 아욱된장국 | 아욱밥 •186

얼갈이배추_씨앗 뿌리고 한 달 남짓이면 밥상 위로 뚝딱! 얼갈이배추겉절이 •188

땅콩_텃밭꾼들에게만 허락된 선물 땅콩찜 | 땅콩조림 •190

풋콩_나긋나긋 보드라운 연두빛 콩알 풋콩밥 | 풋콩찜 •192

들깨송아리_입안 가득 퍼지는 들깨향 들깨송아리부각 •194

녹두_손이 많이 가지만 충분히 보상받고도 남는 맛 녹두빈대떡 •196

가을호박_가을을 재촉하는 맛과 향 호박만두 •198

오미자_맛뿐 아니라 향도, 빛깔도 매력적! 오미자에이드 •200

9월 텃밭 텃밭에서 하는 일 •202

10월

10월 밥상 •206

팥_무관심 속에도 알아서 쑥쑥 크는 힘! 팥밥 •208

콩_콩 한 알이 영글기까지의 과정을 입으로 음미해보는 여유 콩전 | 콩비지찌개 •210

서리걷이 고추_농약 안 친 고추를 먹으려면 텃밭을 하는 수밖에! 고추부각 | 고추장아찌 •212

무_가을텃밭 무는 산삼과 진배없는 보약! 무밥 | 무생채 | 무청된장파스타 | 무전 | 무국 •214

총각무_8월말에 씨 뿌리면 10월에 김치가 되어 밥상 위로 뚝딱! 총각김치 •218

수수_텃밭일꾼에게 경작 욕심을 불러일으키는 몇 안 되는 알곡작물 수수부꾸미 •220

생강_몇 포기만 심어도 양념은 물론 주전부리, 안주까지 딸려오네! 편강 •222

파_텃밭일꾼이라면 파만큼은 온전히 내 힘으로 내 밥상에! 파채 •224

울금_윤기 자르르한 주황빛 속살에 담긴 놀라운 약성 울금차 •226

10월 텃밭 텃밭에서 하는 일 •228

11월

11월 밥상 •232

서리태콩_늦은 가을 서리를 맞을수록 단맛이 드는 기다림의 수확물 콩밥 | 콩자반 •234

배추_텃밭에서 자란 가을배추를 먹어야 배추 맛을 안다! 배추겉절이 | 배추전 | 배추김치 | 백김치 •236

쪽파_봄가을 한반도의 서늘한 기운을 먹고 자라는 토종 채소! 파전 •240

근대_한여름과 한겨울만 피하면 언제든지 심어 먹을 수 있는 '시금치 사촌' 근대무침 | 근대국 •242

토란알_수분을 잔뜩 머금은 흙속의 알! 토란들깨탕 •244

돌산갓_배추보다 덩치 좋고 더 빨리 자라는 '순둥이' 채소! 돌산갓김치 •246

늙은호박_농익은 치는 농익은 대로, 중늙은 치는 중늙은 대로 쓸모가 있다! 호박죽 | 늙은호박전 | 늙은호박 크로켓 | 늙은호박찌개 | 늙은호박김치 | 늙은호박양갱 •248

우엉_풀 관리 쉽고, 벌레도 달려들지 않아 기르기 쉬운 텃밭작물 우엉채조림 •252

국화_갈색 빛으로 물들어가는 늦가을 들판에 등불을 켜다! 구절초꽃차 | 감국차 •254

11월 텃밭 텃밭에서 하는 일 •256

12월

12월 밥상 •260

무청_손에 꼽히는 찬거리 공급작물! 시래기밥 | 시래기나물 •262

나물콩_시루에 콩 한 컵을 넣고 나서 1주일 후면 먹을 만한 양을 얻는다! 콩나물밥 •264

무말랭이_오독오독 씹을수록 우러나는 깊은 맛 무말랭이고춧잎무침 •266

더덕_사방을 물들이는 향긋함의 절정 더덕무침 •268

팝콘옥수수_입이 심심한 겨울날 쟁글쟁글한 햇살을 떠올리며 먹는 재미! 팝콘 •270

콜라비_무보다 육질이 단단하고 시원한 맛이 일품! 콜라비생채 | 콜라비당근볶음 •272

도라지_좁은 텃밭에서도 쑥쑥 자라며 몇 해 동안 캐 먹을 수 있네! 도라지볶음 •274

12월 텃밭 텃밭에서 하는 일 •276

1월

1월 밥상 •280

- **토란대**_쫄깃하고 담백한 식감 토란대밥 | 토란대나물볶음 •282
- **호박오가리**_햇살의 기운을 받아 더욱 영향이 풍부해지다 호박오가리나물 | 호박오가리김치 •284
- **가지오가리**_호박오가리와 함께 묵나물로 손꼽히는 겨울밥상의 '대표선수' 가지오가리파스타 •286
- **김장김치**_두말할 필요 없는 제철음식의 최고봉 김치밥 | 김치찟 | 김치부침개 | 김치말이국수 •288
- **부각**_바삭하고 고소해서 싫어하려야 싫어할 수 없는 겨울 먹을거리! 모듬부각 •292
- **강정**_겨울 가기 전에 한 번쯤 꼭 해 먹는 맛과 영양의 주전부리 들깨콩강정 •294
- **엿기름**_명절의 설레는 기분을 담아 달콤하고 부드럽게 음미하다 호박식혜 •296
- **동치미**_톡 쏘는 청량감과 아삭거리는 식감의 마법 동치미샐러드 •298
- **결명자**_기르기도 수월하고 눈을 밝게 해주는 약성까지 지닌 이로운 작물 결명자차 •300

1월 텃밭 텃밭에서 하는 일 •302

2월

2월 밥상 •306

- **오곡**_오행의 기운을 받아 우리 몸도 튼튼, 텃밭농사도 순풍! 오곡밥 •308
- **묵나물**_겨울을 털고 봄을 맞이하는 밥상 의식 아홉가지 나물 | 아주까리나물볶음 | 취나물볶음 | 묵나물비빔밥 | 묵나물김밥 •310
- **겨울배추**_한국인의 몸속 어딘가에 각인된 그리움의 채소 배추고갱이쌈 | 나박김치 •314
- **봄동**_김장김치는 넘볼 수 없는 달작지근하고 고소한 맛 봄동겉절이 •316
- **월동시금치**_겨울의 기운을 달콤한 맛으로 품어내다! 시금치나물 | 시금칫국 •318
- **돼지감자**_왕성한 번식력으로 겨울을 스스로 이겨내는 '땅속 사과' 돼지감자샐러드 | 돼지감자차 •320

2월 텃밭 텃밭에서 하는 일 •322

부록: 텃밭밥상에 덧붙이는 이야기

입맛에 맞는 드레싱 만들기 •324 | 들풀, 식감과 향을 살리며 데치는 방법 •325 | 들풀, 맛깔나게 무치는 방법 •325 | 야생의 기운을 담은 들풀 차 만들기 •326 | 감칠맛 나는 맛국물 만들기 •326 | 풍미를 살려주는 맛장 만들기 •327 | 발효액(효소) 제대로 만들고 활용하기 •328 | 새콤달콤 장아찌와 피클 만들기 •329 | 색깔 있는 장아찌 담그기 •330 | 국수 맛있게 삶는 법 •330 | 파스타 맛있게 삶은 법 •331 | 들깨의 효능과 활용법 •331 | 들깨국물 내리기 •331 | 나물 볶는 법 •332 | 묵나물, 맛있게 조리하는 방법 •332 | 대추꽃 만들기 •332 | 엿기름 활용법 •333

3월

3월엔 천지만물이 깨어난다. 겨울잠 자던 개구리가 후다닥 뛰쳐나오는 3월 들머리의 경칩(驚蟄)은 개구리에게만 국한되는 이야기가 아니다. 들풀도 깨어난다. 마른 풀더미를 들춰보면 그 밑에 냉이, 꽃다지, 점나도나물, 개망초, 달맞이, 쑥 따위 들풀들이 푸릇푸릇 깨어나는 모습을 볼 수 있다. 부추, 달래, 시금치, 마늘, 양파, 텃밭에서 겨울을 난 작물들도 바늘끝 같은 싹을 틔워 올리기 시작한다. 그러고 보면 얼어 있던 흙이 어느 사이 녹고 있다. 코끝에 감도는 사방의 공기도 사뭇 상큼하다. 굳어 있던 천지기운이 풀리는 것이리라.

하지만 추위는 여전히 맵싸하다. 겨울은 간 듯하다가도 머물러 있다. 춘래불사춘(春來不似春), 봄이 온 듯한데 봄 같지 않다라는 읊조림에 맞장구를 치게 된다. 시도 때도 없이 몰아치는 꽃샘바람은 칼바람 못지않게 살 속으로 파고든다. 그 바람이 흔들어 깨워 물기가 도는 것일까? 볕이 따사로운 자리에서 바라보노라면 나무들이 물을 올려 촉촉하게 젖어들고 있다.

겨우내 잊고 지내던 텃밭도 이즈녘이 되면 슬며시 일상으로 들어온다. 볕이 따사로운 한낮이면 몸이 근질근질해져 텃밭으로 발길을 내딛는 사람들. '경작본능'이 알 수 없는 깊이에서 꿈틀거리는 것일까? 인류가 수천 년 동안 대를 이어 농사지어온 내력이 유전자 어딘가에 새겨져 있을 거야. 압도적인 도시문명에 억눌려 저 깊숙이 틀어박혀 있을지언정 몸이 어렴풋하나마 기억해내는 거겠지.

3월 '텃밭 밥상' 한눈에 보기

절기	들풀	텃밭 작물
경칩 (3.6)	냉이, 꽃다지, 망초, 원추리, 광대나물, 별꽃	보리순, 저장 배추, 무, 돼지감자, 봄동, 뚱딴지
춘분 (3.21)	제비꽃, 돌나물, 쑥, 봄까치풀,	월동 시금치, 움파

3월 밥상

3월은 겨우내 먹던 밥상을 확 바꿔볼 수 있는 때. 텃밭에 씨를 뿌리기 앞서 자연이 키우는 들풀들이 돋아나고 있어서다. 해바른 곳에는 **쑥 이파리**가 고개를 내밀고 **냉이, 돌나물, 망초, 꽃다지, 광대나물, 원추리**를 비롯해 이름 모를 들풀들이 앞다투어 싹을 밀어 올린다. '하루가 다르구나' 절로 혼잣소리가 나올 정도로. 눈 밝은 농부라면 아무것도 없어 보이는 땅에서 입맛을 돋우는 밥상을 뚝딱 차려낼 수 있다. 들풀 몇 포기 캐어 담다 보면 거뜬히 나물 한 접시, 국 한 사발을 밥상에 올릴 수 있으니 말이다. 겨우내 든든하게 밥상을 지켜주던 묵나물이 텁텁하게 느껴지고 입맛은 상큼하면서도 발랄한 식감을 찾아 내달리는데, 온 들에는 들풀이 솟아오르고 있으니 바지런을 떨기만 하면 된다.

들풀은 어떤 맛일까? 달다고도 할 수 없고, 쓰다고도 할 수 없고, 시다고도 할 수 없어 꼭 짚어 뭐라 말할 수 없는 맛. 혀가 느낄 수 있는 다섯 가지 미각 신경의 그물에 잡히지 않는 맛이다. 처음 그 맛을 보았을 때 나는 그것이 낯선 맛과의 만남, 익숙한 맛과의 결별이구나 싶더라.

들풀로 밥상을 차리다 보면 세상에 이처럼 느린 일이 없구나 싶다. 한참을 뜯었는데도 그릇에 담긴 것을 들여다보면 겨우 요만큼밖에 안 되나 싶어진다. 그 순간, 속도에 급급해하는 삶에 길들어져 있는 나의 일상을 마주하게 된다. 그렇게 뜬금없이 마음이 바빠지곤 할 때 속으로 뇌까려본다. 그런데 뭐가 그리 급한 거지? 속도는 사유를 증발시키지 않던가.

곰곰 생각해보면 들풀과의 접속은 그것을 먹는 일에 그치지 않는다. 등짝에 내린 따스한 햇살, 코끝에 감도는 공기, 겨울과 봄이 만나 밀고 당기며 서서히 섞여 들어가는 저 오묘한 기운 속에서 우주의 생명을 느끼는 일. 빠르게 지나가느라 담아내지 못했던 존재들과의 만남으로 열리는 온몸의 기운만으로도 이른 봄 들풀로 차리는 밥상은 경이롭다.

밥상 위로 스며드는 봄의 향연

들풀

흔히 잡초라 불리는 들풀. 가꾸지 않아도 저절로 나서 자라는 이 풀들은 재배된 식물에서는 거세될 수 밖에 없는 생명의 기운과 약성을 머금고 있다. 그것은 몇 가지 영양소로 호명해낼 수 없는 생명체. 우리가 다 알 수 없는 자연의 비밀을 간직한 먹을거리다. 열 가지 풀을 세 번 넘게 먹어야 건강하다는 옛말이 그런 맥락에서 나왔을 것이다. 그러고 보면 들풀은 속도와 편리함을 좇는 우리 시대가 잊어버린 오래된 먹을거리다. 구태여 작물을 길러 먹어야만 하나? 그렇게 생각을 바꾸는 순간 밥상에 올라오는 먹을거리는 참으로 다채로워진다.

들풀이 싹트는 3월부터 무성해지는 6월 단오까지는 먹기 좋게 자란 들풀들이 흐드러진다. 반드시 이렇게 먹어야 한다는 법은 없다. 입맛에 따라 먹는 법을 달리해서 먹으면 된다. 다만 조리하기 전에는 먼저 날로 맛을 본다. 맛과 향을 혀끝에 익히면서 들풀의 존재감을 온전히 만날 수 있기 위해서다. 잘 어울릴 법한 드레싱을 골라서 버무려 내면 샐러드(324쪽 '입맛에 맞는 드레싱 만들기' 참조). 살짝 데쳐서 간을 맞춰 무치면 나물. 때로는 소금으로, 때로는 간장으로, 또 때로는 된장으로, 때로는 고추장으로 조물조물 무치면 된다. 들기름 살짝 넣어 버무리면 감칠맛이 나고 들풀의 향이 살아난다. 달콤하게 먹고 싶으면 발효액 한 방울, 새콤하게 먹고 싶으면 식초 한 방울을 넣는다. 쌉싸름하다 싶으면 물에 우려내어 먹고, 질기다 싶으면 데쳐서 볶아 먹는다. 국을 끓이기도 하고, 전을 부쳐 먹기도 한다. 김치를 담그기도 한다. 제초제를 뿌려 뿌리째 죽이지 않는 한 들풀은 꼬리에 꼬리를 물고 자라니 발 빠르게 움직이면 이렇게 저렇게 해 먹고도 남는다. 제철에 말리거나, 데쳐서 얼려두거나, 간장이나 소금 혹은 설탕에 절여두면 들풀이 사윈 한겨울에도 들풀 밥상을 차릴 수 있다.

◆ 들풀밥 ◆

들풀들을 다듬어 씻어놓는다. 쌀은 씻어서 반시간가량 불린 뒤 체에 받쳐 물기를 뺀다. 솥에 쌀을 안친다. 밥물은 보통 쌀 부피의 1.2배가량의 물을 붓는데 이보다 살짝 적은 듯이 넣는다. 밥이 끓기 시작하면 불을 중간불로 줄이고 들풀을 얹어 한소끔 끓이다가 약불로 줄여 뜸을 들인다.

나물밥은 맛있는 양념장에 비벼 먹어야 제맛이 난다. 양념장은 맛간장에 깨소금, 들기름을 넣고 저어둔다. 발효액 한 방울을 떨어뜨려도 좋다. 들풀의 향이 가리지 않도록 넣은 듯 안 넣은 듯 살짝 넣는다.

> **텃밭 요리사의 팁!**
> 1. 물 대신 맛국물로 밥을 짓기도 한다. 감칠맛을 더하고 싶을 때 그리한다. 326쪽 '감칠맛 나는 맛국물 만들기' 참조.
> 2. 밥물을 맞춰놓고 그 위에 바로 나물을 얹어서 밥을 지어도 된다. 편하긴 한데 빛도 향도 덜하다.

◆ 들풀비빔밥 ◆

끓는 물에 살짝 데친 들풀은 물을 꼭 짜내고 소금과 발효액으로 조물거려 밑간을 해둔다. 밥을 담은 그릇에 들풀을 얹고 비빔장과 들기름 한 숟가락씩을 올려서 밥상에 낸다.

> **텃밭 요리사의 팁!**
> 1. 들풀 데치는 방법은 325쪽 '들풀, 식감과 향을 살리며 데치는 방법' 참조.
> 2. 냉이를 오래 익히면 향이 옅어지고 질겨진다. 살짝 데치면 맛도 좋고, 불그죽죽한 잎이 초록빛으로 되살아난다. 들풀 무치는 방법은 325쪽 참조.

◆ 들풀김밥 ◆

> **텃밭 요리사의 팁!**
> 1. 맛간장 대신 맛된장을 바르면 또 다른 맛을 느낄 수 있다. 328쪽 '풍미를 살려주는 맛장 만들기' 참조.
> 2. 들풀 나름의 향을 맛보려면 한 가지 들풀만 얹는다. 몇 가지를 얹으면 들풀모듬김밥!
> 3. 질긴 들풀은 부드러울 정도로 데쳐서 얹는다.

꽃다지, 냉이, 망초 등 채취한 들풀을 씻어서 물기를 빼놓는다. 김을 한 장 꺼내고, 그 위에 밥을 골고루 깐다. 맛간장을 바르고 들풀을 얹어 둘둘 만다.

들풀비빔밥

들풀김밥

♦ 들풀주먹밥 ♦

밥을 고슬고슬하게 짓는다. 불린 쌀에 보통 때보다 물을 살짝 덜 잡는다. 밥이 익는 동안 단촛물을 만든다. 꽃다지, 냉이, 망초 등 여린 들풀은 날것 그대로 넣는다. 억세다 싶으면 살짝 데쳐서 물을 쭉 빼고 자잘하게 송송 썰어넣는다. 소금으로 살짝 밑간을 해둔다. 한 김 나간 밥을 퍼서 단촛물과 들기름을 뿌려가며 주걱으로 섞는다. 초밥을 둥글게 뭉쳐서 손바닥에 올리고 들풀을 하나씩 얹어 살짝 누른다. 접시에 초밥을 담고 제비꽃 같은 들꽃 한두 송이를 곁들인다.

텃밭 요리사의 팁!
1. 단촛물은 식초, 설탕, 소금을 넣고 양이 반쯤으로 줄어들 때까지 졸여서 만든다.
2. 밥이 뜨거울 때 단촛물을 뿌린다. 밥이 식으면 잘 뭉쳐지지 않으니까 뜨겁지 않을 정도로만 놔뒀다가 뭉친다.
3. 담백하게 먹고 싶으면 밥에 단촛물을 뿌리지 않고 소금과 들기름만 살짝 뿌리고 주먹 쥐어 뭉쳐놓는다.

❖ 들풀샐러드 ❖

3월에는 아직 들풀이 무성하지 않아서 이거저거 손 닿는 대로 몇 포기씩 뜯어 다 같이 섞어서 샐러드를 해 먹는 게 손쉽다. 광대나물, 개불알풀, 돌나물, 망초, 꽃다지 등 들풀에 붙어 있는 덤불을 떼어내고 흐르는 물에 잡티가 씻겨나가게 흔들어 씻는다. 체에 받쳐 물을 빼두었다가 먹기 좋은 크기로 잘라 접시에 담는다. 원하는 드레싱을 끼얹어 밥상에 올린다.

텃밭 요리사의 팁!
1. 다양한 드레싱 만드는 방법은 324쪽 '입맛에 맞는 드레싱 만들기' 참조.

❖ 들풀샤브샤브 ❖

팔팔 끓는 맛국물에 들풀을 한 젓가락씩 넣어 숨만 죽었다 싶으면 꺼내 먹는다. 민들레 잎도, 질경이도, 망초도, 냉이도……. 식초를 살짝 넣은 슴슴한 맛간장에 찍어 먹는다.

텃밭 요리사의 팁!
1. 맛국물은 326쪽 '감칠맛 나는 맛국물 만들기' 참조.

들풀샐러드

들풀샤브샤브

◆ 들풀겉절이 ◆

들풀을 다듬는다. 물에 흔들어 씻은 뒤 물기를 뺀다. 고춧가루, 다진 마늘, 송송 썬 파, 깨소금, 매실발효액, 들기름을 넣어 슬쩍슬쩍 뒤적여가며 무친다. 풋풋한 빛깔을 살려 양념을 하려면 소금으로 간을 한다. 간장이나 젓갈로 간을 하면 빛깔은 다소 칙칙해지지만 맛은 깊다.

텃밭 요리사의 팁!
1. 문지르듯 무치면 풋내가 날 수 있다.
2. 풋내를 누그러뜨리고 싶으면 통밀가루나 찹쌀가루로 풀을 쑤어 넣는다.

♦ 들풀모듬전 ♦

들풀을 다듬어 물에 씻어서 먹을 만한 크기로 썬다. 그릇에 들풀을 담고 밀가루를 넣은 뒤 소금을 푼 다시마물로 슬슬 버무려 반죽을 한다. 기름 둘러 달군 팬에 반죽을 올려 노릇노릇하게 구워낸다.

텃밭 요리사의 팁!
1. 다시마물 만드는 방법은 326쪽 '감칠맛 나는 맛국물 만들기' 참조.
2. 초간장에 찍어 먹으면 상큼한 맛과 기름진 맛이 어울려 더 맛있다. 그 점을 염두에 두고 반죽에 밑간을 슴슴하게 한다.

❖ 들풀모듬비빔국수 ❖

들풀을 다듬어 씻은 뒤 먹기 좋은 크기로 잘라놓는다. 고추장에 맛간장과 고춧가루를 넣어 잘 섞고 식초, 매실발효액으로 양념장을 만든다. 국수를 삶아 흐르는 찬물에 바락바락 흔들어 씻은 뒤 체에 받쳐 물을 빼둔다. 그릇에 삶은 국수를 담고 들풀을 얹은 뒤 양념장을 끼얹고 통깨와 들기름을 끼얹는다.

텃밭 요리사의 팁!
1. 양념장을 고추장만으로 하면 텁텁하다. 간장만으로 하면 어딘가 맛이 허전하다. 고추장과 간장을 섞어 쓰면 각각의 결함을 메울 수 있다.
2. 국수 삶는 자세한 방법은 330쪽 '국수 맛있게 삶는 방법' 참조.

❖ 들풀정식 ❖

밥과 국을 기본으로 나물반찬 몇 가지로 차린 밥상이다. 들풀을 섞어서 밥을 짓고, 쑥국을 끓이고, 돌나물김치를 올린다. 별꽃, 질경이, 꽃다지, 망초 등을 각각 데쳐서 소금이나 간장으로 간을 하고 발효액과 들기름을 넣어 조물조물 무쳐 접시에 담아낸다.

들풀모듬비빔국수

들풀정식

밥상 위 봄의 전령사

냉이

봄의 들풀하면 냉이. 봄에 맨 먼저 올라오기도 하고, 우리나라 어딜 가나 만날 수 있는 이 땅의 허브다. 땅에서 떨어지기 싫은 듯 바짝 웅크려 붙어 있는 냉이는 멍이 들었나 싶게 불그죽죽하고 퍼렇지만, 캐보면 뿌리가 그리 뽀얄 수가 없다. 겨울 난 냉이는 인삼과도 같은 보약이란다. 그 말이 아니더라도 겨울을 난 냉이는 존재 자체만으로 빛이 나고, 향기롭다. 마트에서 냉이를 사 먹는 사람들은 냉이가 왜 손꼽히는 먹을거리가 되었는지 고개를 갸우뚱거릴 만하다. 자연에서 자란 냉이의 맛, 잃어버린 그 맛을 텃밭농사 지으며 되찾을 수 있더라.

냉이는 살짝 데쳐서 나물로 무친다. 삶듯이 오래 익히면 향도 열어지고 질겨진다. 데치고 나면 불그죽죽하던 잎이 산뜻한 초록빛으로 되살아난다. 된장국이나 찌개를 끓이거나 통밀가루를 묻혀 튀겨 먹는다. 송송 썰어 넣고 밥을 지어 먹으면 봄을 고스란히 먹는 기분이다. 그즈음에 나오는 햇것들과도 잘 어울린다. 텃밭 한 구덩이에 묻어두고 꺼내 먹던 무랑 섞어서 햇깍두기를 담가도 되고, 돌나물과 섞어서 물김치를 해도 된다. 꽃이 피면 통째로 뽑아서 말렸다가 가루를 내서 약으로 써도 되고, 물에 타서 차로 마시기도 한다. 덖어서 차로 만들어 먹으면 구수한 맛이 깊어진다.

❖ 냉이무침 ❖

누런 잎이나 검불을 떼어내고 다듬은 냉이를 흐르는 물에 깨끗이 씻는다. 끓는 물에 살짝 데친 냉이를 찬물에 헹궈 건져놓는다. 먹기 좋은 크기로 썰어서 입맛에 맞게 소금, 된장, 고추장 등으로 무친다.

> **텃밭 요리사의 팁!**
> 1. 냉이를 오래 익히면 향이 옅어지고 질겨진다. 살짝 데치면 맛도 좋고, 불그죽죽한 잎이 초록빛으로 되살아난다. 들풀 무치는 방법은 325쪽 참조.
> 2. 산뜻하고 담백한 맛을 즐기고 싶다면 소금을 넣어 조물조물하다가 발효액 한 방울, 참기름 한 방울 넣고 무친다.
> 3. 냉이는 된장과도 잘 어울린다. 된장이 냉이의 풋풋한 향을 살려준다.
> 4. 초고추장으로 만들 경우 식초를 넣어야 해서 한 끼 먹을 만큼만 무친다. 두었다 먹으려고 보면 색깔이 누레진다. 남은 냉이, 초고추장을 따로 보관하고 먹을 때 버무린다.

심장에 좋은 봄 약초

꽃다지

냉이를 캐다 보면 그 주변 여기저기에 무리지어 돋아 있는 꽃다지. 냉이 못지않게 흔한 풀이다. 뿌리에서 줄기를 뻗지도 못하고 곧바로 잎사귀를 펼쳐 땅에 찰싹 달라붙어 있다. 그렇게 해서도 추위가 벅찼는지 온몸에 솜털이 보송보송하다. 따스한 봄볕으로 발돋움하는 그 모습 자체로 경이로워 잠시 고된 일상을 잊게 해주는 풀이다. 꽃다지는 약초로 쓰인다. 심장이 나빠 숨을 가빠하던 사람이 어쩌다 이 풀을 뜯어 먹곤 했는데 병이 다 나은 게 알려지면서부터 약재로 연구된 것. 꽃다지 가느다란 꽃대에 자잘한 노란 꽃이 박혀 있는가 싶더니 이내 점 하나 콕 박아놓은 듯한 까만 씨앗이 맺힌다. 이 씨앗이 가래를 삭히고 천식을 가라앉히는 힘을 지니고 있다. 거의 모든 들풀이 그렇듯이 오줌도 잘 나오게 하고. 변을 묽게 해서 변비도 삭히고, 부기를 가라앉히기도 한다. 살아계셨을 때 심장수술을 두 번씩이나 하신 우리 시어머니. 숨이 가빠서 벽에 기대앉아 날밤을 새시곤 하셨는데 그때 꽃다지를 알았더라면 그 고생을 덜하셨을 터. 꽃다지 김밥을 말 때마다 나는 그분이 떠오른다.

꽃다지 잎은 손가락 한 마디만 할까, 먹잘 것이 없다. 바지런히 움직여야 한 접시 담아낼 수 있을까 말까 할 정도를 얻을 수 있다. 노란 꽃이 핀 채로 캐 먹어도 된다. 먹고 싶은 대로 먹으면 된다. 나물로 무치거나 국에 넣거나. 라면, 잔치국수를 끓이고 나서 한 줌 넣어 먹어보니 없는 듯 있는 듯한 향기가 또렷이 살아나더라. 김 위에 밥을 펴서 꽃다지 잎 몇 장을 올려놓고 둘둘 말아 먹으니 시금치 부럽지 않게 보드랍더라. 앙증맞으나 놀랍도록 존재감이 돋보이는 들풀이다.

꽃다지무침

꽃다지를 캐서 검불이나 누렇게 시든 잎을 떼어내며 다듬는다. 흐르는 물에 씻는다. 펄펄 끓는 물에 숨만 죽을 정도로 살짝 데친다. 잔털도 보드라워지고 떨떠름한 맛도 가신다. 데친 꽃다지를 찬물에 넣어 식힌 뒤 체에 받쳐 물기를 뺀다.

소금으로 간을 맞추고 들기름과 발효액 한 방울 넣어 조물조물 무친다. 다른 양념은 넣지 않아도 된다. 소금 대신 된장으로 무치면 구수하고 새콤달콤한 초고추장으로 무치면 상큼하다. 양념간장으로 무쳐도 감칠맛은 나지만 꽃다지의 풋풋한 향기는 묻히는 감이 있다. 꽃다지무침을 밥에 얹어 양념장으로 비벼 먹으면 비빔밥. 망초, 점나도나물, 돌나물, 광대나물, 봄까치풀 등 이즈음에 돋아나는 다른 들풀들과 같이 섞어서 비비면 봄날의 들풀비빔밥. 초고추장이나 오미자발효액을 넣은 된장소스 넣고, 들기름 넉넉히 넣어 골고루 비벼 먹는다.

텃밭 요리사의 팁!
1. 꽃다지를 캘 때는 포기 밑으로 칼을 넣어 살짝만 들어줘도 된다.

싹과 꽃은 물론 뿌리까지 버릴 것 없네!

원추리

원추리 싹을 처음 먹어보았을 때의 맛은 내 기억 속에 강렬하게 남아 있다. 보들보들한 식감에 달큰한 맛이라니. 단맛이 드러나는 들풀이 흔치 않거니와 그 나름만의 맛은 혀를 놀라게 했다.

원추리는 싹만이 아니라 뿌리, 꽃도 먹을거리다. 옛날에는 그 뿌리를 캐서 떡을 해 먹었다니 그것을 즐기는 멧돼지와 다퉈가며 챙겨 먹어야 했을 것이다. 잔병치레가 많아 골골거리는 이들에게는 기운을 돌게 하는 보약이었다. 원추리는 단백질, 미네랄, 비타민이 풍부해 나른한 몸에 활기를 되찾아준다. 한의학에서는 오장의 기운을 돋워주고 마음을 안정시켜주며 가슴이 꽉 막혀 답답한 증세를 낫게 해준다고 본다. 줄기, 꽃, 뿌리까지 몽땅 캐내어 달여 먹으며 간질을 고친 사례도 있다. 원추리 꽃은 7, 8월에 피는데 불꽃처럼 탐스러운 그 꽃을 따서 차로 마신다. 텃밭 둔덕에 원추리 한 뿌리 한 촉을 심어두시라. 봄에는 싹을, 여름에는 꽃을, 가을에는 뿌리를 밥상에 올릴 수 있다. 제 기운을 못 이겨 못 말릴 정도로 옆으로 마구 번져나간다는 게 흠이라면 흠. 한갓진 터에 자리를 잡아 길러볼 만하다.

원추리를 한꺼번에 너무 많이 먹으면 배가 아프다. 또한 원추리 싹을 닮은 독초가 있다. 반드시 원추리라는 것을 확인하고 먹자.

원추리초회

원추리 싹을 칼로 베어내어 흐르는 물에 흔들어 씻는다. 펄펄 끓는 물에 넣었다 바로 뺀다는 느낌으로 살짝 데친다. 자칫 오래 삶으면 뭉그러져 특유의 보드라움을 맛볼 수 없게 된다. 미리 받아놓은 찬물에 냉큼 넣고 뒤적이며 흐르는 물에 식힌다. 체에 받쳐 물이 빠지게 한다.

그 사이 고추장에 매실발효액과 식초, 참기름, 깨소금을 넣고 양념을 한다. 접시에 원추리를 담고 초고추장을 곁들여 밥상에 올린다. 쌈장처럼 찍어 먹는다.

텃밭 요리사의 팁!
1. 원추리 싹은 한 뼘쯤 자란 여린 잎이 좋다. 더 자라면 뻣뻣하기도 하거니와 독성도 많아지니까 못 본 체해야 한다.
2. 고추장과 된장을 반반 섞어 초고추장을 만들기도 한다.

부드러운 식감에 담긴 싱그러운 봄의 향기

망초

열대여섯 살 때였나? 나는 임진강으로 흘러드는 샛강 둔치를 걸어 다니거나 자전거를 타고 다니는 걸 즐겼다. 그럴 때면 코끝으로 스며드는 풀냄새가 어찌나 좋던지 입을 벌리고 마셔보기도 했다. 텃밭농사를 지으면서 그 향기로운 풀냄새가 망초, 개망초라는 걸 알았다(개망초와 오이가 격인 망초는 생김새가 비슷하지만 어린 싹일 때는 생김새만으로는 그 차이를 알아보기 어렵다. 여기서는 망초라는 이름으로 개망초까지 아우른다). 어쩌다 풀을 매주지 못해 훌쩍 커버린 풀들을 낫으로 베다 보면 싱그러운 풀냄새가 물씬 풍겨나는 때가 있다. 그럴 때면 기분이 맑아지고 피곤이 씻기는 느낌이 든다. 낫질을 즐기게 된 것도 그 풀냄새 때문이 아닐까 싶다. 텃밭만이 아니라 강둑이고 산기슭이고 흙만 있으면 흐드러지게 퍼지는 망초의 생명력은 참 대단하다. 조선 말에 들어왔다는데 이제는 이 땅 어디에서고 만나는 흔하디흔한 풀이 되어버렸다. 이른 봄에 나물로 먹던 망초는 여름으로 넘어가면서 가지마다 꽃대를 달고 꽃이 핀다. 달걀프라이 모양의 손톱만 한 꽃을 마구 피워대는데 서양 허브 캐모마일 꽃이랑 엇비슷하게 생겼다. 이 꽃을 따서 그대로 혹은 말렸다가 뜨거운 물을 부어 차로 마신다. 풋풋한 향이 들풀답구나 싶다. 그런데 이른 봄에 움트는 망초 싹은 향기가 별로 없다. 있는 듯 없는 듯 무덤덤해서 존재감이 없다. 나물로 무쳐도 그렇고, 다른 풀들이랑 섞어서 비빔밥을 해도 그렇고, 부드러운 식감으로나 너로구나 알 수 있다. 그러나 장맛과 어우러져 맛이 깊어지면 순한 맛이 살아난다.

망초장아찌

망초는 햇볕이 따가워지면서 손가락 마디 넘게 커질 때쯤이면 대가 올라오고 위로 쭉쭉 뻗으면서 잎도 단단해진다. 이맘때면 포기가 푸짐해서 조금만 움직여도 금방 한 아름 뜯을 수 있다. 잎줄기째 뜯어 장아찌 단촛물을 부어 새콤달콤 장아찌를 담는다. 마른 빨간 고추 두어 개 얹고 무거운 것(돌, 접시, 물 담은 페트병 따위)으로 눌러준다. 보름쯤 지나서 먹기 시작한다. 접시에 담고 깨소금을 솔솔 뿌려 밥상에 올린다.

> **텃밭 요리사의 팁!**
> 1. 단촛물을 몇 번이고 달여서 부으면 몇 달을 두고 먹을 수 있다.
> 2. 장아찌 조리법은 329쪽 '새콤달콤 장아찌와 피클 만들기' 참조.

텃밭을 밥상에 올리다

겨울 추위를 이겨낸 칼슘 덩어리
보리순

굳이 보리밥을 지어먹을 요량이 아니더라도 보리를 몇 그루 심어두면 이래저래 좋은 일이 생긴다. 이삭에서 훑은 겉보리를 팬에 들들 볶아 몇 줌 보리차를 만들거나 엿기름을 길러 먹기도 하지만, 양이 적어 그럴 수 없으면 또 어떤가. 오뉴월 햇살을 머금은 보리의 싱그러움에 반해 나는 해마다 보리를 몇 포기라도 심는다. 겨우내 땅이 얼었다 녹았다 하면서 부풀어올라 밟아 준 보리순은 3월쯤이면 파릇파릇 생기를 머금고 싱싱하게 자라난다. 두어 줌 잘라내 나물로 무쳐 먹거나 된장국을 끓여 먹거나 생즙을 내어 먹는다. 말려서 차로 우려 마시면 구수하고 감칠맛이 난다. 우유나 시금치보다도 칼슘이나 칼륨 등의 영양분이 더 많이 들어 있고 섬유질도 많아 성인병에 좋은 음식이라고 한다.

보리순에는 우유의 55배, 시금치의 18배가 넘는 칼륨과 우유의 11배나 되는 칼슘이 들어 있다. 철분도 시금치보다 5배 가까이 들어 있으며 비타민C는 시금치의 3배, 사과의 60배나 된다.

보리순무침

보리순은 밑동으로 칼을 넣어 도려내거나 배게 난 것을 뿌리째 뽑아 다듬는다. 소금을 살짝 풀어 끓인 물에 삶는다. 데치는 정도가 아니라 푹 익도록 꽤 삶는다. 찬물에 식힌 뒤 물이 빠지도록 놔두었다가 손가락 마디만 한 길이로 자른다. 된장 한두 숟가락에 다진 마늘, 송송 썬 파, 들기름을 넣고 잘 섞어준다. 그릇에 보리순을 넣고 만들어둔 양념된장과 들깻가루를 넣고 조물조물 무쳐 접시에 담는다.

텃밭 요리사의 팁!
1. 겨울을 난 보리순은 하늘거린다 싶어도 제법 질기다. 삶으면서 하나 꺼내 씹어서 부드러울 정도로 익었는지 봐가면서 삶는다.

3월 텃밭

3월은 서서히 몸을 풀면서 텃밭에서 움직이게 되는 달. 올 한 해 텃밭에 무엇을 심을지 설계하는 것이 그 첫걸음이다. 머릿속으로만이 아니라 종이에 그림으로 그려서 적어보면 언제 무엇을 준비할지, 어떻게 일정을 잡을지 한눈에 알 수 있다. 식구들이 즐겨 먹고, 자주 먹는 먹을거리를 중심으로 얼마큼 심을지를 가늠한다. 섞어짓기, 사이짓기, 이모작을 어떻게 할 수 있을지 짚어가며 설계하다 보면 손바닥만 한 땅뙈기라도 제법 심어 먹을 게 많다. 지역마다 날씨와 기후에 따라 약간의 차이가 있으니 살펴가면서 날을 잡는다.

이즈음에는 얼었던 땅이 녹아 밭을 일굴 수 있다. 추위에 강해 서리가 내리는 날씨를 아랑곳하지 않는 작물들을 심을 수도 있다. 내가 텃밭을 가꾸던 파주에서는 3월 20일 무렵 춘분이 지나야 비로소 씨를 뿌릴 수 있다. 수도권 지역은 엇비슷한데 남쪽으로 내려갈수록 좀 더 일찍 심을 수 있을 것이다. 가령 충남 홍성에 자리한 풀무학교 전공부에서 학생들과 농사짓는 오도 선생의 농사일지를 보니 3월초에 감자를 심고, 완두콩도 심는다. 수도권보다 20일쯤은 일찍 농사가 시작되는 셈이다.

아무튼 3월에는 감자, 완두콩, 당근, 시금치, 대파처럼 추위에 강한 작물들을 심는다. 심기 보름쯤 전에는 이랑을 일궈 퇴비를 넣어주고 씨앗을 챙긴다. 씨감자는 싹이 난 자리를 문질러주고 밭에 심기 전에 두서너 조각으로 잘라 재를 묻혀 심는다. 시금치, 당근, 대파는 받아둔 씨앗이 있으면 손질해두고 없으면 미리 구해둔다. 4월이 되면 이거저거 본격적으로 씨앗을 심을 것이므로 그에 맞춰 미리 이랑을 만들고 퇴비를 넣어둔다.

마롯마롯한 움파밭

땅 위로 돋아나는 마늘싹

봄볕을 받고 자라는 밀

3월 텃밭에서 하는 일

절기	씨뿌리기	기타
경칩 (3.6)		밭 일궈 퇴비 넣기
춘분 (3.21)	감자, 당근, 완두콩, 시금치, 대파 허브: 로즈마리, 라벤더 꽃: 해바라기	밭 일궈 퇴비 넣기

4월

날씨는 여전히 희번덕거려 종잡을 수 없다. 한낮엔 후끈했다가도 아침녘엔 서릿발이 내비치는 날도 잦다. 느닷없이 칼바람이 휘몰아치는 날이 있는가 하면 진눈깨비가 내리다가 우박이 내리는 날도 있다. 봄은 그렇듯 요동치며 더디더디 찾아든다. 기다림 끝에 오지 않는 봄은 봄이 아니라는 듯. 하지만 겨울과 밀고 당기면서 한 걸음씩 발돋움하는 봄의 기미는 하루가 다르게 또렷해진다. 새싹들이 와르르 움터 오르고, 봄꽃들도 망울망울 피어난다. 이즈음 소쩍새도 며칠 밤을 울다 간다.

4월 5일 청명(淸明). 그 이름답게 맑고 밝은 기운에 정신이 번쩍 든다. 지난달에 돋아나기 시작한 풀들은 껑충 자라서 한 잎 두 잎 감질나게 뜯어 먹던 시절이 언제였나 싶다. '하루가 다르다'는 말이 절로 떠오른다. 꽃다지, 냉이, 양지꽃, 민들레꽃 따라 여기저기 제비꽃도 핀다. 어느새 한살이를 마쳐가는 풀들이다. 그러나 돌아보기가 무섭게 새로운 풀싹들이, 나무순들이 돋아난다. 여전히 갈색인 숲에 존재감이 뚜렷한 나무들을 보노라면 겨울이 참로 지루하구나 싶어진다. 하지만 마른나무에서 물이 오르는 소리가 들리는 듯하고 이내 연둣빛 신록이 물이 번지듯 퍼져나가는 때가 온다.

4월의 절반을 너머서면 곡우(穀雨). 이 무렵엔 어김없이 비가 내린다. 곡식을 심어 가꾸라 내려주는 비답게 주룩주룩 내린다. 옛날에 곡우엔 볍씨를 뿌리라고 죄인도 잡아가지 않았단다. 산등성이 갈색 나뭇가지들 사이로 진달래꽃이 아슴푸레 피어난다. 목련 꽃망울들도 토도독 꽃잎을 연다. 열흘 붉은 꽃이 없다던가? 봄비에 젖어 진달래꽃, 목련꽃이 꽃비처럼 떨어지는가 하면 곧이어 철쭉꽃, 금낭화 피어난다. '꽃의 달'이다.

4월 '텃밭 밥상' 한눈에 보기

절기	들풀	텃밭 작물
청명 (4.5)	들나물, 개망초, 별꽃, 민들레, 원추리, 쑥, 머위, 질경이, 개나리, 봄까치풀	부추, 대파, 쪽파, 달래, 시금치
곡우 (4.19)	진달래꽃, 목련, 제비꽃, 민들레꽃	상추·쑥갓·치커리·겨자채·청경채 등 쌈채소, 취나물, 참나물, 방풍나물, 얼갈이·열무 등 잎채소 솎음 당근잎, 배추꽃, 풋마늘

4월 밥상

4월은 온갖 들풀이 흐드러지는 달. 나물, 전, 국, 밥, 김치 등으로 한 상 떡 벌어지게 차리고도 다 못 먹어 매야 할 풀이 무성하다. 4월 하순으로 넘어갈 무렵부터는 3월말 4월초 텃밭에 심은 작물들이 뿌리를 내리고 커 올라오니 제때에 새싹을 솎아서 상을 차릴 수 있다. 지난가을에 심은 작물들의 잎이나 꽃도 먹을 만하게 자랐다. 들풀과 작물이 나란히 밥상을 차지하는 철이다.

겨울난 작물 맛보기
4월초만 해도 텃밭에는 먹을거리가 그리 많지 않다. 그러나 중순만 넘어가면 사정이 달라진다. 바늘 같은 싹을 밀어올린 것이 엊그제 같은데 어느새 쑥 자라 오른 첫물 부추를 한 움큼 베어낼 수 있다. 줄기를 쭉 뻗어 올려 한 뼘 넘게 자라고 있는 풋마늘도 한두 포기 뽑아 날로 먹으면 나긋하니 아삭거린다. 아리지도 않다. 그 맛을 살려 겉절이로 무쳐 먹는다. 겨울난 움파를 뜯어 무치는 파채는 또 어떤가. 지난가을 서 있던 그 자리에 오롯이 다시 돋아나고 있는 달래도 캘 수 있다. 냉이도 한 번 더 캐서 연둣빛으로 솟아오르는 움파를 썰어넣고 된장찌개 끓여낼 수 있다. 겨우내 죽은 듯이 사라졌던 쪽파도 실팍하게 자라는 대로 파전 부쳐 밥상에 올릴 수 있다. 가을에 뿌려두었던 월동시금치도 자라는 대로 솎아 먹는다. 이맘때 부지런히 챙겨 먹지 않으면 금방 쇠어버려 먹고 싶어도 못 먹게 되고 마니까. 겨울을 지낸 배추, 유채. 흐드러지게 피운 그 노란 꽃을 샐러드로 올리면 밥상이 봄빛처럼 환해질 것이다. 애플민트, 스피어민트, 초코민트 등의 민트류, 레몬밤, 로즈마리, 딜 등 허브류도 겨울을 이기고 파릇이 되살아 맹렬하게 봄의 햇살을 빨아들인다.

솎아 먹는 이른 봄 채소들
얼마 전에 심은 열무, 얼갈이, 배추 등 김칫거리. 상추, 쑥갓, 치커리, 겨자채 등 쌈채소

들. 쌈으로 먹기에는 아직 어리지만 새싹들을 솎아내어 모듬비빔밥, 새콤달콤 겉절이로 먹는다. 새싹의 싱그럽고 나긋한 식감이 나무랄 데 없다(종자회사에서 파는 씨앗은 약품으로 처리한 것이 태반이어서 어린 새싹을 먹기 힘들다. 텃밭에서 씨앗을 받아 심은 새싹들만 먹는다). 촘촘한 얼갈이, 배추 솎아내어 된장국을 끓이면 입에서 살살 녹는 듯 부드럽다. 바로 이때 빽빽한 열무 싹도 솎아준다. 살짝 데쳐서 무쳐도 좋고, 된장찌개를 끓여도 좋고, 하다못해 만두를 해 먹어도 좋다. 봄에 씨앗을 뿌린 시금치는 어릴 때부터 부지런히 솎아 먹는다. 낮에 더위가 느껴질 무렵 꽃대가 올라오면 쇠게 되어 맛이 없으니 어영부영할 새가 없다. 어린 새싹은 씻어서 그냥 드레싱만 뿌려 버무려 먹으면 된다. 드레싱이 없다고? 그냥 쌈을 싸 먹어도 별일 없다. 끓는 물에 한 번 궁굴려주었을 뿐이다 싶게 살짝 데쳐서 양념간장이나 고추장으로 무쳐 먹기도 한다. 된장을 풀어 구수하게 국을 끓여도 목에 술술 넘어가고.

당근을 솎아낸 잎으로 샐러드를 해 먹을까, 전으로 부쳐 먹을까, 튀겨 먹을까 궁리하게 되는 때이기도 하다. 시장에서 구경하기 어려운 이런 것들은 텃밭농사를 짓는 이들만이 누릴 수 있는 밥상. 세상에 하나밖에 없는 밥상이다.

한 뼘이나 자랐구나, 봄의 들풀들

한두 젓가락거리밖에 안 되던 들풀 새싹들은 4월 들머리만 해도 한두 뼘씩 자라 한 접시 거뜬하게 차려낼 수 있다. 쑥, 돌나물, 별꽃, 민들레. 새로 돋아나는 들풀들은 또 얼마나 많은지, 눈에 다 담지 못하고 손길이 미처 다 못 미쳐서 뒤처져 억세지기 일쑤. 들풀로 차리는 밥상도 다채로워진다. 한 줌씩 뜯어다 맛국물에 살짝 넣었다 건져 먹는 들풀샤브샤브. 양념장에 슥슥 비벼 먹는 들풀비빔밥. 갖가지 나물 한 접시에 된장국 곁들인 들풀정식, 제비꽃, 진달래꽃, 무슨 꽃인들 어떠랴. 진달래꽃 피는 짧은 봄날이 가기 전에 화전 한 조각 부쳐 먹으면 기분이 절로 환해진다.

다 못 먹는 들풀은 거둬서 발효액을 담근다. 쑥, 소리쟁이, 냉이, 별꽃, 광대나물, 봄까치풀 등 들풀들이 자라는 대로 뜯어서 따로따로, 혹은 섞어서 설탕에 버무려 항아리에 담는다. 꽃들도 마찬가지. 제비꽃, 민들레꽃, 진달래꽃 발효액을 담그고 나니 목련꽃 떨어지네. 아침에 주워 담은 꽃봉오리 몇 개 더 따서 꽃차를 마시고. 그 잎이 와르르 떨어질 무렵 한꺼번에 모아 발효액을 담근다. 알록달록 첨가물투성이 음료는 이제 그만,

웅숭깊고 그윽한 자연의 마실 거리를 골라 먹으면 이보다 더 좋을 수가 없다. 발효액은 음식을 만들 때 달콤한 맛과 윤기, 향기를 더할 수 있는 양념으로도 빼놓을 수 없다. 수제 선물로도 귀하게 쓰인다. 애주가를 벗하고 있다면 들풀과 꽃으로 색색이 술을 담가 마시면 운치 있지 않을까? 술이 아니면 차도 좋다. 목련꽃잎도 좋고, 민들레꽃잎도 좋다. 따서 말려두면 한가로운 날 꽃차를 즐길 수 있다. 다북하게 돋아난 쑥을 뜯고 질경이를 캐서 말리면 들풀차, 마른 들풀의 향, 들풀답다. 이렇듯 텃밭에서 만나는 들풀, 들꽃을 벗 삼아 봄날을 누리면 이제 봄은 스쳐지나가듯 바라다보는 봄과는 또 다른 이야기를 품는다.

나른해지고 처지는 몸속에 기운을 쑥쑥

쑥

쑥이야말로 이 땅의 오래된 허브. 어딜 가더라도 쑥을 찾는 일은 어렵지 않다. '쑥쑥' 자란다는 말의 뿌리가 될 정도로 그 생명력이 놀랍다. 밭이랑 매만지랴, 씨앗 뿌리랴 몸을 재게 움직이게 되는 4월초면 새참으로 쑥개떡이나 쑥버무리를 쪄 먹기 좋게 자라 있을 터. 쑥은 예로부터 청명 때 해 먹는 절기음식으로 꼽혀왔다. 쑥의 기운이 절정에 이르는 6월 단옷날, 옛 사람들은 쑥을 베어 사립문에 걸어두었다고 한다. 아기 낳고 몸조리할 때 쑥 삶은 물로 몸을 씻고, 머리를 감으려 해도 요긴했을 법하다. 단오 전까지는 쓴맛이 진하더라도 먹을 수 있다. 그 뒤로 줄기는 나뭇가지처럼 딱딱해지고, 잎은 억세져 쑥대머리가 되어버린다. 그 무렵 잎 하나 뜯어 살짝 씹어보라. 톡 쏘는 듯한 쓴맛이 온몸에 쩌르르 퍼져 정신이 없을 지경. 향긋한 맛을 느낄 겨를도 없다.

쑥은 그 약성이 남다르다고 알려진 약초. 속이 더부룩할 때 먹으면 마른 흙에 젖어드는 물처럼 속이 스르르 풀리는 느낌이다. 쑥이 위액 분비를 돕기 때문이란다. 쑥은 따뜻한 성질이어서 몸이 찬 이들이 먹으면 더 좋다고 한다. 아랫배가 차갑거나 냉증이 있거나 생리증후군을 앓고 있는 여성에게 좋을 것이다. 쑥은 봄에 나른해지는 기운을 몰아내는 데도 좋다. 독소를 몸 밖으로 밀어내고 간 기능이 좋아진다. 그래서일까? 술을 많이 마신 다음 날 머리가 띵하고 몸이 뻑적지근할 때 슴슴하게 끓인 쑥된장국 한 대접을 들이켜면 몸이 가벼워지는 게 느껴지더라. 쑥 내음 그윽한 쑥밥, 날콩가루를 무친 쑥국으로 차린 조촐한 밥상의 선물이다. 제철에 다 먹지 못하면 데쳐서 얼려두거나 말려두었다 나중에 떡이나 전을 해 먹어도 좋다. 쑥을 캐는 대로 설탕에 버무려 항아리에 담아두면 발효음료로 먹을 수 있다.

❖ 쑥완자탕 ❖

뿌리와 줄기 사이에 칼날을 넣어 쑥을 포기째 도려낸다. 검불 따위 지저분한 것을 떼고 다듬은 쑥을 끓는 물에 데쳐서 잘게 썬다. 두부는 으깨어 물기를 꼭 짜둔다. 껍질을 벗긴 감자를 강판에 갈아 체에 받쳐둔다. 그릇에 고인 윗물은 버리고 앙금만 긁어 반죽할 때 넣는다. 이 감자전분이 쫄깃하게 엉기는 역할을 해준다. 쑥과 간 감자와 앙금, 두부를 그릇에 담고 소금 밑간하여 버무린 뒤 동그랗게 빚어서 전분가루를 묻힌다. 냄비에 콩물을 끓이다가 빚어놓은 완자를 넣어 한소끔 끓인다.

> **텃밭 요리사의 팁!**
> 1. 소금으로 간을 하고 다진 마늘, 송송 썬 파를 넣는다. 들기름 한 방울 떨어뜨려 바르르 끓으면 밥상에 올린다. 뽀얗고, 담백한 콩물이 쑥 향을 돋워준다.
> 2. 콩물 대신 된장을 슴슴하게 푼 맛국물에 끓여도 좋다. 맛국물은 326쪽 '감칠맛 나는 맛국물 만들기' 참조.

♦ 쑥버무리 ♦

채취한 쑥을 다듬는다. 흐르는 물에 흔들어 씻은 뒤 물기를 대충 털어놓는다. 물기가 마르기 전에 소금과 설탕을 섞은 쌀가루를 절반 정도 넣고 살살 버무려 5분 정도 놔둔다. 쌀가루가 촉촉이 젖어든 느낌이 들면 남은 쌀가루 반을 마저 넣고 설렁설렁 섞어준다. 찜기에 김이 오를 때 준비한 버무리를 올린다. 꾹꾹 눌러 담지 않는다. 뚜껑을 덮고 10분쯤 찐다. 다 쪄졌다 싶으면 찜통에서 내려 뚜껑을 활짝 열어둔다. 한 김이 나가면 접시에 담아낸다. 조청이나 꿀을 곁들여 먹기도 한다.

텃밭 요리사의 팁!
1. 쑥 향을 살려주는 재료 비율: 쌀가루 혹은 통밀가루 1.5컵, 쑥 150그램, 소금, 설탕 약간.
2. 찜통 안에 물기가 맺혀 떨어지면 쑥이 고슬고슬하지 않게 된다. 반드시 찌고 나서 뚜껑을 열어두어야 한다.

◆ 쑥개떡 ◆

끓는 물에 다듬어놓은 쑥을 데치고 잘게 다져둔다. 쌀가루에 다진 쑥과 소금을 넣고 뜨거운 물로 반죽한다. 실컷 주무르고 치댈수록 쫄깃하다. 반죽을 잘라 납작하게 궁굴려놓거나 타원형으로 주물럭거려놓거나 멋 내어 모양을 만들어놓는다. 찜기에 김이 모락모락 올라올 때 넣어서 쪄낸다. 한숨 나가면 참기름을 발라준다. 자르르한 윤기와 고소함이 더해져 보기도 좋고, 맛도 좋다. 쌀은 쑥의 향긋함을 온전히 살려주는 미더운 짝꿍이다.

◆ 쑥주먹밥 ◆

지저분한 것을 떼어내고 다듬어 씻은 쑥을 자잘하게 다진다. 솥에 쌀과 다진 쑥을 얹고 소금을 푼 다시마물로 밥물을 안쳐 밥을 짓는다. 그새 식초와 들풀발효액으로 단촛물을 만들어놓는다. 밥을 퍼서 단촛물을 뿌려가며 고루 섞는다. 식기 전에 주먹밥을 뭉친다. 식으면 잘 뭉쳐지지 않으니까.

텃밭 요리사의 팁!
1. 밥은 물을 적게 잡아 고슬고슬하게 짓는다.

쑥개떡　　　　　　　　　　쑥주먹밥

사각거리는 식감의 유혹

돌나물

차끈한 돌 틈에 뿌리를 내리고 살금살금 옆걸음 치듯이 뻗어나가는 들풀. 그래서 이름도 돌나물이라고 불리나 보다. 이른 봄, 눈곱만 한 연둣빛 싹을 틔우면서부터 내내 한 움큼씩 훑어다 먹어도 어느새 잎줄기 가득 잎을 달고 있다. 식감이나 맛만이 아니라 성질도 차다. 수박보다 더 많이 수분을 머금고 있어서 그럴까, 씹으면 사각사각한 식감이 유난하다. 그 차끈한 기운, 나긋거리는 식감에 혹하게 된다. 들풀치고는 쓴맛이 돌지 않고 순하다. 물김치, 겉절이, 상큼발랄한 샐러드로 나무랄 데 없다. 생즙을 내어 조청을 섞어 마시면 주스. 말려서 차로 마시고, 설탕을 버무려 발효액을 담가두고 음료로 마실 수도 있다. 여름 무렵, 잎인지 꽃인지 모를 듯한 노란 꽃을 망울망울 달게 되면 줄기만이 아니라 도톰한 잎도 뻣뻣해진다. 그 전에 부지런히 따서 밥상에 올린다. 돌나물은 비타민, 인산 등 영양이 많다. 무엇보다도 칼슘이 우유보다 2배나 많이 들어 있다. 한창 뼈가 자라는 아이들이나 골다공증이 걱정되는 갱년기 여성이라면 새겨볼 대목이다. 항생제 팍팍 치며 공장식으로 길러 젖을 짜내는 우유가 아니라도 이렇듯 자연에서 칼슘을 찾을 수 있다는 사실이 새롭다.

한의학에서는 돌나물이 피를 맑게 하고 피 흐름을 좋게 한다고 본다. 간에 든 병을 다스리는 약재로도 쓰인다. 급성 간염, 간경화는 물론 최근에는 간암의 치료에도 쓰인다고 한다.

◆ 돌나물물김치 ◆

뜯어온 돌나물을 넉넉한 물에 담가 살살 흔들어 씻는다. 체에 받쳐 물을 빼는 사이에 텃밭에서 이즈음 먹기 좋게 자란 풋마늘, 쪽파, 미나리를 다듬어 썰어놓는다. 양파, 붉은 고추, 사과는 적당히 채를 썰어놓는다. 베주머니에 고춧가루, 다진 마늘과 생강을 넣고 물을 부어 국물을 내린다. 소금과 매실발효액으로 간을 맞추어 놓는다. 통에 돌나물과 쪽파, 풋마늘, 미나리, 채 썬 양파, 사과, 붉은 고추를 넣고 물을 부어 국물을 잡아준다. 바로 먹어도 맛있지만 하루 정도 익혀서 재료의 맛이 충분히 우러나 어울린 뒤 먹으면 더 맛있다. 오래 놔두면 돌나물이 푹 절어 모양도 안 나고 맛도 텁텁해지므로 바로 먹을 만큼씩만 담가 먹는다.

텃밭 요리사의 팁!
1. 김치를 담가 금방 먹을 때는 풀국을 넣어서 풋내도 잡아주고 감칠맛도 낸다. 그러나 두었다 먹으려면 돌나물이 쉽게 물러지므로 넣지 않는다.

흙에서 나는 미역

별꽃

한참을 눈여겨 들여다봐야 꽃잎의 매무새를 알 수 있을 정도로 눈곱만큼 작은 흰 꽃잎. 별꽃은 봄, 여름, 가을을 가리지 않고 아무 데서나 그 넝쿨진 줄기를 뻗어나가는데 그 대찬 생명력에 번번이 혀를 내두르게 된다. 줄기가 땅에 닿기만 해도 살아나고, 한 움큼이나 되는 실뿌리가 땅에 쫙 펼쳐져 흙알갱이 틈새로 퍼져나가니 낫으로 베어내도, 호미로 캐내도 되살아나기 일쑤. 언제 그랬냐는 듯이 무성해진다. 다 못 먹고 베어내지 않을 도리가 없는 들풀 가운데 하나다. 한겨울만 빼면 일 년 사시사철 만나볼 수 있다.

그 생명력만큼이나 영양도, 약성도 놀라워 흙에서 나는 미역이라 불린다. 젖을 잘 나오게 해주고 피를 깨끗이 해준다고 한다. 즙을 내어 보름쯤 먹었더니 얼굴에 가득 핀 주근깨가 사라지더라는 사례도 있다. 비타민E가 풍부한 덕이다. 위장염, 잇몸염, 맹장염 등 이러저러한 염증을 다스리는 데도 쓰인다.

맛국물에 슴슴하게 된장을 풀어 펄펄 끓으면 줄기째 넣어 국을 끓여도 좋다. 소스를 뿌려 샐러드를 해 먹기도 하고, 생즙을 내어 먹기도 하고. 설탕 버무려 넣으면 발효액 아니 될 까닭이 없다. 말려두었다 차 끓여 마셔도 되고.

❖ 별꽃나물무침 ❖

억센 줄기 부위를 뜯어내면서 다듬는다. 끓는 물에 소금을 살짝 넣고 데친다. 체에 받쳐 물을 쪽 뺀다. 소금으로 간을 맞춘 뒤 발효액과 들기름을 넣어 조물조물 무친다. 깨소금을 솔솔 뿌려 접시에 담는다.

> **텃밭 요리사의 팁!**
> 1. 양념간장이나 양념된장 혹은 초고추장으로 무치면 양념과 어울려 감칠맛이 난다.

❖ 별꽃샐러드 ❖

잎과 그 주위의 부드러운 부분을 발라낸다. 물에 씻어 체에 받쳐둔다. 손으로 적절한 크기로 잘라 접시에 담은 뒤 유자드레싱 혹은 콩마요네즈를 얹어 밥상에 올린다.

> **텃밭 요리사의 팁!**
> 1. 재료의 맛이 담백하므로 소스는 두루 잘 어울린다. 오미자드레싱, 매실발효액 등 입맛 따라 곁들인다.

별꽃나물무침

별꽃샐러드

시큰둥해진 입맛을 되살려주는 쌉싸름한 끝맛

민들레

바람에 날려 100리를 퍼져나간다는 홀씨, 화려하지 않으나 정갈하고 단아한 꽃봉오리, 길들여지지 않는 생명력이 넘치는 들풀. 바로 민들레다. '문둘레'니, '만지금(滿地金)'이니 하는 이름에서 보듯 마당가에도, 들녘에도 금처럼 노랗게 뒤덮여 있던 정겨운 들풀이다. 봄에는 어린 잎과 줄기를 뜯어서 쌈으로 먹고, 겉절이로 무쳐 먹는다. 쌉싸름한 뒤끝 맛이 '고채'라는 이름값을 한다.

하지만 무슨 음식을 봐도 입맛이 시큰둥할 때 묘하게 입맛을 돌게 한다. 자랄수록 쓴맛이 진해진다. 행여 진저리치도록 쓸 때는 물에 담가서 쓴맛을 우려내고 먹는다. 그즈음 돋아나는 꽃다지나 제비꽃 같은 들풀이랑 곁들여 접시에 담으면 '들풀모듬쌈'이 될 터. 된장에 찍어 먹으면 쌉싸름한 맛이 된장의 구수하고 뭉근한 맛에 누그러지는 듯하다. 민들레 잎에는 비타민과 미네랄이 많고, 항산화성분인 베타카로틴이 많단다. 뿌리도 그냥 지나칠 수 없다. 간에 좋은 콜린이라는 성분이 들어 있다. 가을에서 봄에 이르는 시기에 약성이 좋다. 그때 캐서 말리고, 된장에 박아 장아찌를 담가 먹을 수 있다. 쓴맛을 우려내고 우엉 같은 뿌리채소와 같이 볶아 먹기도 한다. 기름에 튀겨 먹기도 한다. 그 한 포기에서 잎, 뿌리, 줄기, 꽃 몽땅 캐서 말려두고 끓여 먹으면 구수한 민들레차. 설탕과 버무려두었다 먹으면 발효차. 술을 담가 먹기도 한다니 어느 한 부위 버릴 게 없는 풀이다. 뿌리를 볶아서 가루로 만들어 원두커피처럼 내려 마신다는 민들레 커피. 카페인 없는 커피맛, 구수하고 쌉싸름하려나? 민들레꽃은 먹는 꽃. 흰 꽃이든 노란 꽃이든 나물접시든 샐러드 접시든 한 송이 올리면 멋있기도 하고 먹을 만하다. 덜 핀 꽃봉오리를 따서 말려두었다가 차로 마시기도 한다.

◆ 민들레겉절이 ◆

민들레 잎을 뜯어서 둘레에 붙은 검불 따위를 다듬는다. 흐르는 물에 여러 번 절레절레 씻는다. 체에 받쳐 물기를 쏙 빼놓는다. 간장에 고춧가루, 다진 마늘, 송송 썬 파, 매실발효액, 깨소금, 들기름을 넣고 양념장을 만든다. 민들레 잎을 먹기 좋은 크기로 잘라 그릇에 담는다. 양념장을 넣고 설렁설렁 뒤적여 양념이 골고루 묻도록 버무린다.

> **텃밭 요리사의 팁!**
> 1. 민들레는 어떻게 다듬을까? 두세 갈래 잔뿌리 사이사이 흙이 엉겨 붙어 있는데 어떻게 해야 하나? 이 흙을 잘 씻어내야 잡맛 없이 먹을 수 있다. 줄기와 뿌리가 만나는 부분을 자르고, 흐르는 물에 절레절레 흔들고 손으로 구석구석 문질러가며 여러 번 씻는다. 흙 알갱이가 나오지 않을 때까지.
> 2. 양념장과 섞을 때 조물거리면 풋내가 나고 뭉그러진다. 너무 세게 뒤섞기보다 골고루 버무리는 것이 관건!

텃밭을 밥상에 올리다

밥상 위에 펼쳐지는 분홍빛 꽃놀이

진달래

1년 사시사철 철따라 피고 지는 꽃으로 전을 부쳐 먹으면 일상이 멋스럽지 않을까? 4월처럼 꽃이 많은 달은 갖가지 화전을 부쳐가며 꽃놀이 기분을 내볼 일이다. 옛 어른들은 진달래 화전을 꼽았는데. 이즈음 여느 동네 뒷산이라도 슬며시 피어나는 흔하디흔한 꽃이었으니 그럴 법도 하다. 보랏빛 제비꽃, 노랑 개나리꽃이랑 같이 부쳐서 접시에 담으면 밥상이 환해진다. 화전놀이는 일손 바쁜 철에 한나절 쉬어가며 자연의 선물을 받아 안는 삶의 지혜였을까? 아니면 일하지 않는 양반들만의 풍류였을까? 풀리지 않는 화두가 생길 법하다.

텃밭 주위에 나지막한 야산이 있거들랑 허리춤밖에 오지 않는 아담한 진달래가 있기 십상. 4월 어디엔가 갈색 숲에 분홍물이 비치거든 일손을 멈추고 잠시 짬 내어 꽃 한 줌을 따보자. 설혹 늦은 꽃샘바람이라도 불고 찬비가 내리더라도, 구름이 끼어 을씨년스럽더라도 화전의 빛깔만으로도 몸과 마음이 환해지더이다.

제비꽃, 냉이꽃, 민들레꽃, 개나리꽃 등 들꽃만이 아니라 무꽃, 배추꽃, 유채꽃 등 작물의 꽃도 전을 부칠 수 있다. 단, 봄꽃 가운데 애기똥풀꽃은 먹지 않는다.

진달래화전

진달래꽃을 따서 꽃술을 따버린다. 꽃잎만 흐르는 물에 살짝 씻어둔다. 행여 있을 잡티를 씻어내기 위해서다. 깨끗한 곳에서 딴 것은 씻지 않아도 무방하다. 쌀가루나 찹쌀가루 혹은 밀가루에 소금 한 꼬집 넣고 뜨거운 물을 부어가며 반죽을 빚는다. 오래 치대어 곱게 반죽한다. 통에 넣고 뚜껑을 닫아 따스한 곳에 한두 시간 두었다가 숙성시켜서 쓰면 다루기 좋다. 손으로 작은 양을 떼어내 동글납작하게 빚은 반죽을 기름 둘러 달군 팬에 올린다. 한쪽 면이 지져졌다 싶으면 그 위에 진달래 꽃잎을 붙이고 뒤집는다. 꽃잎을 붙인 쪽은 불에 오래 닿으면 꽃 색깔이 변해 고운 멋이 덜하니 살짝 누른 뒤 곧바로 다시 뒤집는다. 접시에 담고 꿀이나 조청을 곁들여 밥상에 올린다.

> **텃밭 요리사의 팁!**
> 1. 미지근한 물에 익반죽을 하고 나서 끓는 물에 살짝 궁굴렸다가 다시 가루를 묻혀서 치대면 반죽이 더 녹진녹진해지고, 풀어지지 않는다.

양기 가득한 텃밭의 자양강장제

부추

겨울이 지나가고 있구나 싶으면 삐죽삐죽 얼굴을 내밀기 시작하는 부추. '장독대에 부추를 심어 먹는 사람하고는 양기를 겨루지 말라'는 말마따나 기력을 끌어올려주려나? 한번 심어두면 몇 년이고 제멋에 겨워 자라는 여러해살이 작물인데 이른 봄부터 된서리가 내리기 전까지 일주일 간격으로 베어 먹어도 끄떡없이 잘도 자란다. 그래도 마냥 사는 건 아니다. 한자리에서 3~4년 정도 살고 나면 그 알뿌리들이 엉켜 잘 자라지 못한다. 이 무렵 알뿌리를 쪼개서 나눠 심으면 싱그러운 부추를 이어갈 수 있다.

부추를 벨 때는 그루터기가 보이지 않도록 깔끔하게 벤다. 들쭉날쭉하게 베면 그 자리에 다시 자라난 잎들이 키가 고르지 않고 끄트머리가 노랗게 떡잎이 져서 다듬기 귀찮다. 베고 나면 머리카락 한 가닥 보이지 않는 까까머리 같은 맨땅 같지만 더울 땐 1주일, 선선해져도 열흘, 보름이면 다시 베어 먹을 수 있을 만큼 한 뼘 넘게 자라난다.

몇 번 베어 먹다가 자칫 그냥 놔두면 꽃대가 금방 올라오면서 잎이 억세진다. 그래도 그 꽃대만 빼내면 먹을 만하다. 다 못 먹겠다 싶으면 아깝다 말고 싹 베어낸다. 그래야 늦가을까지 연한 잎을 먹을 수 있다.

부추전, 부추겉절이, 부추볶음, 부추달걀스크럼블, 부추달걀국, 부추김치, 부추오이소박이…… 부추만으로 조리해도 맛있지만 다른 재료에 곁들여 해 먹는 방법도 무궁무진. 군내를 없애주니 고기와도 잘 어울린다. 수육을 할 때 찜기 바닥에 깔고 그 위에 고기를 놓았다가 같이 먹으면 좋다. 곰탕, 설렁탕, 쇠고기따로국밥, 순대국, 돼지국밥 등 맛이 진한 고기국물과도 잘 어울린다.

◆ 부추겉절이 ◆

부추를 베어내고 떡잎이 진 부분이나 검불을 떼어내면서 다듬는다. 흐르는 물에 몇 번 절레절레 흔들어 씻는다. 물이 쏙 빠지도록 체에 받쳐둔다. 그사이 간장에 다진 마늘, 식초, 매실발효액, 깨소금, 들기름을 입맛에 맞게 넣은 양념간장을 만든다. 그릇에 손가락 한 마디 남짓한 길이로 자른 부추를 넣고 양념간장을 넣어 슬쩍슬쩍 버무린다.

텃밭 요리사의 팁!
1. 썰어놓은 부추를 따로 담아두었다가 필요할 때마다 양념장을 끼얹어 먹는다. 이즈음 텃밭에서 올라오는 상추를 속아서 같이 무쳐도 잘 어울린다.
2. 한 끼에 먹을 만큼만 버무린다. 남게 되면 절여진 채로 질기고 물만 흥건해져 맛이 없다.

자극적이지 않으면서도 입맛을 당기는 독특한 향

달래

봄부터 가을까지 줄기차게 잎을 피워 올리는 부추와 달리 달래를 만날 수 있는 시간은 잠깐. 3월에서 4월 즈음 돋아났다가 날이 더워지면 자취도 없이 사라진다. 그러다가 가을 찬바람이 불 때면 슬그머니 솟아난다. 원래는 밭둑이나 나지막한 산, 들녘에서 저절로 자라나 냉이랑 같이 붙어 다니는 봄나물이었지만, 요즘은 텃밭에서도 이른 봄이나 가을에 알뿌리를 심어 기른다. 풀만 잘 다스려주면 봄, 가을로 거둬 먹을 수 있다.

달래 향은 톡 쏘는 듯한 매운 느낌이 있지만 마늘처럼 자극적이지 않으면서도 알싸하고 향긋한 저만의 향으로 입맛을 끌어올린다. 여성에게 좋은 들풀. 비타민, 칼슘, 무기질이 풍부해 봄의 나른함을 날려주는 들풀로 꼽힌다.

두부와 달래를 으깨 넣고 전을 부치기도 하고, 냉이나 같이 자라는 다른 들풀들을 섞어서 모듬전을 부치기도 한다. 된장을 바특하게 풀어 넣고 찌개를 끓여도 진한 된장 향 속에서도 제 향내를 오롯이 드러낸다. 새콤달콤한 달래장아찌를 담가두면 고기 먹을 때 파채처럼 곁들여도 잘 어울린다. 스무 살 남짓 우리 딸은 달래를 잘게 썰어 땅콩, 마늘을 넣고 기름에 버무려 페스트를 만들어 먹는다. 빵에 발라 먹기도 하고, 찐 감자에 버무려 먹는데 그 맛에 반했다. 남은 달래는 줄기가 마르지 않도록 물을 뿌려 종이에 싸서 보관한다.

◆ 달래장 ◆

누런 잎이나 검불을 떼어내면서 다듬는다. 흐르는 물에 절레절레 몇 번 씻다 보면 흙이 떨어져 나가고 뽀얀 뿌리가 드러난다. 그래서 은달래라 부르겠구나 싶다. 씻은 달래는 체에 받쳐 물기를 빼놓는다. 손가락 반 마디 정도로 자잘하게 썬다. 알뿌리는 살짝 으깨주면 향이 더 진하다. 너무 큰 것은 반으로 잘라주면 먹기 편하다. 맛간장에 식초, 매실발효액, 고춧가루, 들기름, 통들깨를 듬뿍 넣어 걸쭉해 보이면서 새콤달콤한 양념간장을 만든다. 오목한 접시에 달래를 담고 양념간장을 자작하게 부어 밥상에 올린다.

> **텃밭 요리사의 팁!**
> 1. 달래장에 밥을 비벼서 날 김을 싸 먹어도 잘 어울린다. 들풀밥, 콩나물밥, 김치밥 등 어떤 밥이라도 달래장에 슥슥 비벼 먹으면 맵싸한 향에 입맛을 다시게 되리라.

풋풋하면서 알싸한 풍미

풋마늘

겨울을 나고 뾰족뾰족 촉을 올리기 시작한 마늘. 줄기가 제법 굵어지면 한 뿌리 뽑아 먹고 싶어진다. 아직은 땅속에서 쪽이 생기지 않았을 터. 육쪽 탱탱한 마늘로 키워서 캐야지 싶어 선뜻 뽑을 생각이 안 나다가도 그 맛을 떠올리면 주저하지 않고 몇 뿌리를 캐게 된다. 그럴 때 잘 살펴보면 두 대가 같이 올라오는 것들이 없지 않다. 씨마늘 두 쪽이 같이 붙어 있는 걸 모르고 심어서 두 포기가 같이 올라온 치들이다. 그 가운데 하나는 뽑아줘야 남은 것이 제대로 자란다. 어차피 뽑아내야 할 것들을 뽑는 셈이니 아까워할 필요는 없다. 가을에 심을 때 풋마늘 뽑아 먹을 요량으로 씨알이 작은 것들을 촘촘히 박아두었다가 그 싹들이 올라올 때 뽑아 먹으면 아까운 생각이 들지 않고도 풋마늘의 맛을 즐길 수 있다. 풋마늘이 넉넉하면 장아찌를 담가둔다. 돌아가신 우리 아버지는 알싸한 맛이 들기 전의 풋마늘을 즐기셨는데, 드실 때마다 얼굴 가득 미소가 번지셨다. 풋풋하고 나긋나긋하면서도 달콤한 맛이 그리 좋으셨나 보다.

◆ 풋마늘초회 ◆

풋마늘을 뽑아서 뿌리를 자르고 누런 잎이나 검불을 떼며 다듬는다. 물에 씻어 하얀 줄기 부위를 손가락 한 마디 될 듯 말 듯하게 자른다. 잎 부위는 따로 챙겨서 나물로 무쳐 먹는다. 맛된장이나 초고추장에 찍어 먹는다.

> **텃밭 요리사의 팁!**
> 1. 맛된장, 고추장은 327쪽 '풍미를 살려주는 맛장 만들기' 참조.

◆ 풋마늘무침 ◆

다듬은 풋마늘을 물에 씻어 줄기와 잎 부위를 손가락 길이 정도로 썬다. 끓는 물에 살짝 데치면 부드럽다. 맛간장에 고춧가루, 매실발효액, 식초, 들기름을 넣은 양념장을 넣고 골고루 묻도록 버무려 접시에 담는다.

> **텃밭 요리사의 팁!**
> 1. 풋마늘 잎은 맛국물을 낼 때 써도 감칠맛을 내준다.

풋마늘초회

풋마늘무침

햇살의 기운을 담뿍 담은 노란 빛깔

배추꽃

마트에서는 배추꽃을 팔지 않지만, 텃밭에서 배추꽃을 만나기는 그리 어렵지 않다. 남쪽에서는 봄이 되면 여기저기 배추꽃이 무리지어 피어난다. 마치 심어 가꾼 듯하다. 그러나 가을에 배추를 거둘 때 통이 덜 찬 배추를 남겨두었더니 겨우내 고시라져 있다가 땅이 녹자 슬슬 살아난 것. 수도권에서는 덮개를 씌워두거나 뽑아두었다가 날이 풀렸을 때 다시 심어야 꽃을 볼 수 있다. 아무튼 한낮에 후끈할 정도로 날이 더워지면 꽃대를 피워 올려 꽃망울을 열기 시작해서 5월 즈음 본격적으로 봄 작물을 심을 이랑을 만드느라 뽑아낼 때까지 줄지어 피어난다. 햇살의 기운을 담뿍 담고 있는 듯 정신 나게 밝은 노란 빛깔을 보면 꽃밭이 따로 없다. '텃밭정원'이다.

❖ 배추꽃샐러드 ❖

배추꽃송이를 꺾어 물에 살살 흔들어 씻어 물기를 뺀 다음 접시에 담는다. 들풀소스를 끼얹어 밥상에 올리면 밥상이 환히 밝아진다. 맛은 둘째다. 화창한 봄날을 닮은 이 꽃은 일상의 나른함을 날려주거니와 소스의 향이 입맛을 끌어올리니 봄맞이 샐러드로 이만한 것이 없다. 팬에 핫케이크를 붙여 그 위에 꽃과 소스를 얹고 감싸듯이 쥐고 먹으면 뭐라 불러야 할까. 꽃샌드위치? 매달 두 번째 주 일요일이면 서울 마로니에공원에서 열리는 '마르쉐@혜화'. 2014년 4월 장터에서 이 배추꽃샐러드가 사람들의 입맛을 사로잡아 삽시간에 동이 난 적이 있다.

> **텃밭 요리사의 팁!**
> 1. 배추꽃송이는 달착지근하면서 풋풋할 뿐 아니라 꽃대도 연하고 사각거리는 식감이 좋다. 때문에 꽃이 달려 있는 꽃대 윗부분을 같이 꺾어주는 것이 좋다.
> 2. 들풀소스는 유자청에 들풀발효액, 들기름을 섞어 만든다. 독특한 맛은 쇠비름, 쑥 등 들풀발효액의 맛에 따라 다양하게 빚어낼 수 있다. 유자소스에 대한 자세한 내용은 324쪽 '입맛에 맞는 드레싱 만들기' 참조.

텃밭을 밥상에 올리다

찻잔에 그윽한 봄의 정취

목련

나무에 피는 연꽃이라는 목련. 꽃봉우리가 붓끝을 닮았다 하여 목필. 꽃에서 난초꽃 향이 난다 하여 목난이라 불리는 데서 보듯 단아한 꽃 모양새만으로도 시선을 끈다. 숲속에서 10m 남짓 키가 크게 자라는 나무인데 요즘은 집 안으로 들어와 안마당, 뒷마당에 즐겨 심는 나무가 되었구나. 잎이 나기 전에 털이 보실보실한 꽃눈이 달린다. 그러다가 날씨가 포근해지면 꽃몽울이 생기고 꽃잎이 열리기 시작하는데, 온 꽃이 하얗게 필 때면 한 번쯤은 넋 놓고 바라보게 되더라. 아뜩할 정도로 강렬한 빛깔의 자색 목련꽃의 촉감은 '비단결 같구나'라는 말을 떠오르게 한다.

꽃잎 그대로 혹은 말려서 차로 우려마시기도 하고, 발효액을 만들어 마시기도 한다. 신이화라고 부르는 목련 꽃망울은 기침, 천식 등 호흡기 계통의 병을 다스려주는 한약재. 꽃이 활짝 피기 전에 따야 약성이 좋다고는 하지만 키가 훌쩍 큰 나무에서 꽃을 따기가 만만찮다. 청초하게 피어나기도 전에 꽃을 따내는 게 마뜩찮아 나는 꽃이 떨어지기를 기다렸다가 냉큼 집어오곤 한다. 목련꽃이 한창 피어 있을 즈음 거의 빠짐없이 쏟아지는 제법 굵은 빗발의 봄비에 우수수 떨어져서 처연하게 시들어가는 꽃잎을 보기 전에 거둬 온다. 이것은 바로 설탕에 버무려 항아리에 담고 발효에 들어간다. 나무 아래가지에 달려 있거나 눈에 잘 뜨이지 않는 자리에 피어 있는 채 피어나지 않은 꽃봉오리 몇 개쯤은 차로 마신다. 신맛, 매운맛이 스며 있는 듯한 독특한 향은 매혹적이다. 내 옆지기는 그 꽃향기를 못 잊어 기어이 마당 한가운데 목련나무를 심어 가꾼다.

◆ 목련꽃차 ◆

목련꽃 봉오리를 따다가 꽃잎을 하나씩 딴다. 찻물을 끓여 한숨 식힌다. 주전자에 꽃송이째 담가 우리기도 하고, 잔에 꽃잎 몇 이파리 넣고 물을 부어 잠시 우려서 마시기도 한다. 목련꽃만이 풍기는 향기가 그윽하다.

텃밭 요리사의 팁!
1. 목련꽃을 말리는 방법: 찜솥에 면보를 깔고 김이 오르면 꽃잎을 얹고 살짝 숨이 죽을 정도로 찐 뒤 채반에 넣어 말린다. 꽃잎이 얇으니 날 좋은 날 바람이 잘 드나드는 자리에 놓으면 금방 마른다. 그런데 이 무렵엔 거의 비가 내린다. 이른바 곡우비. 자칫 며칠 동안 비라도 오면 색이 흉해지거나 썩는다. 이럴 땐 선풍기 바람이라도 쐬어주어야 깔끔하게 말릴 수 있다. 목련꽃을 말리면 갈색으로 변한다.

4월 텃밭

"부지깽이를 거꾸로 꽂아도 싹이 난다"고 할 정도로 생명력이 용솟음치는 때. 이 무렵만큼 여러 가지 씨를 뿌리는 때도 없을 것 같다. 들풀은 청장년기로 들어섰다 싶게 왕성하게 자라지만 겨울 지난 작물과 새봄에 심은 작물의 새싹들도 하루가 다르게 자란다. 씨 뿌리랴, 모종 옮겨 심으랴, 풀 뽑아주랴, 솎아주랴. 눈코 뜰 새 없다.

씨 뿌리고 모종 심기
상추, 쑥갓, 청경채, 치커리. 겨자채 같은 쌈채소들은 대엿새 남짓이면 싹이 트는데 어린 싹부터 커가는 대로 솎아 먹을 수 있으니 겨우내 푸성귀에 주려온 입맛을 풀어준다. 그렇더라도 자칫 많이 심게 되면 골머리를 앓는다. 쌈을 즐겨 먹는 4인 가족이라도 대여섯 포기만 심으면 싫증나지 않을 만큼 먹을 수 있을 것이다.
이즈음에 봄배추, 열무, 얼갈이배추, 총각무 같은 김칫거리가 될 만한 작물의 씨를 뿌려두면 햇김치를 골고루 해 먹을 수 있다. 농익은 김장김치가 냉장고에 쟁여 있더라도 봄, 여름에 먹는 제철 김치는 남다르다. 6월말쯤 무더워지기 전에 뽑아서 김치 한 통 담가두면 비 많은 여름날 김치가 금치라 부를 정도로 비싸고 귀해질 때 느긋하게 맛난 밥상을 차릴 수 있다.
양상추, 양배추, 브로콜리, 콜라비, 비트, 근대, 아욱 씨앗도 뿌린다. 양배추, 브로콜리, 콜라비는 잘만 보관하면 한 달 넘도록 싱싱하니 밭이 되는 대로 넉넉히 심는다. 이런 채소들은 가을에 한 번씩 더 심을 수 있으니 적은 듯이 심는다. 강낭콩은 봄에 키운 그루에서 거두자마자 다시 심어 가을에 또 거둬 먹게 해주는 고마운 콩. 그래 '두벌콩'이라 부른다. 녹두도 그렇다. 6월초에 거두고 바로 또 심어 가을에 거둔다. 이들 두벌콩을 4월 들머리 청명쯤에 심는다. 이즈음에 잎들깨도 몇 포기쯤 심어둔다. 기름을 짜거나 가루를 낼 수 있는 들깨알을 거두려면 이르지만, 깻잎만 따 먹으려면 이렇게 일찌감치 심어도 된다. 들깨는 잎이 무성해서 한 그루만 있어도 아쉽지 않게 밥상에 올릴 수 있다. 허브류도 이즈음 씨앗을 뿌린다. 벌레도 꼬이지 않고 병치레도 없이 잘 자라니 생각보다 무던하다. 토종 박하와 모양새도 향도 엇비슷한 민트류, 즉 페퍼민트, 애플민트, 스피어민트. 레몬 향이 나는 레몬밤, 레몬버베나, 로즈마리, 라벤더. 감자 음식에 곧잘 어울리는 딜. 토마토 음식에 먹음직스러운 향을 우러나게 해주는 바질. 한 포기씩만 심어도 다 먹지 못하겠더라.

싹이 트는 데 한 달 남짓 걸리는 생강, 토란, 울금도 4월이 가기 전에 심는다. 봄 가뭄이 심하면 '죽었나 살았나, 싹이 트기는 할 건가?' 궁금해서 흙을 파보게 될지도 모른다. 텃밭농사를 짓기 시작해 몇 해 동안은 내가 그랬다. 그러나 늦은 5월쯤 되면 어김없이 늦잠에서 깨어나 싹을 밀어 올리더라. 이보다 우직하게 기다림을 가르치는 작물도 흔치않을 것이다.

이 무렵 옥수수 씨앗도 심는다. 열흘 간격으로 몇 번에 걸쳐 심으면 여름부터 가을까지 시시때때로 감칠맛 나는 옥수수를 먹을 수 있다. 땅콩도 심는다. 키도 팔뚝 정도밖에 안 되고 뿌리도 깊거나 넓게 뻗지 않으니 텃밭상자에 심어도 된다. 밭은 넓지 않은데 겨우내 고소한 땅콩을 까 먹는 재미를 놓치고 싶지 않은 사람에게 권하고 싶다. 흔한 보리차, 옥수수차 말고 또 다른 맛을 즐겨보려고 나는 결명자 씨앗 서너 알도 뿌린다.

텃밭에 늘 물기가 고여 있는 축축한 곳이 있으면 미나리를 심는다. 아니면 물길을 잡아 미나리꽝을 만들어 심기도 한다. 벌레도 꼬이지 않고 병치레도 하지 않는 미나리는 별다른 거름을 해주지 않아도 잘 자란다. 늦은 봄부터 여름 되기까지 그리고 다시 가을에 쌈도 싸 먹고 맑은 국을 끓여 먹을 수 있을 것이다.

풀매기

겨울 지나고 싹을 틔운 작물들과 나란히 움튼 풀들은 맹렬하게 자라서 그저 보고 있다가는 먹을 게 없어지니 보는 대로 뽑아준다. 이렇게 뽑은 들풀들이 들풀밥상의 주인공이 된다. 잘 삭은 퇴비로 기운을 북돋워주는 일도 챙긴다. 아궁이에 불을 때는 방이 있다면 재를 긁어 뿌려준다. 장작 때는 찜질방에 가서 재를 구할 수도 있다. 간 김에 목초액이라 부르는 잿물을 한 병 사두면 진딧물이나 고추탄저병 같은 병이 돌 때 긴요하게 쓰일 수 있다.

긁어 올려 북주기

싹을 틔운 감자, 완두콩은 웬만큼 자라면 호미로 흙을 긁어 올려 북을 준다. 넝쿨을 뻗어가는 완두에 버팀대를 세워주지 못했다면 이제라도 잔가지가 많이 뻗어난 나뭇가지를 꽂아준다. 너무 굵으면 덩굴손이 감고 올라가기 어려우니 손가락만 하게 굵기만 하면 된다. 거기에 덩굴손을 살짝 얹어주기만 하면 그다음부터는 제멋에 겨워 춤추듯이 감고 올라간다.

솎아주기

지난달 심은 당근은 싹이 텄을까? 어깨를 맞대고 몰려서 난 것들은 주저 말고 뽑는다. 텃밭에 갈 때마다 서너 번에 걸쳐서 솎아 포기 사이가 한 뼘 남짓 되게 한다. 이 무렵이면 봄시금치도 뿌리를 내렸을 터. 서로 잎이 닿도록 빽빽하게 자라야 잎이 부드럽기도 하고 어릴 때부터 솎아 먹기도 좋다. 씨앗을 심고 나서 일주일도 안 되어 싹이 트는 얼갈이, 열무, 봄배추, 총각무, 무 등도 부지런히 솎아 먹는다.

들풀 말리기

다 거두어 먹기 어려울 정도로 무성해진 들풀. 뜯어서 말려두면 차로 마셔도 좋고 묵나물로 먹어도 좋다. 장아찌를 담가두면 1년 내내 반가운 밑반찬으로 만날 수 있다.

얼결음치듯 뻗어나가는 돌나물

노란꽃을 틔운 배추밭

가지를 뻗어 올리는 머덕순 덩굴

4월 텃밭에서 하는 일

절기	씨뿌리기	모종 옮겨심기	기타
청명 (4.5)	녹두, 부추, 콜라비, 비트 쌈채: 상추, 쑥갓, 치커리, 청경채, 겨자채 김칫거리: 봄배추, 봄무, 열무, 얼갈이, 총각무 허브류: 애플민트, 레몬밤, 로즈마리, 딜, 바질, 라벤더 등	양배추, 양상추, 브로콜리	당근·시금치 솎아주기 대파·쪽파·부추 웃거름 주기
곡우 (4.19)	생강, 토란, 옥수수, 땅콩 꽃씨: 분꽃, 백일홍, 봉숭아, 채송화, 한련화	대파	강낭콩·완두콩 북주기 마늘·양파 풀매주기 잎채소 솎아주며 풀매기 웃거름 주기

5월

해마다 조금씩 다르기는 하지만 5월엔 봄 가뭄이 들곤 한다. 언뜻언뜻 빗발이 내비치더라도 비는 뜸하고 햇볕은 따가워진다. 물기가 모자라면 씨앗들이 싹을 틔우는 데 애를 먹고, 싹을 틔웠다 해도 좀체 자라지 않는다. 호미질을 하면 흙먼지가 풀썩거리고 모종이나 싹들이 시들어가는 기미가 보이니 물뿌리개를 들고 물을 뿌리는 일이 잦아진다.

하지만 숲은 가뭄 따위를 아랑곳하지 않는 듯하다. 연둣빛 실비처럼 일어서던 나무의 새순들은 초록빛 옷으로 갈아입고 정렬을 마친다. 나무마다 가지와 잎사귀들이 사라지고 다 같이 녹색 덮개를 뒤집어쓴 모양새다. 나무마다의 개성, 존재감이 산이라는 덩어리에 묻혀버린 느낌이다. 그렇게 완성된 듯한 봄빛에 이어 여름이 발돋움한다. 여름이 일어선다 하여 입하(立夏)라 부르는 때다. 봄꽃들은 지고, 봄풀들도 쇠어 씨앗을 맺지만 그 뒤를 이어 여름꽃들이 피고, 여름풀들이 기지개를 켠다. 아, 정말 1년 내내 꽃들이 꼬리에 꼬리를 물고 피고 진다는 발견이 새삼스러워지곤 한다.

이맘때가 되면 서리는 거의 자취를 감춘다. 하지만 5월초에 느닷없이 서리가 내려 꽃눈이나 새싹들이 봉변을 당하는 해가 있다. 늦서리는 없는지 바짝 신경이 쓰인다. 또한 고추나 고구마, 야콘처럼 서리 맞으면 치명적인 모종들을 언제 심을 수 있을지 날을 잡아야 한다! 아침저녁으로는 싸늘한 듯해도 한낮엔 여름의 한 자락을 옮겨놓은 듯 열기가 후끈하다. 천지기운이 부풀어오르며 만물이 가득 차오르는 듯한 느낌이 드니 이름 그대로 '소만(小滿)'이다. 텃밭에서 움직이는 사람들이 부쩍 많아지고 씨앗과 모종을 파는 가게로 내달리는 발길도 부산해진다.

5월 '텃밭 밥상' 한눈에 보기

절기	들풀	텃밭 작물
입하 (5.6)	질경이, 머위, 아카시아꽃, 달개비, 소리쟁이, 명아주	상추, 쑥갓, 치커리, 겨자채, 봄시금치, 취나물, 참나물, 방풍나물, 풋마늘, 청경채, 메밀순, 더덕순, 얼갈이배추, 들깨순
소만 (5.21)	왕고들빼기, 캐모마일	들깻잎, 미나리, 마늘종, 래디시, 얼갈이, 총각무, 열무

5월 밥상

5월에도 들풀은 무성하다. 새봄에 돋아난 들풀들은 억세진 것이라도 그늘 녘에서 늦게 돋은 치는 연하다. 가만히 살펴보면 비름나물, 소리쟁이 등 여기저기 새로 돋는 풀들도 하나둘이 아니다. 텃밭에서 풀을 매다가 버리기 아까워 밥상으로 가져오면 따로 채취하지 않아도 된다. 여러 가지 들풀마다의 맛을 음미할 수 있는 정식. 들풀을 섞어서 밥을 짓고, 쑥국을 끓이고, 돌나물김치를 올리고 나물 접시 몇 개를 같이 차리면 한 상 가득 차리기 어렵지 않다. 들풀이나 꽃을 얹은 비빔국수를 새참으로 내올 수도 있을 것이다.

이맘때가 되면 텃밭 작물도 소담하게 밥상에 올릴 수 있게 된다. 겨울을 나거나 이른 봄에 심은 작물들이 이제야 제법 먹을 만하게 자라난 것이다. 상추, 치커리, 쑥갓, 겨자채, 청경채…… 쌈채소 잎들은 어린 싹을 솎아 먹을 때와는 달리 '맛이 들대로 들었구나' 싶어 쌈 싸 먹기 바쁘다. 쌈은 반 뼘 남짓 자랐을 때가 맛의 절정. 그때를 기다려 쌈잔치 한번 해볼 만하다. 쌈 채소별로 혹은 끼리끼리 섞어서 모듬으로 겉절이를 무치기도 하고, 쌈만 보면 고기를 굽고 싶어지는 이들은 사람들 불러 모아 텃밭파티를 벌이고 싶어한다. 봄시금치가 한창이니 날 더워 꽃대 올라오기 전에 나물 한 접시 무친다. 김장김치도 다 떨어져가고 햇김치 맛이 그리워지는 이맘때면 열무, 얼갈이, 총각무, 래디시가 푸르다. 김칫거리들을 따로따로 혹은 섞어서 김치를 담는다. 총각김치를 담가도 좋다. 모두 여름을 손짓하는 김치 맛이다.

쑥, 머위, 민들레에 이어 질경이, 명아주, 머위, 소리쟁이, 달개비, 씀바귀, 고들빼기……. 여름 열기를 기억하는 들풀들이 앞서거니 뒤서거니 자라나 나풀거린다. 아카시아 꽃향기가 바람결에 묻어나면 그 꽃을 따서 샐러드로 버무려 먹고, 튀겨 먹고, 발효액도 담근다. 무성한 풀들을 낫으로 뭉텅뭉텅 베어 들풀발효액을 담아두기 좋은 때이니. 스피어민트, 애플민트, 레몬밤 등 허브잎이나 캐모마일꽃을 따서 찻잔에 띄우면 잠시 마나 봄날의 나른함을 물리칠 수 있으려나.

텃밭일꾼만이 맛볼 수 있는 특권

새싹

상추, 치커리, 열무, 쑥갓, 겨자채…… 이른 봄에 심은 잎채소들은 사나흘에서 일주일만 지나면 뾰족이 싹을 올리고 하루가 다르게 자란다. 이들은 다 자랐을 때 한 뼘 정도의 간격이 되도록 자라는 대로 솎아주어야 더 잘 자란다. 이 솎음질은 선택이 아니라 필수다. 제때에 솎아주지 않으면 거름을 더하거나 물을 더 주거나 풀을 뽑아주어도 비리비리하고 몸집을 키우지 못한다. 벌레나 병의 공격에도 약할 수밖에 없다. 어린 싹을 뭉텅뭉텅 뽑아주는 것은 그래서다. 이 새싹들은 버리는 것이 아니라 텃밭농사 하는 이들만이 잠깐 맛볼 수 있는 맛난 먹을거리다. 솎은 새싹들은 밥에 비벼 먹어도 별미. 샐러드로 먹으면 풋풋하고 야들야들한 식감을 즐길 수 있다. 여러 가지 소스를 얹어 겉절이로 먹은들 어떠하리. 텃밭 주변에서 손에 닿는 어린 들풀들이 있을 터, 같이 섞어 써도 좋다. 제비꽃, 민들레꽃, 아카시아꽃…… 봄꽃들이 눈에 띄어 거기 얹어낼 수 있다면 금상첨화다.

새싹을 밥상에 올리려면 씨앗을 받아서 심어야 한다. 종묘상에서 파는 거의 모든 씨앗이 빨갛게 때론 파랗게 농약을 뒤집어쓴 채 나오고 있기 때문이다. 씨를 이어가는 농사는 팔기 위한 농사가 아니라 가족의 밥상을 차리기 위한 올망졸망한 농사에서 재미지게 할 수 있는 일 가운데 하나다. 때에 맞춰 약간만 신경을 쓴다면 어려울 게 없다. '씨앗을 보면 돌부처도 돌아앉는다'는 속담의 맛을 느낄 수 있게 된다.

◆ 새싹모듬비빔밥 ◆

상추, 치커리, 겨자채, 청경채, 열무, 얼갈이, 봄무, 봄배추…… 텃밭에서 한 줌씩 솎아 온 새싹에 묻어 있는 검불과 흙을 털어낸다. 물에 절레절레 흔들어 씻는다. 체에 받쳐 물기를 빼놓는다. 비빔밥에 비비는 된장오미자소스도 감칠맛 나게 어울리지만, 매콤한 맛이 감도는 초고추장으로 해 먹어도 좋다. 된장오미자소스는 된장에 오미자발효액을 넣고 들기름을 향이 나는 듯 마는 듯 넣고 버무리기만 하면 된다. 초고추장은 고추장에 다진 마늘, 송송 썬 파, 매실발효액, 식초, 깨소금, 들기름을 고루 섞어 만든다.

비빔밥으로 먹을 밥은 고슬고슬하게 짓는다. 평상시보다 물을 살짝 적은 듯이 잡으면 된다. 그릇에 밥과 새싹을 앉히고 초고추장을 끼얹어 밥상에 올린다.

> **텃밭 요리사의 팁!**
> 1. 종묘회사에서 나오는 씨앗 가운데 소독약으로 처리된 씨앗의 싹은 먹지 않는다. 자신이 받은 씨앗으로 심은 새싹만 먹는다.
> 2. 쑥이나 얼갈이, 배추솎음 등으로 된장국을 끓여 곁들이면 잘 어울린다.

흙의 기운을 담은 맛

상추

요즘은 흔하디 흔하지만 예전에는 신성한 풀로 여겨졌다는 상추. 수도원 텃밭에서 즐겨 기르는 풀이었는데 맛보다도 기분을 안정시켜주고 잠을 잘 오게 해줘서 인기를 끌었다고 한다. 청상추, 적상추, 꽃상추다 해서 시중에서 파는 상추 씨앗들은 토종 상추에 비해 잎이 연하고 맛도 부드럽게 개량된 것들이다. 상추는 들풀이었다가 작물이 되어버린 대표적인 풀인 셈이다. 워낙 잘 자라고 흔하니 심어두지 않으면 허전하고, 심어놓으면 이내 관심이 시들해지는 작물이기도 하다.

흙냄새만 맡아도 살아난다 할 정도로 질긴 생명력도 들풀의 이력이 남아서 그럴지 모른다. 새싹을 솎아줄 때부터 잎이 한 뼘 크기로 다 자랄 때까지 손만 대면 가볍게 먹을 수 있다. 파주도시농부학교를 다닌 어느 도시농부는 상추를 많이 심어 다 못 먹게 되자 잎은 물론 줄기와 뿌리까지 몽땅 거둬서 발효액을 담갔다. 그걸 불면증에 시달리는 친구에게 주었는데 잠이 솔솔 오더라고 고마워했다고 한다. 실상 상추를 뜯을 때 묻어나는 흰 즙은 신경을 안정시켜주고 잠이 오게 하는 성분. 특히 뿌리와 줄기가 맞닿은 부분에 그 성분이 몰려 있으므로 그 부분까지 채취해서 먹으면 약효를 볼 수 있을 것이다. 화학성분으로 만들어진 신경안정제와 수면제 대신 상추쌈밥, 상추발효액을 즐겨 먹을 일이다. 다 못 먹고 남겨둔 상추가 꽃대를 올리면 대궁째 잘라서 김치를 담가 먹어도 별미다. 그렇지 않으면 꽃이 피고 꼬투리가 달리면서 씨앗이 맺힌다. 장마가 오기 전에 한두 꼬투리를 따서 말리면 씨앗을 이어갈 수 있으니 사다 쓰지 않아도 된다.

◆ 상추겉절이 ◆

상추를 손으로 먹기 좋은 크기로 자른다. 맛간장에 고춧가루, 다진 마늘, 송송 썬 파, 깨소금, 들기름을 넉넉히 넣고 양념간장을 만든다. 겉절이에는 상큼한 매실발효액이 잘 어울린다. 그릇에 상추를 담고 양념간장을 넣고 골고루 버무려 접시에 담는다. 쑥갓, 치커리 등 다른 쌈채소들과 모둠으로 겉절이를 해도 좋다. 입맛에 맞춰 액젓 한 방울을 넣어도 좋다.

텃밭 요리사의 팁!
1. 상추잎은 여리고 잘 무르므로 양념이 고루 묻을 정도로만 뒤적인다.

◆ 상추냉국 ◆

맛국물에 된장을 슴슴하게 풀어 냉장고에 넣어 차갑게 둔다. 맛국물은 물론 된장이 냉국의 맛을 좌우하지만, 식감을 살려주는 온도 또한 중요하다(겉도 속도 성질이 차끈한 상추는 찬 국물과 잘 어울린다). 상추잎을 한입 먹기 좋은 크기로 썰어 국물에 말아 먹는다. 숨이 죽기 전에 바로 먹어야 씹히는 맛이 좋다.

상추겉절이   상추냉국

질긴 생명력에 담긴 약초의 효능

질경이

수레바퀴 밑에 밟혀도 끄떡없이 살아낸다 하여 '차전초'로 부르는 질경이. 우리 집 마당에도 군데군데 질경이가 있는데 늘 밟히고 차바퀴에 짓이겨질 때도 있건만 끄떡없다. 질긴 생명력 때문일까? 이걸 꾸준히 먹으면 몸이 나는 듯 가벼워진다고 한다. 옛날 중국에서는 오랜 전쟁에 지쳐 기진맥진한 병사들이 비실대는데, 말들은 거뜬하여 살펴보니 이 풀을 뜯어 먹고 있더라는 전설 같은 이야기도 전해진다.

질경이는 뿌리부터 씨앗까지 사람에게 이롭지 않은 부위가 없다. 한의학에서는 약재로 쓰고 있다. 『동의학사전』은 '소변이 잘 나오게 하고 열을 내린다. 가래를 삭이며 기침을 멈추게 한다. 눈을 밝게 하며 출혈을 멈춘다. 성질이 차고 맛은 달며 독이 없다'고 소개한다. 암세포를 억제하고, 질경이 씨앗에서 간을 튼튼하게 하는 성분을 분리해냈다는 보도도 있다.

약효만이 아니라 맛도 좋다. 단맛보다는 쌉싸름한 맛이 더 많이 느껴지는 여느 들풀과 달리 씹을수록 감칠맛이 돈다. 들풀 가운데 특히 맛난 것을 꼽으라 하면 나는 질경이를 꼽게 된다.

이즈음 눈에 띄는 질경이는 가을 들어 서리가 내릴 때까지 만날 수 있다. 여름 기운이 돌면 줄기도 억세어지고, 씨도 맺는다. 연한 잎을 얻으려면 그늘진 곳을 찾아본다.

잎은 쌈을 싸 먹고, 나물로 무쳐 먹고, 된장국을 끓여 먹고, 말려두었다가 차로 달여 마시기도 하고, 불려서 묵나물로도 먹는다. 질경이잎차는 구수하다. 뻣뻣하다 싶은 잎은 장아찌를 담근다.

질경이를 캘 때는 잎줄기 부분을 포기째 도려낸다. 잎이 땅에 바싹 붙어 있어서 검불이 덕지덕지 붙어 있게 마련. 흐르는 물에 절레절레 흔들어 여러 번 씻다 보면 흙알갱이와 검불이 떨어져나간다. 잎줄기가 크다 싶으면 두어 번 잘게 썰고 그렇지 않으면 그냥 쓴다.

❖ 질경이밥 ❖

쌀은 씻어서 반시간가량 불린 뒤 체에 받쳐 물기를 뺀다. 밥솥에 불린 쌀을 안친 다음 질경이를 얹는다. 여느 때와 같이 쌀 부피의 1.2배 정도의 물을 붓는다. 밥이 끓기 시작하면 불을 중불로 줄여 한소끔 끓이다가 약불로 줄여 뜸을 들인다. 주걱으로 골고루 섞어 퍼 담는다. 들기름을 듬뿍 넣고 고춧가루, 깨소금, 다진 마늘을 넣은 양념간장을 곁들인다.

❖ 질경이나물 ❖

질경이의 검불과 지저분한 부분을 다듬고 물에 씻는다. 펄펄 끓는 물에 적당히 데쳐서 물기를 빼놓는다. 간장에 다진 마늘과 들기름을 넣고 조물조물 무친다. 기름을 두르고 달군 팬에 살짝 볶아낸 뒤 송송 썬 파를 넣어 한 번 더 볶아낸다. 물기가 적어 탈 듯싶으면 다시마물 한두 숟가락 떠 넣어가며 볶는다.

텃밭 요리사의 팁!
1. 질경이는 잎이 톡톡한 편이라 데치거나 그냥 무쳐 먹기보다는 살짝 볶아 먹어야 부드럽고 맛도 깊다.

질경이밥

질경이나물

쌉쌀한 풍미가 선사하는 봄의 향연

머위

우리 옆지기는 머위를 보면 입이 벙긋해진다. 돌아가신 어머니도 즐겨 드셨다니 쓴맛을 즐기는 입맛도 내력이구나 싶다. 나도 처음엔 인상을 찌푸려가며 한두 젓가락 먹어보면서 맛을 익혔는데, 이제는 봄이 되면 먹을 만치 자랐나 눈길을 주게 된다. 씁쓰레해서 젓가락이 잘 가지 않더니 이제는 오히려 쌉쌀한 그 맛에 끌린다. 어느 해 늦가을에는 봄에 베어 먹은 자리에 돋아난 새순이 보드랍게 자라는 것을 보고 군침을 다 삼켰다.

머위는 산비탈이나 언덕 축축하고 자갈 많은 땅에 무리지어 자라는 여러해살이 들풀. 겨울의 눈보라와 추위를 이겨내고 꽃을 피운 풀이라 하여 '관동'이라 불리는데, 『동의보감』에서는 '폐결핵으로 피를 토하는 이를 낫게 한다'고 한다.

머윗잎은 도톰하고, 잎사귀도 큼지막해서 입안 가득 들어차는 부들부들한 식감을 즐길 만하다. 쓴맛을 웬만큼 우려내기만 하면 잎 자체가 아주 맛나다. 끓는 물에 데쳐서 쌈장을 얹어 쌈을 싸 먹거나 나물로 무쳐 먹는다. 껍질을 벗긴 줄기는 찌개를 끓이거나 장아찌를 담근다. 무칠 때나 찌개를 끓일 때나 들깻가루를 듬뿍 넣으면 푸근한 맛이 깊어진다.

♦ 머위깻잎들깨무침 ♦

어린 머위순의 잎줄기를 잘라내고 연한 부분만 챙긴다. 끓는 물에 데친다. 쓴맛이 진하게 돈다 싶으면 두서너 시간 물에 담가두었다가 쓴다. 물기를 꼭 짜낸 머위에 고추장과 된장을 반반씩 섞고 다진 마늘, 송송 썬 파, 들기름, 설탕 약간을 넣어 조물조물 버무린다. 곱게 간 들깻가루 혹은 통들깨를 넣는다.

♦ 머윗대장아찌 ♦

머윗잎을 따고 남은 줄기를 끓는 물에 넣고 살짝 삶아 그 물에 30분 넘게 담가둔다. 아린 맛을 빼주고 억센 줄기를 느른하게 익히기 위해서다. 꺼칠한 껍질을 벗겨내면 맑고 뽀얀 빛이 도는 머윗대가 "나 여기 있소" 하면서 말을 거는 것 같다. 먹기 좋은 길이로 잘라 통에 담는다. 간장에 설탕과 식초를 넣고 달인다. 펄펄 끓을 때 통에 붓는다. 한 달쯤 지나 맛이 들었다 싶으면 꺼내 밥상에 올린다.

> **텃밭 요리사의 팁!**
> 1. 장아찌에 대한 더 자세한 내용은 329쪽 '새콤달콤 장아찌와 피클 만들기' 참조.

머위깻잎들깨무침

머윗대장아찌

봄에 빼놓을 수 없는 쏠쏠한 반찬거리

마늘종

마늘은 1년 내내 빠트리지 않고 먹는 양념이니 텃밭에 넉넉히 심어놓는 게 좋다. 한 평에 한 접을 심으면 많게는 대여섯 접을 거둘 수 있으니 씨앗을 남기고도 한 가족이 거뜬히 먹는다. 6월에 통마늘을 캐기 전에도 반찬거리가 된다. 이른 봄에 손가락처럼 비집고 올라온 풋마늘은 제아무리 가물어도 5월말, 6월초쯤이면 어김없이 꽃대를 밀어 올린다. 마늘종이라 부르는 이 꽃대를 뽑아줘야 굵은 마늘을 얻을 수 있거니와 칼큼한 반찬거리가 된다. 이것을 뽑지 않고 그냥 놔두면 '주아'라고 부르는 마늘씨앗 주머니가 달린다. 이 주아를 심으면 동전만 한 통마늘이 생기는데, 이듬해 이것을 심으면 온전히 육쪽으로 분화된 마늘을 얻게 된다. 보통은 마늘쪽을 씨로 심는데 4~5년 계속 심으면 품질이 떨어지므로 이 주아를 심어 씨앗을 바꿔줘야 좋다. 마늘종을 손으로 뽑아올리려고 하면 생각처럼 쑥쑥 뽑히지 않는다. 중간에 잘리지 않고 길게 뽑을 수 있도록 힘을 고르게 쥐면서 뽑는다.

날이 더워져 풋풋한 것, 매콤하면서도 개운한 것이 끌릴 때 뽑아 먹으면 입맛을 돋운다. 맵싸하게 무쳐 먹거나 볶아 먹고도 남거들랑 장아찌를 해 두었다 밑반찬으로 먹는다. 마늘종장아찌는 냉장고에 두지 않아도 1년 내내 변하지 않아 보관해두고 먹기가 좋다.

✦ 마늘종무침 ✦

나긋나긋한 마늘종은 날것으로 무친다. 먹기 좋은 크기로 잘라 양념장에 버무린다. 양념장은 고추장과 맛간장을 섞어가면서 간을 맞추고 고춧가루를 섞어 만든다. 매실발효액, 송송 썬 파, 다진 마늘, 생강즙, 참기름을 넣어준다. 조청을 넣어 마무리하면 윤기가 흘러 먹음직스럽다.

> **텃밭 요리사의 팁!**
> 1. 좀 뻣뻣하다 싶으면 살짝 데쳐서 무친다. 너무 익히면 맛도 빠지고 물렁거려 제맛을 잃는다.

✦ 마늘종장아찌 ✦

손가락 두어 마디쯤 되게 자른 마늘종에 간장, 물, 설탕, 식초를 비율에 맞춰 팔팔 끓였다가 붓는다. 사나흘 지나면 마늘종 자체의 물이 우러나왔을 터. 국물을 따라서 한 번 더 끓이고 식힌 다음 붓는다. 열흘쯤 지나면 맛이 든다. 꺼내서 그냥 먹어도 되고, 고춧가루, 조청에 버무려 깨소금을 뿌리고 무쳐 먹어도 된다.

> **텃밭 요리사의 팁!**
> 1. 간장, 물, 설탕, 식초의 비율은 329쪽 '새콤달콤 장아찌와 피클 만들기' 참조.

마늘종무침

마늘종장아찌

텃밭을 밥상에 올리다 83

오종종한 알에 담긴 텃밭의 참맛

딸기

5월이면 딸기가 한창이라 딸기밭에서 데이트를 하곤 했는데, 이젠 옛 이야기다. 마트에서도 딸기를 찾아보기 어렵다. 겨우내 비닐하우스에 기름을 때우면서 키워낸 딸기들이 애초에 동이 났지만, 노지밭에서 딸기를 기르는 이들이 없어졌기 때문이다. 언제부턴가 철 모를 먹을거리가 되어버린 딸기. 텃밭에 몇 포기 심어두면 이 무렵 돈 주고도 살 수 없는 노지딸기를 먹게 된다. 시중 딸기에 비해 오종종하지만 '딸기 맛이 살아 있구나' 느껴진다.

그 맛을 못 잊어 딸기를 심어 가꾸지만 그리 기르기가 만만찮다. 가을에 심어 이듬해 봄에 열매를 따니 열 달가량 밭에 머무르는 셈. 그동안 풀을 이겨내게 해줘야 하고, 거름도 줘야 먹을 만해진다. 여러해살이 작물이기는 하지만 해마다 어미포기에서 줄기를 뻗어나간 어린 포기를 옮겨 심어주지 않으면 앵두알 같은 딸기를 먹어야 한다.

이렇게 자잘한 딸기는 설탕을 적게 넣고 저온에서 과육이 살아 있도록 콩포트를 만들어 먹는다. 이 딸기조림에 우유를 붓고 얼음 한 조각 띄우면 별 따가운 한낮에 기분을 살려주는 딸기라떼. 딸기를 포크로 으깨어서 설탕, 소금, 물을 붓고 주스로 마시기도 한다. 생으로 먹고 남거들랑 샐러드 한 접시 어떤가. 갓 올라온 들풀 싹, 쌈채소 새싹, 들꽃, 유채꽃을 손 닿는 대로 채취하여 섞어 먹으면 된다.

◆ 딸기샐러드 ◆

아침녘에 이슬 젖은 포기를 헤치고 크고 작은 딸기를 따온다. 흐르는 물에 씻는다. 텃밭에서 기른 딸기에 살균제, 살충제가 묻어 있지 않을 터, 흙부스러기나 검불 따위를 씻어내는 정도로 가볍게 씻는다. 행여 좀 크다 싶은 딸기가 있거들랑 먹기 좋게 잘라서 얹는다. 얇게 저며 넣어도 된다. 이 무렵 텃밭에는 통이 꽉 찬 양상추 한 포기 있기 십상. 양상추는 껍질을 벗기고 사각거리는 속잎 부위를 물에 흔들어 씻고 손으로 먹기 좋은 크기로 잘라놓는다. 양상추 대신 상추나 겨자채, 청경채 같은 쌈채소를 써도 무방하다. 쇠비름이든 봄까치풀이든 텃밭 주변에 돋은 어린 풀들을 따다가 물에 씻어 체에 받쳐놓는다. 제비꽃? 민들레꽃? 유채꽃? 어떤 꽃인들 어떠랴. 주변에 꽃이 피어 있거들랑 한 움큼만 딴다. 그릇에 양상추, 들풀, 꽃, 딸기를 보기 좋게 앉히고 달걀 대신 콩을 주재료로 만든 마요네즈를 얹어 설렁설렁 버무려 먹는다. 민트 한두 잎을 잘게 다져 즙을 내어 넣으면 먹고 나서 한동안 청량하다.

달콤한 5월의 향취를 담은 추억

아카시아꽃

생명의 기운이 차오르는 5월이 되면 한반도의 남쪽에서 북으로 올라오며 아카시아꽃이 피어난다. 어디선가 달콤한 아카시아 꽃향이 번지면 숨만 들이셔도 감미롭다. 아카시아꽃을 훑어서 한입 가득 넣고 우물우물 먹던 추억, 꽃을 다 따낸 줄기로 쌍꺼풀을 만든다고 눈꺼풀을 까뒤집고 놀던 어릴 적 기억에 그냥 지나치지 못하고 그 꽃을 따게 된다.

아카시아꽃은 날로 씹으면 뒤끝에 어렴풋이 콩비린내 비슷한 냄새가 나는 듯하지만, 드레싱(324쪽 '입맛에 맞는 드레싱 만들기' 참조)을 끼얹으면 누그러지기도 하고 보들보들한 꽃의 식감을 즐길 수 있다. 튀김옷 만들어 꽃튀김을 해 먹으면 출출할 때 주전부리로 좋다. 발효액을 만들어서 음료로 마시면 은은한 향을 언제든지 즐길 수 있다. 꽃을 따서 말려두었다 꽃차로 마시기도 한다. 혈액순환이 원활하지 못하거나 신장이 안 좋아 몸이 붓기 쉬운 사람들에게 아카시아꽃차를 꾸준히 마시면 부기가 가라앉는다고 한다. 염증을 가라앉히는 데도 뛰어나서 '미래의 항생제'로 주목받고 있다. 화학 항생제가 잘 듣지 않는다면 아카시아꽃으로 달인 차 혹은 아카시아꽃술을 써볼 수 있겠다. 꽃으로 즙을 내어 화장수로 이용하기도 한다.

❖ 아카시아꽃샐러드 ❖

아카시아를 꽃송이째로 흐르는 물에 살짝 흔들어 씻은 뒤 물기를 빼놓는다. 줄기에서 꽃잎을 훑어내서 접시에 담고 드레싱을 끼얹어 밥상에 올린다.

텃밭 요리사의 팁!
1. 길거리나 농약을 치는 숲에 있는 아카시아나무에서는 꽃을 따지 않는다.

❖ 아카시아꽃차 ❖

아카시아꽃을 따서 흐르는 물에 살짝 흔들어 씻는다. 채반에 받쳐 말린다. 그늘지고 바람이 잘 통하는 곳에서 빠르게 말려야 빛깔이 곱다. 뜨거운 김에 살짝 쐰 뒤 말리고 나서 약한 불에 덖어서 말리기를 네다섯 번 하면 맛이 구수해진다. 찻주전자에 끓는 물을 붓고 아카시아꽃을 띄워두었다가 잔에 따라 마신다.

텃밭 요리사의 팁!
1. 온도가 높거나 눅진 곳에서 말리면 누런빛이 많이 돈다.

아카시아꽃샐러드

아카시아꽃차

알아서 크고 활용도 높은 텃밭 안의 효자

허브

허브는 향기 나는 풀이라는 뜻이니 우리말로 '들풀'로 풀이된다. 그래서일까, 생명력이 넘친다. 한번 심어두면 저절로 무성하게 번져나간다. 따로 심어주지 않아도 이듬해가 되면 떨어진 씨앗에서 저절로 싹이 터서 자란다. 여러해살이만이 아니라 한해살이 허브도 그렇다. 기웃거리는 벌레들도 별로 없다. 허브를 베란다에서 키우다가 텃밭에서 키우면 누워서 떡 먹기. 웬만큼 햇살이 들고 바람이 통하고, 물이 잘 빠지면 손봐줄 일이 거의 없다. 몇 포기를 심었다가는 이걸 어디다 써야 하나 고민할 정도로 먹을거리를 풍성하게 얻는다.

겨울을 지내고 돋아나거나 이른 봄에 심은 허브류는 5월이 되면 밥상에 올리기 시작할 때다.

음식을 만들 때 양념처럼 곁들여 쓰는 허브류는 새로운 맛에 대한 상상을 자극하는 매력이 있다. 바질을 바로 따서 넣은 스파게티와 토마토리소토, 빵에 발라 먹기 좋은 바질페스토, 딜을 넣은 감자샐러드와 볶음. 파슬리를 넣은 피자와 사과주스. 민트를 띄운 매실차와 살구빙수, 민트슈거, 민트솔트 등. 허브로 빚어내는 음식의 지평은 새록새록 넓다.

♦ 허브차 ♦

애플민트, 스피어민트, 초코민트, 레몬밤, 레몬버베나, 로즈마리, 캐모마일. 이들 서양 허브는 우리 토종 허브인 박하나 쑥 못지않게 생명력이 강하고 저만의 독특한 향을 풍긴다. 잎을 몇 장 따서 잠시 물에 띄워두었다가 마신다. 찬물이든 따뜻한 물이든 상관없으니 기분에 따라서 골라 마신다. 병에 넣어 몇 시간 우려두었다 마셔도 향긋하다. 오늘은 사과향이 나는 애플민트를 마실까? 레몬향 풍기는 레몬밤은 어떨까? 달콤한 캐모마일은? 골라 마셔도 좋고, 모듬허브차로 마셔도 좋다.

허브 줄기를 꺾어도 그 자리에서 곁순이 나와 순식간에 번지니 봄부터 겨울이 오기까지 허브차를 마실 수 있다. 캐모마일은 노란 꽃이 활짝 피기 바로 전에 따는데 달콤하게 코끝으로 스며드는 부드러운 향이 기분을 가라앉혀준다. 꽃만이 아니라 그물을 펼친 듯한 잎과 줄기도 향기로워 샐러드에 넣어도 좋다.

제철에 다 못 먹거들랑 따서 바람 잘 통하는 그늘에 말려두면 일 년 내내 마실 수 있다. 유리병이나 투명봉투에 담아 선물을 해도 품위가 난다. 말리면 향은 다소 누그러지고 묵직한 맛이 나지만, 날이 찬 계절에는 오히려 잘 어울린다.

주전자에 물을 펄펄 끓여서 한숨 나가게 식힌다. 주전자에 꽃잎을 한 줌 넣어 몇 분 우려내어 마신다. 찻잔에 허브잎을 몇 장 따넣고 물을 넣어 우려 마실 수도 있다.

5월 텃밭

이즈음의 봄은 번번이 가물다. 호미질을 하다 보면 득득 긁히는 소리가 그 목마름을 호소하는 것 같다. 흙먼지도 풀풀 날리니 비 소식이라도 듣게 되면 하늘을 올려다보게 되고, 이제나 저제나 바람결에 물기가 묻어 있는지 촉각을 곤두세우게 된다. 씨앗을 심으려 해도, 모종을 옮겨 심으려 해도 비가 와야 한다. 하지만 가물어도 이른 봄에 심어 싹을 틔운 작물들은 이미 잔뿌리를 내리고 난 뒤라 그런지 더디더라도 오달지게 자란다. 감자, 완두콩, 강낭콩 싹도 한 뼘은 자라 의젓해졌고, 당근은 가는 뿌리로 질기게 흙을 부여잡고 자리를 잡아가고 있다. 열무, 쑥갓, 얼갈이 같은 잎채소는 껑충해졌으니 참참이 뽑아 먹는다.

모종 심기: 고추, 오이, 가지, 호박, 단호박, 토마토, 방울토마토, 고구마, 참외, 야콘
5월초. 서리는 이제 멀리 가버린건가! 마저 심어야 할 것들은 열대, 아열대가 고향인 작물들이라 서리를 맞으면 단방에 축 늘어지는데 자칫 늦서리가 내리지는 않을지 신경이 쓰인다. 텃밭일지를 들춰보면 지난해는 4월 중하순에 서리가 그쳤는데 올해도 그럴까? 농사는 때를 맞춰서 하지 않으면 지을 수 없다. 칼같이 정확하지 않아도 되지만 칼처럼 피해야 할 순간들이 있는 것이다. 해야 할 일을 꼭 해야 되고, 해서는 안 되는 일을 꼭 하지 말아야 하고. 아무리 급해도 바늘귀에 실을 묶어 쓸 수는 없다는 말이 그래서 나왔구나 싶어진다.
텃밭마다 사람들이 부산하다. 풀 매주랴, 새싹 솎아주랴, 모종 옮겨 심으랴 팽팽 돌아간다. "오뉴월 하루 놀면, 동지섣달 열흘 굶는다"는 말이 나온 맥락을 짚어볼 수 있다. 고추, 오이, 가지, 호박, 토마토, 방울토마토, 참외…… 우리네 여름철 밥상에 올릴 만한 열매채소들은 대충 이 무렵에 모종을 심는다. 비가 내린 뒤가 아니라면 모종을 심을 때는 미리 물을 주고 심어야 한다. 그렇게 하지 않으면 모종들이 뿌리를 못 내려 몸살을 하다가 죽어버리는 일이 생길 수 있다.

씨앗 뿌리기: 들깨, 콩
여름철새 아니랄까, 이즈음에 날아오는 뻐꾸기가 울기 전에 밭에 참깨를 심는다. 지난달 말부터 심은 옥수수는 5월 들어서도 열흘 간격으로 두어 번 더 심는다. 바로바로 따 먹어야 맛있기 때문이다. 다음 달 옮겨 심을 들깨 모종, 콩 모종을 기르기 위해 씨앗을 뿌려둔다. 메주콩, 서리태, 나물콩, 선비잡이콩, 까치콩…… 텃밭에서 콩의 원산지다운 면모를 읽게 된다.

곁순 따기, 줄 띄워주기: 고추, 가지, 토마토, 방울토마토
5월말쯤 들어서면 이제 웬만큼 자리를 잡은 열매작물들이 손길을 기다린다. 곁순도 따주고, 버팀대도 세워주고, 줄도 띄워준다. 가운데 순 하나만을 길러야 하는 토마토는 곁순을 보는 족족 따주지 않으면 방울토마토만 해진다. 따낸 지 얼마 되지 않은 것 같은데 어느새 따줄 때가 되었나 싶어지는 게 토마토 곁순이다. 고추도, 가지도 곁순을 따줘야 비바람에 넘어지지 않고 열매도 많이 달린다. 비바람에 쓰러지지 말라고 막대기를 박아 줄을 띄워준다. 그루가 자라는 것에 맞춰 두세 번에 걸쳐 줄을 띄운다.

솎아주기
지난달에 심은 푸성귀들—상추, 쑥갓, 배추, 열무, 얼갈이, 당근—을 여전히 솎아 먹는다. 어릴 때 한 차례 솎았어도 자리를 제대로 잡게끔 한 번쯤 더 솎아 마무리한다. 그렇지 않으면 영양이 모자랄 수 있고, 바람이 술술 통하지 못하면 잘 자라지 못한다. 햇빛 못지않게, 심지어 햇빛보다 더 중요한 게 공기인 것 같다. 숨을 쉬어야 하니까.

두벌 풀매기
작물만큼, 때론 작물에 앞서 풀들이 왕성하게 뻗어나가는 때이니 작물 주변의 풀들은 보이는 대로 뽑아준다. 마늘, 양파, 감자 포기는 두벌 풀을 매야 할 때다. 지금 풀을 매주지 않으면 작물보다 훌쩍 커버리는 풀들을 이길 수 없다. 솎아내고 풀 매주는 것이 거름 못지않은 위력이 있다.

벌레 잡기

풀들만 억세지는 것이 아니라 벌레들도 활개 친다. 가물수록 더하다. 무잎, 배추잎 따위를 갉아 먹으며 톡톡 튀어 다니는 벼룩잎벌레, 애벌레들. 땅속 굼벵이와 거세미, 땅강아지는 줄기와 뿌리까지 갉아 먹는다. 가지잎, 감자잎 갉아 먹는 28점무당벌레는 또 어떤가. 목초액, 담배꽁초 우린 물, 요구르트, 우유, 현미식초…… 이것저것 다 써보지만 한방에 날려주는 뾰족한 방법은 없다. 너무 많다 싶으면 집게나 손으로 잡아주는 수밖에 없다. 그래도 안 되면 벌레들도 웬만큼 배부르면 물러서겠지 기다리는 수밖에. 흙을 살려놓으면 크게 걱정 안 해도 될 일인데 맘은 급하고 기다림은 여전히 익숙하지 않다.

씨 받기: 쪽파

지난가을에 심어 뽑아 먹고, 남은 쪽파는 봄에도 캐 먹는다. 그러다 날이 뜨거워지면 줄기가 고스러져 사라져버리기 일쑤. 땅을 파보면 토실한 알뿌리는 멀쩡하다. 마늘쪽을 닮은 알뿌리를 캐서 줄기를 자르고 다듬어 햇볕에 하루 정도 말린다. 양파망 같은 데 담아서 바람 잘 통하는 그늘에 걸어둔다. 이 씨앗을 초가을에 다시 심어 대를 이어간다. 김장할 때 요긴하게 뽑아 쓴다.

로메인 상추

5월 초의 쌈채소 텃밭

홍성에서 만난 아름다운 텃밭

질경이

5월 텃밭에서 하는 일

절기	씨뿌리기	모종 옮겨심기	기타
입하 (5.6)	옥수수, 백일홍, 분꽃, 봉숭아, 채송화, 맨드라미	고추, 가지, 오이, 참외, 토마토, 호박, 단호박, 파프리카, 피망, 수박, 방울토마토	잎채소 솎아주기, 벌레 잡기, 강낭콩 북주기, 완두콩 지주 세우기, 토마토·방울토마토·가지 곁순 따기, 물주기
소만 (5.21)	메주콩, 들깨, 참깨, 옥수수, 과꽃	고구마, 야콘	잎채소 두벌 풀매기, 웃거름 주기

6월

싱그러운 6월. 그러나 한낮의 햇살은 타는 듯 뜨겁다. '여름이 오고 있구나' 느껴진다. 이즈음엔 텃밭에도 한낮을 피해 아침이나 저녁에 드나들게 된다. 주위에 나지막한 산에서는 낮에는 뻐꾸기, 밤에는 소쩍새 울음소리가 들린다. 이들 새소리가 들려오면 까끄라기가 있는 작물을 거두고 심는 망종(芒種). 밀, 보리를 거두고 벼, 팥, 콩, 녹두 등의 곡식을 심는다. 동네 할매들은 찔레꽃 필 무렵 모를 내며 풍년이 든다 하고, 감꽃 피면 메주콩 심는다며 제철을 가늠한다. 언제 무엇을 심어야 할지 텃밭 주변의 나무들, 풀들의 변화를 살펴 때를 맞춰온 농부들의 오랜 지혜다. 감꽃이 떨어지기가 무섭게 자극적인 향기가 풍긴다. 오동나무꽃, 이팝꽃, 때죽나무, 산딸나무들이 꽃을 피우며 봄을 이어간다.

이 무렵 음력 5월 5일은 홀수 달과 홀수 날이 겹치는 날을 맞아 봄을 기리는 단옷날. 요즘은 잊히고 있지만 수리취로 떡을 하고 백 가지 나물을 해 먹었다는 날이다. 머잖아 들풀들이 꽃대를 올리고 쇠해져서 나물을 해 먹기 어려워질 테니 들풀을 떠나보내는 이별 잔치를 하는 것일까?

해는 그 어느 때보다 오래 떠 있고 밤은 그 어느 때보다 짧은 하지(夏至)가 찾아온다. 그러나 텃밭농사를 하다 보면 낮이 길다고 느낄 새가 없다. 곧이어 닥칠 장마에 앞서 손을 써두어야 할 일들이 앞다투어 재촉하니 말이다. 마른장마라 하더라도 후덥지근하기는 마찬가지. 이제 막 캔 마늘, 양파, 감자 등 채 마르지 않은 작물들을 볕이 나는 틈틈이 펴 널며 장마와 숨바꼭질하게 되는 때다.

6월 '텃밭 밥상' 한눈에 보기

절기	들풀	텃밭 작물
망종 (6.6)	쇠비름, 왕고들빼기, 소리쟁이	양상추, 양배추, 부추, 상추, 쑥갓, 열무, 총각무, 얼갈이, 봄배추, 무, 완두콩, 강낭콩, 녹두, 풋고추, 브로콜리, 밀, 보리, 순무
하지 (6.22)	비름, 명아주, 달맞이꽃	마늘, 양파, 감자, 부추, 비트, 콜라비, 민트, 당근, 메밀순, 고춧잎

6월 밥상

6월이 되면 밥상이 확 바뀐다. 무엇보다도 밥이 달라진다. 완두콩, 강낭콩, 녹두, 밀, 감자 등 밥에 두어 먹을 수 있는 곡식들을 수확해서다. 완두콩, 강낭콩은 한꺼번에 거두기 앞서라도 한두 꼬투리씩 까서 밥에 두어 먹는다. 밀, 보리 이삭도 이때 거둔다. 밀은 꼬투리를 비비면 바로 알곡이 나오므로 씹으면 톡톡 터지는 통밀밥을 먹을 수 있다. 보리와 밀이 여물 무렵 풋밀이나 풋보리 이삭을 훑어 불에 그슬려 먹는 보리 그슬음, 밀 그슬음은 빼어난 새참거리. 이것을 위해 텃밭에 몇 포기를 심어두기도 한다. 햇보리 볶아서 보리차를 끓여 먹는다.

6월 중순 넘어서면 양파와 마늘을 몽땅 캔다. 장아찌를 담그려면 그 열흘쯤 미리 캐서 나긋한 것으로 담그는 것이 맞다. 막 캔 마늘 한 쪽 얇게 저며서 구워 먹고, 나머지는 바람 잘 통하는 곳에 걸어두고 양념으로 쓴다. 잎과 줄기가 누릿누릿 말라들어가는 감자. 반찬거리 아쉬운 날 한 포기 후벼 파 알감자 반찬을 해 먹는다. 당근도 필요할 때마다 한 뿌리씩 뽑아 먹다가 장마 오기 전에 한꺼번에 캔다. 양배추, 양상추, 브로콜리는 날이 더 더워지면 녹아내릴 터, 부지런히 먹는다. 육질이 단단하고 아삭거리는 콜라비는 피클을 담그나 가늘게 채를 썰어 당근채와 같이 볶아 먹는다. 피를 흘리듯 붉은 즙을 내비치는 비트는 얇게 저며서 말려두었다 차로 마신다. 생즙을 얼려두었다 음식을 붉게 물들일 때 꺼내 쓰기도 한다. 육질이 단단해서 피클을 담가두면 오래 두고 먹을 수 있다. 봄배추는 김치를 담글 수 있을 만치 속이 차 있을 터. 한여름에는 녹아버리니 그 전에 챙겨 먹는다. 배추 대신 열무나 얼갈이를 뽑거나 고들빼기나 왕고들빼기 같은 들풀을 뜯어 제철김치 한번 해 먹는다. 여느 들풀들이 억세져서 먹기 어렵지만 그 자리를 여름나물로 꼽히는 비름이 채워준다.

연둣빛 구슬에 들어 있는 햇빛의 기운

완두콩

'엊그제 심은 거 같은데 아니 벌써!' 완두콩을 딸 때면 이런 기분이 든다. 이른 봄에 심어 두어 달 지나면 꼬투리가 봉긋해진다. 노르스름한 빛을 띠는 꼬투리부터 하나둘 따 먹는다. 콩 꼬투리를 깔 때마다 자못 설레지만, 완두콩은 특히 그렇다. 잘 여문 콩꼬투리도 그렇거니와 풋콩 꼬투리 속에 초록불을 밝히고 앉아 있는 콩알들은 숨 막히게 신비해서 이걸 먹어야 하나 싶어진다. 유난히 빛나는 그 초록빛은 클로로필이라는 엽록소. 조혈과 해독을 돕고 염증과 콜레스테롤을 조절해주는 성분이다. 나는 '씨드림'이라는 단체에서 토종 완두콩을 얻어 같이 심는데 꽃도, 콩알도 꽃자줏빛으로 눈부시다.

나는 따자마자 콩 꼬투리째 쪄 먹는다. 그러고 나서 밥에 두어 먹는다. 콩조림을 해서 숟가락으로 퍼 먹기도 한다. 변비나 설사가 있을 때는 죽도 쑤어 먹는다. 그렇더라도 씨앗 남기는 것을 잊어서는 안 되지. 대를 이어갈 만큼의 씨앗을 남겨 바싹 말려두고 나머지는 얼려둔다. 말린 완두콩을 음식에 쓰려면 물에 불려서 쓴다. 그늘에서 말려야 파르스름하고 곱상하다. 햇볕이 쨍쨍한 데서 말리면 누렇다.

씨로 쓸 것은 바싹 말린다. 나는 웬만큼 말려서 두었다 싶었는데 콩알마다 구멍이 뻥뻥 뚫려 있어 기겁을 한 적이 있다. 어떤 구멍 안에는 껍질을 뚫고 기어 나오려는 까만 날벌레가 눈에 띄기도 했다.

❖ 완두콩밥 ❖

솥에 쌀을 안치고 밥물을 여느 때처럼 잡아서 센 불에 밥을 짓는다. 밥이 끓으면 완두콩 한 줌을 얹는다. 중불로 줄여 익히다가 약불로 줄여 뜸을 들이면 된다. 처음부터 쌀과 같이 넣으면 콩이 쭈글쭈글하거나 물러터지기거나 빛깔이 누레지기 십상. 연둣빛 구슬이 도대체 어디로 간 거지? 허탈해질지 모른다. 완두콩밥 먹을 때만은 잡곡밥보다 흰쌀밥을 하고 싶다. 연둣빛 등불을 켠 듯한 흰밥이 그리우니까.

텃밭 요리사의 팁!
1. 압력밥솥에 지으면 완두콩이 누렇게 변하기 때문에 밥솥에 짓는다.

❖ 완두콩샐러드 ❖

끓는 물에 소금을 살짝 풀고 완두콩을 삶는다. 씹어서 부드럽다 싶으면 체로 건져놓는다. 완두콩을 건져낸 물에 먹기 좋은 크기로 썬 당근과 브로콜리를 넣고 살짝 익혀 흐르는 찬물에 씻어 물기를 빼놓는다. 자색양파는 채 모양이 나게 썬다. 접시에 완두콩, 당근, 자색양파, 브로콜리를 담고 콩마요네즈를 끼얹어 밥상에 올린다.

완두콩밥

완두콩샐러드

1년에 두 번 수확해서 즐길 수 있는 구수함

강낭콩

강낭콩은 완두콩만큼이나 성장주기가 빠른 콩이다. 3월에 심어 6월이면 꼬투리를 딴다. 6월에 다시 심으면 가을에도 거둘 수 있는 두벌콩이다. 콩알의 색깔이나 무늬는 진홍색, 자주색, 호랑이가죽 무늬의 알록달록한 색까지 다양하다. 자라면서 덩굴을 뻗는 치도 있고, 다소곳이 자라면서 포기가 아담한 것도 있다. 덩굴을 뻗는 것은 받침대를 해줘야 좋다. 옛날에는 울타리에 심어 가꾸었겠다. 나는 고춧대나 옥수숫대를 뽑지 않고 몇 개 놔두었다가 그 밑에 심어 그 줄기를 타고 올라가도록 거들어준다. 장마가 오기 전, 잠깐 한눈을 팔다가 미처 거두지 않았다가 꼬투리 안에서 콩알이 싹을 틔우거나 곰팡이가 나서 속상해하는 일이 생기기 십상이다.

강낭콩은 주로 밥에 두어 먹는다. 포실포실하고 담백한 맛. 사뭇 구수한데 어릴 적엔 왜 그리도 먹기 싫어했던지. 한 해에 제일 먼저 거두게 되는 햇콩이라 반갑기만 하던데. 이 콩은 호박과 궁합이 잘 맞는다고 한다. 호박에 넉넉히 들어 있는 비타민이 강낭콩에 듬뿍 들어 있는 단백질과 어울려 영양을 끌어올려주는 셈. 그래서인가? 어릴 적 우리 어머니는 가을 찬바람이 불어 고사를 드릴 때 늙은호박 고지와 강낭콩을 같이 넣고 시루떡을 찌시곤 했다. 강낭콩이 콕콕 박힌 호박범벅도 참으로 내주셨는데, 그때는 그 좋은 제철음식이 어찌 그리 싫었던지. 나이 들어가면서 식성이 변하는데 몸이 서서히 자연의 흐름에 맞게 바뀌어가는 게 아닐까 싶다. 호박죽을 끓일 때 팥만이 아니라 강낭콩을 넣으면 더할 나위 없이 좋다.

강낭콩을 삶아서 고기나 생선 요리에 곁들여도 좋고, 앙금을 내어 빵에 넣어도 좋고. 으깬 감자와 버무리거나 상큼한 채소잎에 곁들여 샐러드를 해 먹어도 좋다.

◆ 강낭콩샐러드 ◆

꼬투리를 열고 강낭콩을 깐다. 물에 소금을 살짝 풀고 강낭콩을 넣어 삶는다. 센 불에서 끓이다가 불을 줄이고 체에 받쳐 물기를 뺀다. 그릇에 한입 크기로 썬 양상추나 상추를 담고 삶은 콩과 버무려 접시에 담는다. 콩마요네즈를 끼얹어낸다.

> **텃밭 요리사의 팁!**
> 1. 강낭콩은 말캉거릴 때까지 푹 삶아야 파실파실하다.

◆ 강낭콩밥 ◆

솥에 쌀을 안치고 그 위에 강낭콩을 얹는다. 밥물을 여느 때처럼 잡아서 센 불에 밥을 짓는다. 한소끔 끓으면 중불로 줄여 익히다가 약불로 줄여 뜸을 들인다.

강낭콩샐러드

강낭콩밥

칼바람 맞으며 심었던 고생을 보상받는 맛

감자

3월에 심은 감자. 100일밖에 되지 않았는데 캘 때다. 생산성도 참 좋다. 씨감자 두서너 줌 넘게 심었는데 한 상자 거뜬히 거둔다. 감자를 캐기 무섭게 파실파실하게 쪄 먹기만 해도 텃밭에 감자를 심을 때 칼바람 맞았던 고생이 보상받는 느낌이다.

감자를 캐면 주먹만 한 것부터 밤톨만 한 것, 심지어 콩알만 한 것까지 줄줄이 딸려 나오기 마련. 굵은 감자는 이리저리 쓸 데가 많다. 조려 먹고, 구워 먹고, 튀겨 먹고, 밥해 먹고, 국 해 먹고……. 감자로 해 먹을 수 없는 음식을 꼽아보는 게 낫겠다. 하지만 껍질을 까기도 마땅치 않은 자잘한 알감자는 어떻게 해야 하나? 오래 둘수록 거무튀튀하고 쪼글쪼글해져 볼품도 없는데 껍질을 벗기기도 마땅찮다. 구태여 껍질을 까려고 하지 않아도 된다. 캔 지 얼마 안 된 치는 북북 문질러 씻기만 해도 껍질째 먹을 만하다. 텃밭농사를 짓다 보면 알감자조림은 빠지지 않고 밥상에 오를 수밖에 없다. 알감자조림의 인기 덕분에 마트에서도 감자 캐는 한철이나마 알감자를 팔더라. 6월에 감자를 캐고 나서 반드시 해 먹게 되는 또 하나의 음식은 감자전. 전을 부치려면 감자가 제법 여러 개 들어가기 때문에 수북이 캐고 나면 인심 쓰듯이 해 먹게 된다. 아이들이 자라면서 가끔 이국적인 음식을 먹어보게 된다. 감자뇨키. 감자로 만든 수제비랄까? 국물이 없지만 토마토로 조린 수제비로 보면 될 듯하다. 이탈리아에서는 집에서만이 아니라 식당에서도 팔고, 냉동식품까지 나와 있는 전통음식이란다. 감자를 한 바구니 캐놓고 토마토도 주렁주렁 달렸으니 한번 해 먹자며 이탈리아 여행을 다녀온 큰딸이 손맛을 냈다.

◆ 알감자조림 ◆

냄비에 알감자와 깍둑 썬 당근, 얇게 저민 생강 한 조각을 넣어 자작하게 물을 부어 익힌다. 그 물이 절반쯤으로 졸아들고 반쯤 익었을 때 간장과 다진 마늘을 넣고 약불에서 은근히 졸인다. 국물이 다시 반쯤 될 때까지 졸아들면 불을 줄이고 어슷 썬 파와 조청을 넣어 골고루 궁굴려준 뒤 불을 끈다. 껍질은 쪼글쪼글해도 겉은 쫀득하고 속은 보드라운 알감자조림. 휴우, 참을성 있게 졸여야 그 맛이 나는구나! 통깨를 뿌려 접시에 담아낸다.

> **텃밭 요리사의 팁!**
> 1. 뚜껑을 덮고 오래도록 졸여야 속까지 간이 골고루 밴다.

◆ 감자전 ◆

감자를 강판이나 믹서에 간다. 밑에 그릇을 놓고 체에 쏟아서 받쳐둔다. 한참 뒤 말갛게 된 윗물을 따라버리고, 밑에 가라앉은 앙금을 긁어서 간 감자에 섞고 소금으로 밑간하여 버무린다. 기름을 두르고 달군 팬에 반죽을 떠 넣어 노릇하게 구워낸다. 부추를 자잘하게 썰어 감자반죽에 얹어 구우면 무엇보다도 색깔이 곱다. 풋고추 한두 개 따서 송송 썰어 넣고, 깻잎 몇 장 따서 자잘하게 썰어 넣으면 영양이 듬뿍한 감자전이 된다.

알감자조림

감자전

◆ 감자스프 ◆

양파는 채 썰고 감자는 잘게 썬다. 기름을 두르고 달군 둥근 팬에 양파가 물크러지도록 푹 볶는다. 양파를 건져내고 팬에 기름을 더 두르고 감자를 휘리릭 볶는다. 끓는 물에 완두콩 예닐곱 알을 넣고 삶아놓는다. 냄비에 볶은 재료들을 넣고 소금으로 간을 하고 다시마물을 부어 푹 익힌다. 한 김 식혀서 믹서에 넣고 곱게 간다. 접시에 담으면서 삶은 완두콩을 넣는다.

> **텃밭 요리사의 팁!**
> 1. 양파를 물크러지게 볶아야 스프의 맛을 깊이 끌어 올릴 수 있다.

◆ 감자뇨키 ◆

감자는 껍질을 벗겨 찐다(구워도 된다). 따끈한 감자를 으깨 달걀, 밀가루, 소금을 넣어 고루 섞는다(이때 지나치게 치대지 않게 주의한다. 살살 저어가면서 반죽을 하는 것이 좋다). 도마 위에 밀가루를 뿌리고 반죽을 엄지손가락 두께로(지름 1.5cm 정도) 길쭉하게 모양을 낸다. 2cm 정도 길이로 호박엿처럼 자른 뒤 포크 뒷면으로 눌러서 물결무늬를 낸다. 끓는 물에 소금을 풀어넣고 뇨키를 익힌다. 둥둥 떠오르면 체에 받쳐놓는다. 서로 들러붙지 않게 기름을 발라놓는다. 팬이 뜨겁게 달궈지면 불을 약하게 줄이고 올리브기름을 두른 뒤 얇게 썬 마늘을 넣어 마늘향이 나도록 볶다가 초승달 모양으로 썬 양파를 넣는다. 양파가 다 볶아질 때쯤 다지듯이 잘게 썬 토마토를 한 줌 넣어 볶다가 토마토퓌레를 넣고 졸인다. 바질 한 줌도 잘게 썰어 넣는다. 적절한 농도가 되었을 때 접시에 담는다.

텃밭 요리사의 팁!
1. 뇨키 재료: 달걀 1개, 밀가루 1컵, 감자 3개, 소금 한 꼬집
2. 감자뇨키는 토마토소스뿐 아니라 크림소스나 바질페스토소스로 만들어도 된다.
3. 완성된 뇨키 위에 파마산치즈를 얹어 먹기도 한다.

초여름의 사각거리는 싱그러운 식감

양상추

이파리들이 겹겹이 오므라드는가 싶더니 그 안에 부드러운 속잎을 키워내는 양상추. 오래도록 두고 먹을 수는 없지만 싱그러운 식감으로 쓰임새가 많으니 몇 포기 심어둔다. 상추처럼 서늘한 기후를 좋아해서 이른 봄과 가을, 두 차례 심어 먹을 수 있다. 상추와 같은 시기 씨앗을 뿌려두면 싹도 잘 트고 자라면서도 까다롭지 않다. 가물어서 푸성귀들이 몸살을 앓고 시들시들해져도 양상추 어린 싹은 가뭄 따위 아랑곳하지 않고 꼿꼿하게 제 몸을 지탱하더라. 그러나 날이 더워지면 스르르 녹아내리듯이 없어지기 때문에 제때 먹어야 한다. 수분이 많아서일까, 오래 보관하지도 못한다.

양상추는 칼이나 가위가 닿는 자리가 쉽게 갈색으로 변하므로 텃밭에서 거둘 때도 손으로 따고, 음식을 할 때도 손으로 툭툭 잘라준다. 칼질한 것을 보관할 때는 식초를 한 방울 탄 물에 담가두면 괜찮다. 상추가 그러하듯 뿌리와 줄기가 만나는 부분을 자르면 뽀얀 즙이 흘러나오는데 쌉쌀한 이 즙은 졸음을 불러온다. 불면증을 물리치려면 상추나 양상추의 줄기 부위를 먹어볼 일이다. 양상추는 보기와 달리 칼슘이 많아 호르몬 부족으로 칼슘이 빠져나가는 갱년기 여성, 뼈가 약해지는 노인, 자라나는 아이들이 가까이하면 좋다.

양상추만의 사각거리는 식감을 도드라지게 살려주는 음식은 뭐니뭐니 해도 샐러드. 이맘쯤이면 끝물에 가까워 오종종한 딸기 몇 개를 따 넣고, 칼칼한 맛이라고는 없는 자색 햇양파 뽑아서 채를 썰고 소스(324쪽 '입맛에 맞는 드레싱 만들기' 참조)에 버무려 먹기만 해도 상큼하기 짝이 없다. 오이가 열렸을까? 하나 따다 얇게 썰어서 곁들이면 더할 나위 없겠다. 양상추를 살짝 볶아 우동에 올렸더니 놀랍도록 잘 어울리더라. 뜻밖이다.

◆ 양상추샐러드 ◆

양상추를 한 꺼풀씩 벗겨서 흐르는 물에 씻는다. 손으로 먹기 좋은 크기로 자른다. 다듬은 자색양파를 얇게 채 썬다. 딸기는 흐르는 물에 흔들어 씻어놓는다. 행여 큰 치가 있으면 도톰하게 몇 점 저며놓는다. 접시에 양상추, 자색양파, 딸기를 넣고 유자청 한 숟가락 떠 넣고 콩마요네즈를 끼얹어 밥상에 올린다.

◆ 양상추볶음우동 ◆

양상추를 물에 흔들어 씻은 다음 손으로 잘라놓는다. 끓는 물에 우동국수를 삶아낸다. 기름을 둘러 달군 팬에 마늘을 넣어 향이 나도록 볶은 뒤 국수를 넣고 볶는다. 맛간장을 버무려 간을 해둔다. 볶은 우동을 양상추 위에 얹어낸다. 뜨끈하게 감겨오는 국수발과 차끈하고 아삭한 양상추가 서로의 맛을 밀어내지 않고 어우러진다.

양상추샐러드

양상추볶음우동

오래 두고 먹을 수 있는 텃밭 영양덩어리

브로콜리

꽃양배추라 불리는 브로콜리. 우리가 먹는 부위가 잎인가 줄기인가 싶었는데 길러 보니 꽃이더라. 양배추와 마찬가지로 서늘한 기후를 좋아한다. 한여름과 한겨울만 피하면 봄, 가을에 무난하게 가꿀 수 있다. 6월이나 10월에 초록색 꽃봉오리를 따서 음식을 만든다. 쉽게 무르지 않으므로 수분이 날아가지 않게 싸서 보관하면 꽤 오래 두고 먹을 수 있다. 커다란 꽃을 베어내면 곁가지가 돋아나면서 자잘한 꽃들이 마구 열린다. 이것을 참참이 잘라 먹는다. 먹는 데는 꽃이 클 필요도 없고, 맛이 떨어지는 것도 아니다. 마트에서 큰 꽃만 보아서 그것만 먹는 줄 알았더랬다. 잎이나 줄기도 버리지 말고 같이 다듬어 이용한다. 굵은 줄기는 껍질을 벗겨서. 남쪽 지방으로 내려와 길러보니 겨우내 베어 먹을 수 있겠더라.

국립암연구소에서 추천하는 음식 가운데 으뜸으로 손꼽힌 바 있다. 채소 가운데 철분이 가장 많이 들어 있고, 비타민C는 레몬의 두 배, 여러 가지 미네랄이 가득 들어 있다고 한다.

그냥 데쳐서 초고추장에 찍어 먹는 것 말고 뭐 다른 게 없을까 싶을 때, 마늘을 곁들여 여러 가지 채소를 넣고 볶아 먹는다. 으깬 두부와 섞어 무치기도 하고, 스프와 미음을 쑤어 먹기도 한다. 된장과 오미자발효액을 넣은 드레싱에 버무려 샐러드로 먹기도 한다. 어떻게 먹더라도 잘 익히는 것이 맛의 관건. 너무 익히면 물컹거리고 아삭거림이 없어지므로 살캉거릴 정도로 살짝 익힌다. 데칠 때 줄기부터 넣고 꽃송이는 나중에 넣는 요령이 그래서 나왔다. 찌거나 데친 뒤 물에 씻지 말고 그대로 식히면 찌면서 배어나온 양분을 보존할 수 있다.

◆ 브로콜리채소볶음 ◆

브로콜리를 물에 흔들어 씻은 다음, 각 송이를 따놓고 잎에 붙은 줄기 부분도 먹기 좋게 썰어놓는다. 당근, 감자, 양파, 양배추는 깍둑 썰어놓는다. 소금 푼 물을 넣은 찜기에 김이 오르면 감자와 당근을 얹어 익힌다. 웬만큼 익었다 싶으면 썰어놓은 브로콜리를 같이 넣고 익힌다. 기름 둘러 달군 팬에 양파와 양배추를 볶다가 소금으로 밑간을 하고 익힌 감자, 당근, 브로콜리를 넣고 볶는다. 접시에 색색이 보기 좋게 담아 밥상에 올린다.

◆ 브로콜리초회 ◆

브로콜리를 물에 흔들어 씻는다. 송이, 송이 따놓고 잎에 붙은 줄기 부분도 먹기 좋게 썰어놓는다. 소금으로 밑간을 한 물이 펄펄 끓으면 넣어서 살짝 익혀 건져낸다. 체에 받쳐두었다가 물기가 빠지면 접시에 담는다. 미리 고추장에 매실발효액과 식초, 참기름를 넣고 초고추장을 만들어둔다.

브로콜리채소볶음

브로콜리초회

10개월 동안 축적된 텃밭의 맛과 향

양파

텃밭에서 잘 자라던 양파가 천연덕스럽게 휘어지는 때가 온다. 더 놔두면 양파 뿌리는 땅 위로 반쯤 치솟아 뽑힐 듯하고 온몸이 꺾여 고꾸라져 있다. 처음 보는 이들은 속이 철렁할 만하다. 병에 걸렸나 벌레에 치였나 조바심도 나더라. 웬걸, 다만 양파를 거둬들일 때가 된 신호일 뿐이다. 한두 포기씩 뽑아 먹다가 한꺼번에 거둬들인다. 장아찌를 담글 양파는 대가 완전히 꺾이기 전쯤 뽑는 게 좋다. 알이 굵지는 않지만 훨씬 나긋나긋하니까.

맛있는 국물을 낼 때 양파는 필수. 날것일 때는 맵싸한 맛을 내다가 익히면 단맛으로 변하는 성분이 들어 있기 때문이다. 그래서 볶을 때 달작지근하고 구수한 맛에 군침이 돌게 되는구나. 이즈음 텃밭에서 같이 커가는 당근 한 뿌리, 양배추 한 통 뽑아 채를 썰고 데친 브로콜리 먹을 만한 크기로 썰어 같이 넣어 볶으면 채소모듬볶음이다. 여름엔 파프리카나 피망 따서 넣어도 되겠다. 그러고 보면 양파와 어울리지 않는 재료를 찾기 어렵다. 양파껍질도 말려두었다가 국물을 낼 때 넣으면 감칠맛을 낸다. 국물만이 아니라 고기와 생선의 누린내를 잡아준다. 텃밭에 자주색 양파 몇 알을 심어둬도 쓸모가 있다. 덜 맵고 코를 찌르는 냄새도 적어 생으로 드레싱에 버무려 샐러드로도 먹는다. 빛깔이 고와 다른 음식에 곁들여 쓰기도 좋다. 기름진 음식을 즐기는 중국인. 고혈압, 동맥경화 등 성인병이 많을 법한데, 아니다. 음식을 만들 때 양파를 여기저기 듬뿍듬뿍 사용하기 때문인 것으로 알려져 있다. 서양에서도 양파를 즐긴다. 약한 불에 오랫동안 볶아 달콤하면서 부드러워진 양파스프, 맛나다. 동서양의 밥상을 휘어잡은 양파는 1년 내내 필요하니 텃밭이 허락하는 한 넉넉하게 심어 가꿀 만하다.

◆ 양파볶음 ◆

기름 둘러 달군 팬에 채 썬 양파를 넣고 센 불에서 달달 볶는다. 맛간장, 들기름 한 방울 넣어 맛을 돋운다. 고춧가루를 넣어주면 칼칼한 맛을 즐길 수 있다. 양파의 제 빛깔을 살려주려면 간장 대신 소금을 넣는다. 겉만 익는 정도로 볶아야 아삭아삭 씹히는 맛이 난다. 말캉말캉한 게 좋으면 좀 더 볶는다. 속이 말갛게 비칠수록 푹 익은 것이다.

◆ 양파장아찌 ◆

자잘한 양파는 통째로, 큰 양파는 큼직큼직한 조각으로 썰어 병이나 통에 넣는다. 다시마물에 간장과 설탕을 넣고 보글보글 끓인다. 다 끓었다 싶을 때 식초를 넣고 휘저어 준다. 양파를 담은 병에 끓인 간장물을 부어준다. 사나흘이면 맛이 든다. 양파는 날로 먹기도 하므로 입맛 따라 꺼내 먹으면 된다.

> **텃밭 요리사의 팁!**
> 1. 양파는 쉬이 무르므로 몇 달씩 두고 먹으면 제맛이 안 난다. 적은 듯이 담근다.
> 2. 다시마물, 간장, 설탕을 끓인 물과 식초의 비율은 329쪽 '새콤달콤 장아찌와 피클 만들기' 참조.

양파볶음

양파장아찌

텃밭을 밥상에 올리다

벌레들이 먼저 알아보는 텃밭의 달콤함

❖ 양배추 ❖

서양에서는 '가난한 사람들의 의사'라 불리기도 하고, 올리브, 요거트와 더불어 3대 장수식품으로 꼽히는 양배추. 우리의 배추가 그러하듯 서양의 오래된 먹을거리다.

서늘한 데서 잘 자라는 양배추는 이른 봄과 가을, 두 번에 걸쳐 심는다. 벌레들이 몹시 좋아하는구나 실감하는 작물이다. 배추랑 옆이 나란히 심어놓으면 달팽이나 청벌레들이 양배추에만 바글거릴 정도다. 신문지에 둘둘 말아서 서늘한 곳에 두거나 냉장고에 두면 한동안 멀쩡하다. 잘하면 봄에 거둔 것을 가을에 새로 거둘 때까지 먹을 수도 있다. 적채라고 부르는 자색양배추도 한두 포기 심어두면 밥상을 차릴 때 그 빛깔을 활용할 수도 있고, 시력을 좋게 하는 영양도 더불어 취할 수 있다.

양배추 겉잎이나 속에 박힌 심에 영양이 많으므로 다듬을 때 남겨서 조리에 같이 사용한다. 양배추는 곱게 채 썰어 날로 씹어 먹기만 해도 달콤하고 시원한 맛이 좋다. 입맛 따라 드레싱을 바꿔가며 버무려 먹는 재미도 있다(324쪽 '입맛에 맞는 드레싱 만들기' 참조). 양배추는 자신의 맛과 향을 내세우지 않아 어떤 소스와도 잘 어울린다. 어떤 날은 쪄서 쌈으로 먹기도 한다. 먹기 좋은 크기로 자른 양배추 한 잎을 손에 올려놓고 밥 한 숟가락과 맛된장을 얹어 먹으면 된다. 이즈음 텃밭에서 나는 양파, 당근, 브로콜리 같은 채소와 섞어서 볶아 먹으면 영양 가득한 제철밥상으로 손색이 없다. 외국에 나간 한국 사람들이 김치 먹고 싶을 때 꿩 대신 닭처럼 담그는 김치가 양배추김치. 배추는 귀하고 양배추는 흔한 나라에서는 그럴 만하다. 즙을 내거나 과일과 섞어 주스로 마시기도 하고 죽을 끓여 먹기도 한다. 잎이 커서 그 안에 소를 넣어 둘둘 말아 먹기도 한다. 소는 당근, 양파, 고추 등 텃밭 채소를 잘게 다지고 으깬 두부와 같이 양념하거나 다진 고기를 양념해서 만든다.

◆ 양배추모듬찜 ◆

양배추와 수확시기가 엇비슷한 채소들-당근, 브로콜리, 양배추, 감자, 단호박, 비트-를 찜기에 쪄낸다. 참깨와 소금을 섞은 깨소금에 찍어 먹으면 각 재료의 빛깔과 향과 맛을 오롯이 느낄 수 있다.

> **텃밭 요리사의 팁!**
> 1. 재료마다 익는 속도가 다르므로 단단한 것부터 넣고 중간에 브로콜리, 양배추 등 채소를 넣어 고루 익힌다.

◆ 양배추샐러드 ◆

양배추는 채를 썰어 찬물에 잠깐 담가둔다. 체에 받쳐 물기가 빠지면 접시에 담는다. 사과드레싱이나 참깨드레싱 등 어떤 소스와도 잘 어울리니 소스그릇을 같이 올려 입맛 따라 버무려 먹을 수 있도록 상을 차린다.

> **텃밭 요리사의 팁!**
> 1. 양배추 1/2통 기준으로 참깨소스는 곱게 빻은 참깨 4큰술, 참기름 2큰술, 소금 1작은술, 물 4큰술, 설탕 2큰술, 식초 6큰술을 넣는다. 달콤새콤한 맛은 입맛따라 더 넣거나 덜 넣어 조절한다.
> 2. 사과드레싱, 참깨드레싱은 324쪽 '입맛에 맞는 드레싱 만들기' 참조.

양배추모듬찜

양배추샐러드

찬 성질이 여름에 딱!

열무

무나 총각무는 뿌리가 들기 전에 솎아준다. 솎아주지 않으면 뿌리가 제대로 굵어지지 않는다. 그렇게 솎은 어린 무의 잎을 열무라 부르는데, 요즘은 잎만 먹도록 개량된 열무 씨앗을 따로 판다. 열무는 성질이 차서 더운 여름에 딱 어울린다. 날이 따스해지면 2, 3일만에 싹이 터서 하루가 다르게 자란다. 열무가 다 자라길 기다려도 한 달 보름 남짓이면 넉넉하니 4월에 심은 거 5월에 뽑아 먹고, 그 자리에 또 씨앗을 뿌려두면 여름 내내 열무를 먹을 수 있다. 그러다가 찬바람이 불면 입맛도 스르르 열무를 떠나는 것 같다.

열무는 솎는 족족 새싹으로, 나물로, 국거리로, 김치로 먹을 수 있어 쓸모가 많다. 솎음열무가 넉넉하면 만두를 빚어 먹는다. 김치 대신 열무가 씹히는 맛을 더해준다. 김치를 담가두면 쓸모가 많다. 보리밥에 열무김치와 고추장, 들기름을 넣고 슥슥 비벼 먹는 열무비빔밥, 꿀맛이다. 보리와 열무는 둘 다 성질이 차서 궁합이 잘 맞는 음식으로 꼽힌다. 열무김치에 국수를 말면 열무김치국수, 냉면에 말면 열무김치냉면으로 두루 쓰일 수 있으니 정성스럽게 가꿀 만하다.

열무김치

뿌리를 자르고 떡잎을 떼어 다듬은 열무는 먹기 좋은 크기로 잘라서 소금에 한두 시간 절인다. 자주 뒤적거리면 풋내가 나므로 한두 번만 뒤적여준다. 너무 푹 절이면 질겨지고 사각거림이 줄어들기 때문에 숨이 죽을 정도로만 절여졌다 싶으면 물에 설렁설렁 씻어 채반에 건져놓는다. 그사이 통밀가루로 되직한 풀을 쑤어 식힌다.

열무를 절이는 동안 다진 마늘과 생강, 고춧가루를 섞어 풀국을 만들어놓는다. 이즈음 하나둘씩 달리기 시작하는 붉은 고추와 청양고추 한두 개 따다가 갈아 넣는다. 고춧가루만 넣을 때보다 칼칼하고 개운한 맛이 감돈다. 그릇에 열무와 썰어둔 파, 부추, 양파를 넣고 풀국을 부어 골고루 뒤적여준다. 양념을 문지르거나 치대면 풋내가 나므로 양념이 묻을 정도로 슬쩍슬쩍 섞어주면 된다. 담가서 바로 먹거나 며칠 놔두어 새콤하게 익혀 먹거나.

텃밭 요리사의 팁!
1. 열무물김치를 담글 때는 풀국을 멀겋게 쑤고 다시마물을 넉넉히 부어 국물을 만든다. 여름김치에 풀국을 쑤어 넣는 것은 풋내를 잡기 위한 용도다.
2. 밀가루 대신 찬밥을 갈아 맛국물을 부으면 풀국을 대신할 수 있다.
3. 열무김치에 국수를 말려면 국물을 떠서 미리 차게 해둔다. 김치국물에 맛국물을 섞고 소금으로 삼삼하게 간을 맞춰 어글어글 살얼음이 끼도록 냉동실에 둔다.

텃밭을 밥상에 올리다

멸치 위에 뱅어포, 뱅어포 위에 고춧잎!

고춧잎

칼슘이 많이 들어 있기로 이름난 건 멸치지만, 뱅어포는 그보다 한 수 위다. 고춧잎은 그런 뱅어포보다 더 많은 칼슘을 지니고 있다. 식물성 칼슘이라 소화 흡수도 잘 된다. 고추는 열매를 따려고 심으니 고춧잎을 구하기는 쉽지 않다. 시중에서 파는 것들은 일주일 간격으로 뿌려대는 농약을 생각하면 안 먹는 게 낫다. 텃밭에 고추 몇 그루를 심어두면 풋고추만이 아니라 고춧잎을 거둬 먹을 수 있으니 꼭 심어 먹는다. 고춧잎을 손쉽게 구할 수 있는 때는 봄, 가을 두 번뿐이다. 봄에는 고추 모종이 뿌리를 내리고 나서 방아다리(고추나무에서 Y자 모양으로 줄기가 갈리지는 부위를 이른다) 아래 부위의 곁순을 따줄 때 거기 달린 고춧잎을 밥상에 올릴 수 있다. 곁순이야 굵은 고추 열매를 맺으라고 따주는 것이지만 원님 덕에 나팔을 불게 된다. 또 한 번의 기회는 가을에 서리걷이 고추를 딸 때. 서리가 내리면 고추 그루는 데쳐낸 것처럼 후줄근해지므로 그 전에 푸른 고추나 고춧잎 등 먹을 만한 것들을 추려낼 때다. 가을 고춧잎은 봄에 따는 고춧잎과 달리 뻣뻣한 감이 있지만 조금 더 삶아주면 나물로 먹을 만하다. 데쳐서 말려두면 묵나물로도 좋다. 고춧잎 묵나물은 무말랭이 무칠 때 빠질 수 없는 단짝이다. 고춧잎이 들어가지 않는 무말랭이는 제아무리 맛깔나게 무쳐도 밋밋하기만 하다.

❖ 고춧잎나물 ❖

고추 그루에서 잘라낸 곁순에서 고춧잎을 훑어내듯이 따낸다. 펄펄 끓는 물에 고춧잎을 넣었다 빼는구나 싶을 정도로 살짝 데쳐 물기를 꼭 짠다(가을 고춧잎은 잎이 뻣뻣하지 않도록 좀 더 오래 삶는다). 간장에 다시마물 한 숟가락 정도를 넣고 다진 마늘과 송송 썬 파를 넣어 양념해둔다. 양념간장만으로 무쳐도 먹을 만하지만 고추장을 섞어 무치면 감칠맛이 돈다. 식초와 발효액으로 새콤달콤한 맛을 내고 들기름을 넉넉히 넣어 조물조물 무친다. 접시에 담고 통들깨를 솔솔 뿌려 밥상에 올린다. 고춧잎 특유의 냄새가 싫을 때는 진한 초고추장이나 된장으로 무친다. 담백하게 먹고 싶으면 소금과 파, 마늘, 들기름만으로 무친다.

> **텃밭 요리사의 팁!**
> 1. 가을 서리걷이 때 따는 고춧잎은 부드러워질 때를 보아가며 충분히 데친다. 고추장이나 간장 대신 소금과 매실발효액만으로 무쳐도 좋다.

텃밭을 밥상에 올리다

숨겨진 효능 덕에 빛을 본 '벼락 들풀 스타'

쇠비름

"'각시방에 불 밝혀라' 엄청 많네." 구수한 입담이 밉지 않은 동네 아주머니가 또 우스갯소리를 하는 줄 알았다. 알고 보니 쇠비름을 '각시방에 불 밝혀라'라는 이름으로 부른다고 한다. 그러고 보니 쇠비름이 죽 피어 있는 이랑이 정말 '불 밝힌 각시방'같이 붉은 빛을 내비치고 있더라. 작물을 기르는 밭에서는 뽑아내야 할 골칫덩어리인 쇠비름. 보일 듯 말 듯한 꽃은 들여다보면 노랗고, 후춧가루같이 작은 씨앗은 까맣다. 잎은 붉고 줄기는 푸르지만 뿌리를 캐보면 허여멀겋다. 화·수·목·금·토 다섯 가지 기운을 모두 머금고 있다 하여 오행초(五行草)라고도 불린다. 이 풀을 통째로 말리면 '마치현(馬齒莧)'이라고 불리는 약재. 진작부터 몸에 좋은 들풀로 꼽혀온 셈. 그 효능이 서양 영양학의 언어로 밝혀지면서 '다시 보자, 쇠비름' 바람이 불었다. '콜레스테롤과 혈당을 낮춰 피를 잘 돌게 해주고 치매에 걸리지 않게 해준다', '오메가3 필수지방산을 품고 있다', '위암 세포를 억제한다'는 내용이 TV 방송을 타더니 들판에 쇠비름이 남아나질 않는다. 밭에서 풀을 매던 도시농부들도 "야, 쇠비름이다" 소리치면서 쏜살같이 챙겨 넣는다. 쇠비름 재배농장과 가공품들도 즐비하다. 산업화되면서 오랫동안 돌아보지 않고 내팽개쳐져 있던 쇠비름이 '금비름'이 된 셈이다.

쇠비름은 차끈하고 매끄러운 느낌이라 날로, 샐러드로 먹기도 하고 김치나 물김치를 담아 먹어도 좋다. 열무랑 같이 섞어 담기도 하고, 돌나물과 같이 담아도 좋다. 생즙을 내어 먹기도 한다. 육수를 내어 된장을 풀어 슴슴하게 국 끓여 먹기도 한다. 데쳐서 들기름 한 방울 떨어뜨려 된장으로 무쳐 먹는다. 풋내를 잡아주는 데는 된장만 한 게 없다. 초고추장에 버무리면 새콤달콤한 맛이 돋보이니 비빔국수에 한 젓가락 넣어 먹기도 한다. 잎을 훑어내고 줄기만 데쳐서 말리면 묵나물. 발효액을 담가 음료로 마셔도 좋다(328쪽 '발효액 제대로 만들고 활용하기' 참조). 원기 왕성한 기운을 지닌 풀이니 밥상머리에서 두루두루 친해질 일이다.

◆ 쇠비름샐러드 ◆

쇠비름을 캐서 뿌리와 굵은 줄기를 잘라낸다. 연한 줄기와 잎을 챙기며 다듬는다. 물에 절레절레 씻는다. 체에 받쳐 물기를 뺀다. 접시에 담고 입맛에 맞는 소스를 뿌려 접시에 담는다.

> **텃밭 요리사의 팁!**
> 1. 재료 자체의 향이 없어 향이 진한 유자소스든, 향이 은은한 사과소스든 튕기지 않고 받아낸다. 살짝 신맛이 도는 쇠비름은 새콤달콤한 소스와 잘 어울린다.

◆ 쇠비름발효음료 ◆

쇠비름을 뿌리째 씻어 물기를 빼둔다. 함지박에 재료를 담고 같은 무게의 설탕을 넣어 골고루 버무린다. 하루쯤 재어두었다가 설탕이 녹았으면 항아리에 퍼 담는다. 종이로 밀봉하고 뚜껑을 덮어놓는다. 3개월 뒤 건더기를 걸러내고 국물만 숙성시킨다. 발효액의 3~4배 정도 되는 찬물을 넣고 휘저어 마시면 풋풋하다. 미생물이 살아 있는 마실거리다.

> **텃밭 요리사의 팁!**
> 1. 밀봉 후 초기에는 1~2주 간격으로 자주 저어주면 발효가 잘된다.
> 2. 마시기 1주일쯤 물에 원액을 미리 타두었다가 마시면 맛과 향이 깊어진다.

쇠비름샐러드

쇠비름발효음료

이 맛에 텃밭 가꾸지!

당근

흙에서 방금 뽑아낸 당근 한입 베어 물면 '당근이 이런 맛이었나' 싶을 만큼 향긋하고 아삭거린다. 마트에서 파는 밍밍하니 별맛 없는 당근, 쭉쭉빵빵 늘씬하지만 빛 좋은 개살구였구나 싶어진다. '이 맛에 텃밭 가꾸지' 뿌듯해진다. 찬바람에 손을 호호 불어가며 씨앗을 뿌리고, 신문지를 덮어주고 걷어주면서, 씨앗이 싹트기를 기다리던 시간이 의미 있게 되살아난다.

당근은 씨앗을 배게 심어 솎아내며 가꾼다. 손가락 마디만큼 간격을 띄웠다가 포기가 자람에 따라 손바닥만큼 넓혀주는 식. 제때에 솎아주지 않으면 새끼손가락만 한 꼬마당근을 먹어야 한다. 솎을 때마다 가느다란 것부터 치렁치렁한 것까지 당근잎이 나오게 마련. 마트에서는 당근의 뿌리만 파니까 "당근잎도 먹어요?"라고 묻는 일이 벌어진다. 그렇다, 향기로운 이 잎은 마트에서 살 수 없는 제철 먹을거리다. 여린 잎은 샐러드드레싱에 버무려 먹으면 좋다. 줄기가 제법 굵어져 날로 먹기에 억센 감이 있다 싶으면 부침개를 부친다. 다 자란 당근을 캘 때 나오는 잎은 뻣뻣한 편이고, 양도 많다. 이 잎을 숭덩숭덩 자르고 뿌리 몇 개를 나박나박 썰어서 같이 발효액을 담그면 향이 은은하고 부드러운 음료를 마실 수 있다(328쪽 '발효액 제대로 만들고 활용하기' 참조). 당근을 캐다 보면 손가락 크기만 한 것도 나오고, 두 갈래 세 갈래 땋은 듯한 것도 나오고, 크기와 모양이 제각각이다. 이런 당근들도 버리지 말고 주스로 갈아 마신다.

❖ 당근잎부침개 ❖

당근잎을 통째로 설렁설렁 씻어놓는다. 손가락 한 마디 정도의 길이로 썰어서 그릇에 담는다. 통밀가루와 소금을 넣어 뒤적거려 반죽을 만든다. 기름 둘러 뜨겁게 달군 팬에 굽는다. 처음에는 센 불로 앞뒤를 익힌 뒤 약불로 느른하게 굽는다. 바삭바삭 향기롭다.

> **텃밭 요리사의 팁!**
> 1. 이 무렵 텃밭에서 같이 자라는 부추나 양파 등 다른 채소랑 섞어서 부쳐도 향기롭다.

❖ 당근주스 ❖

당근을 물에 흔들어 씻고 흙을 털어낸다. 깍둑 썰어 믹서에 넣어 곱게 간다. 잔에 담고 물과 설탕 혹은 꿀을 섞어 마신다. 건더기가 싫으면 베보자기에 짜서 걸러내고 즙만 마신다. 잘 익은 토마토 혹은 이탈리아파슬리를 같이 갈아 마시기도 한다.

당근잎부침개

당근주스

6월 텃밭

기온이 부쩍 높아진 6월엔 풀도, 작물도 무섭도록 성장한다. 텃밭농사의 1막이 내리는 때이기도 하다. 지난가을과 이른 봄에 심은 것들을 우르르 거둬들이고, 두벌·세벌 풀 매랴, 모종 내랴, 씨앗 받으랴, 할 일이 넘쳐난다. '그래, 부지깽이 하나라도 아쉬웠을 거야.' 그 속담에 고개가 끄덕여진다. 이때쯤 되어야 비로소 들풀보다 텃밭작물을 더 많이 밥상에 올릴 수 있게 된다. 하지만 아직도 씨앗을 뿌리거나 모종을 심을 일이 남아 있다. 텃밭에 심는 것을 헤아려보면 수십여 가지에서 100여 가지를 훌쩍 넘기곤 하는데, 인간이 이렇게 많은 것을 먹으며 살아가고 있구나 새삼스러워진다.

씨앗 뿌리기와 모종 심기: 흰콩, 나물콩, 녹두, 팥, 동부, 들깨

완두콩, 땅콩, 강낭콩이 아닌 다른 콩들은 대부분 6월경에 심는다. 서리태는 5월말, 늦어도 6월초까지는 심는다. 너무 일찍 심으면 꼬투리는 안 달리고 잎만 무성해질 뿐이니 가을에 허망해지기 쉽다. 때문에 지긋이 기다렸다가 심는다. 콩국이나 두부, 장 담그는 데 쓰는 흰콩, 나물 길러 먹는 작은 콩, 팥, 녹두, 동부는 모두 6월 중하순경 심는다. 벌레를 많이 타고 비에 약한 녹두는 아예 7월초 장마가 어지간히 지나가고 나서 심기도 한다.

들깨 모종도 옮겨 심는다. 너무 늦게 심으면 그만큼 거두는 양이 줄어드니 이왕이면 때를 맞춘다. 봄 가뭄에 땅이 푸석푸석 말라 있을 터, 날씨예보를 듣고 비 오는 날을 챙겼다가 그에 맞춰 잽싸게 심는다. 그렇지 않으면 물을 주고 심고도 뿌리내릴 때까지 몇 번 더 물을 주는 수고를 해야 한다.

곁순 따주기, 줄 띄워주기: 고추, 가지, 토마토

지난달 심은 고추 모종에 삐죽삐죽 솟아 나오는 곁순을 따내고 줄을 띄워줄 때다. 방아다리 밑에 달린 곁순을 주르륵 훑다시피 따준다. 제 무게를 못 이겨 주저앉거나 비바람에 쓰러지지 않도록 버팀대도 세워주고, 줄도 두세 번 띄워준다. 요즘 나오는 고추들은 키도, 열매도 쭉쭉빵빵 추세라 손볼 일이 많다. 장마 전까지 두세 번 이상 줄을 띄워줘야 쓰러질 염려를 안 할 수 있다. 이것저것 신경 쓰기 싫으면 토종고추씨를 구해서 심는다. 장마 전까지는 키도 작달막하고 꽃도, 열매도 눈에 띄게 더디 달리는 것 같지만, 장마가 지나면 몸집도 키우고 열매도 달리기 시작한다. 그렇게 가꾸는 토종고추는 역병이나 탄저병같이 치명적인 병을 피할 수 있고, 비바람에 쓰러질 일도 적다. 열매를 덜 따는 아쉬움이 있지만 대박을 꿈꾸는 마음만 내려놓으면 그리 손해 보는 것도 아니다. 게다가 기가 막힌 맛으로 보답 받는다.

토마토 농사는 곁순과의 씨름이라 할 만하다. 원줄기만 키워야 알이 굵은데 곁순은 따주고 돌아서기가 무섭게 어느새 돋아나 있으니 말이다. 아무튼 버팀대를 세워주고 줄을 띄워주면서 밭에 갈 때마다 곁순을 따준다. 그렇게 손질해주었어도 까닥하다가는 그 곁가지에 꽃이 피고, 토마토가 달려 있는 것을 보게 된다. 원줄기의 토마토를 굵게 키우려면 곁가지도 잘라낸다. 나는 텃밭농사를 처음 시작했을 때 토마토 곁순을 따느라 애를 먹었다. 옆집 아지매가 일러주었는데도 번번이 이게 곁순인지 잎사귀인지 긴가민가하기만 하더라. 그렇게 몇 년을 하고 나니 저절로 눈이 뜨였다. 그때는 왜 그리 안 보인 건지 알다가도 모를 일이다.

곁순을 잘 질러줘서 굵어진 토마토를 따 먹을 때마다 우리네 삶도 그런 게 아닌가 싶어진다. 자잘한 데 눈 팔지 않고 삶의 진면목을 부여잡고 갈 수 있으려면 뭐가 원줄기고 뭐가 곁순인지 눈썰미를 기르는 수밖에 없는 것 아닐까?

거두기: 밀, 보리, 감자, 양파, 마늘, 쑥갓, 상추, 아욱

6월 한 달은 봄걷이로 가을걷이 못지않게 바쁘다. 초순의 망종 앞뒤로 밀과 보리를 거두고, 장마를 앞둔 하순 앞뒤로 감자, 양파, 마늘을 캐노라면 결실의 뿌듯함이 피로를 몰아낸다. 행여 장마가 시작되면 까딱하다가 농사를 망치기 일쑤니 발 빠르게 거둬들여야 한다. 양배추, 양상추도 포기가 차는 것을 보아 거둬들이고 콜라비, 비트도 뿌리가 들었다 싶으면 뽑아 먹는다. 시금치, 쑥갓, 상추, 아욱. 씨앗을 받을 것들도 비바람에 쓰러지지 않도록 줄에 묶어 세우거나 비에 쓸려 내려가지 않도록 보살펴준다.

꽃모종 옮겨심기: 봉숭아, 채송화, 과꽃, 백일홍, 해바라기
봄에 씨앗을 뿌린 해바라기, 채송화, 분꽃, 백일홍, 과꽃, 봉숭아, 해바라기. 싹이 나는 대로 솎아줘야 잘 자라는 것은 텃밭작물과 마찬가지 생리. 비 오는 날 빗발이 잠시 주춤할 때라도 바짝 붙어 있는 모종을 모삽으로 떠서 여기저기 옮겨 심어준다. 나날이 꽃밭이 되어가는 텃밭을 보노라면 시키지 않아도 눈만 뜨면 텃밭으로 내달리게 되더라.

장마 설거지: 풀 매고, 물길 내주고, 작물 말리기
여름 길목의 들풀들은 겁나는 기세로 자란다. 그냥 놔두면 걷잡을 수 없는 밀림이 될 수 있다. 어느 날 '이 밭이 내 밭 맞나' 싶을 정도로 어리벙벙하지 않으려면 짬짬이 풀을 맨다. 늦되는 풀, 제철 만나 새로 돋아나는 풀을 밥상에 올릴 수 있는 기회이기도 하다.
고추, 토마토, 가지, 오이에 세워준 버팀대가 세찬 비바람에 쓰러지지 않을지 살펴보고 바로잡아준다. 행여 물이 고이면 물에 약한 농작물은 썩거나 병이 들 수 있으므로 텃밭에 물길도 터준다. 못 다 캔 마늘, 양파, 감자라도 있으면 비 잠시 멈춘 날이라도 캐야 하고, 자칫 곰팡이 필 수 있으니 자리를 옮겨가며 바람도 쐬어주고 볕 드는 짬짬이 내다 널어 말린다.

미소짓게 하는 어성초 꽃망울

텃밭의 참맛을 일깨워주는 당근

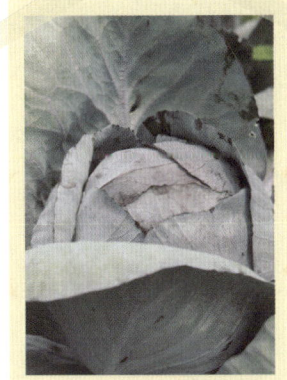
어느새 자란 적양배추

초여름의 빛깔을 담은 적양파

봉오리를 연 가지꽃

6월 텃밭에서 하는 일

절기	거두기	씨뿌리기, 모종 심기	기타
망종 (6.6)	밀, 보리, 완두콩, 녹두, 봄배추, 열무, 얼갈이, 풋고추	들깨, 흰콩, 나물콩, 대파	고추·가지·토마토·오이 지주 세우기, 곁순따기: 토마토, 고추, 가지 풀매기, 벌레잡기
하지 (6.22)	마늘, 양파, 감자, 양배추, 양상추, 당근, 쑥갓, 콜라비, 비트, 파슬리, 부추	녹두, 팥, 동부	장마설거지: 물길내기, 작물말리기 씨받기: 시금치, 배추, 상추

7월

'영락없는 여름이구나' 느껴지는 7월. 달력에는 소서(小暑), 대서(大暑), 복(伏). 더위의 기세를 알려주는 날들이 즐비하다. 작은 더위라지만 소서의 볕은 따갑기만 하다. 땡볕이라 한낮에는 밭에 들어갈 엄두가 나지 않는다. 날이 훤해지는 이른 아침이나 더위가 숨을 고르며 서늘해지는 저녁 무렵에나 텃밭에 드나들게 된다. 이슬 젖은 텃밭이나 어스름이 깔리는 저물녘에 서늘하게 젖어드는 공기는 일상의 고단함을 저만치 밀어내는 것 같다. 이즈음 어디서가 퍼져오는 향내에 돌아보게 되는 분꽃. 정말 백일 동안 피는 듯 가을까지 찬란한 백일홍. 비 오는 날 옮겨 심어준 키 작은 채송화. 때론 이 꽃들의 여름만으로도 살아갈 힘을 얻는다.

6월 하순 무렵 시작되는 장맛비에 천지는 물 먹은 듯 축축하고 후덥지근하다. 장마철이지만 내리 비가 내리지 않는 마른장마라도 가끔씩 폭우가 쏟아 내린다 쳐도 무더위는 일상이다. 열대야로 밤늦도록 잠을 설치는 날, 마당에 자리를 펴고 누워 밤하늘을 올려다본다. 잔잔히 물결 흐르듯 펼쳐진 별들이 우리의 일상이 가없는 우주 속에 티끌이구나 싶은 느낌에 젖어든다.

텃밭에서 소나기라도 만나면 그렇게 반가울 수가 없다. 땀이 줄줄 흐르는 무더위와 장마 속에서 해는 살금살금 짧아진다. 풀만 두세 번 잘 매주었으면 텃밭농사는 설렁설렁해도 된다. 무더위가 절정으로 치달려가는 대서로 가는 길목에 자리 잡은 초복 날 하루쯤 쉬어갈 여유도 생긴다. 망중한, 잠시 호미 씻어 걸어두는 날이 생길 수 있다. 하루가 다르게 익어가는 열매채소나 과일. 바라보는 것만도 즐겁고 익는 족족 한두 개씩 따 먹으면 세상에 부러울 것이 없다.

7월 '텃밭 밥상' 한눈에 보기

절기	들풀	텃밭 작물
소서(7.7)	비름, 명아주	양파, 감자, 바질, 순무, 부추, 풋고추, 토마토, 가지, 애호박, 깻잎, 꽈리고추, 청양고추, 비트, 콜라비
대서(7.23)	원추리, 한련화	단호박, 민트, 딜, 박하

7월 밥상

봄에 심은 열매채소들이 저마다 열매를 달고 "바로바로 따 먹으라" 재촉하는 듯하다. 제때 따주지 않으면 열매가 터지거나 과육이 질겨지니 하루가 멀다 하고 거둬 먹는다. 토마토, 방울토마토는 익는 대로 몇 개씩 따 먹는다. 남거들랑 퓌레를 만들어 얼려두면 스파게티, 리소토 등 1년 내내 토마토 음식을 만들 때 반갑다. 가지 따서 구워 먹고, 쪄 먹고, 볶아 먹는다. 하나둘씩 달리는 애호박 찾아 전을 부친다. 매운맛이 들어가는 풋고추 된장 찍어 날로 먹기에 좋다. 청양고추 썰어 된장찌개. 꽈리고추 따서 찜 쪄 먹고 멸치 넣어 볶고. 돌아서면 커 있는 오이는 오이무침, 냉국, 오이지. 노랗게 물든 참외, 달콤한 입가심거리다. 그새 뿌리를 내린 들깨는 손바닥만 한 깻잎을 활짝 펼쳤구나.

밭에서 나오는 먹을거리에 눈이 팔려 들에서 나는 풀에 눈길을 돌리게 되지 않지만 웬만한 들풀은 억세져서 먹기 어렵다. 그러나 그늘진 곳에는 늦게 싹터서 느릿느릿 자라는 들풀들이 제 속도로 살아가고 있다. 여름에 한창 자라는 비름은 곳곳에 돋아난다. 질경이도 해바른 곳에서는 씨앗을 맺고 있지만 햇살을 모자라게 받는 것들은 늦되다. 질긴 것들 속에서 연하고 부드러운 잎사귀가 반갑다. 뒤늦게 꽃이 피어나기도 하는 민들레는 뿌리째 캐어 말린다. 이른 봄 달달한 새싹으로 입맛을 돋우던 원추리도 훤칠한 키에 화사한 주홍꽃을 날마다 피운다. 그 꽃을 따서 밥상에 올리면 밥상이 멋스러워진다.

텃밭농사를 지으면서 나는 어릴 적 어머니가 차려주시던 여름철 밥상을 다시 만났다. 끼니때마다 빠지지 않고 올라오던 반찬들. 가지볶음, 오이지무침, 감자조림, 호박나물, 열무김치. 마당의 손바닥만 한 텃밭에서 가꾼 것들이다. 한 젓가락씩 집어 고추장, 들기름 넣어 슥슥 비벼서는 일곱 식구 저마다 정신없이 퍼 먹었지. 한 끼도 아니고 여름철 내내 질리지도 않고. 지금도 군침 도는 한여름의 텃밭밥상이다.

다양한 요리에 어울리는 부드러운 속살

가지

가지를 따서 한입 베어 먹으면 있는 듯 없는 듯 담담한 향이 사근거리는 속살에 묻어난다. '왜 날것으로 안 먹지?' 싶은 의구심이 다 생긴다. 우리 어머니도 가지를 말랑하게 익혀주시곤 했다. 밥에 뜸 들일 때쯤 솥뚜껑을 열고 가지를 넣어 익히시더라. 자를 때도 칼이 아니라 손으로 결을 따라 쭉쭉 찢어 간장으로 무쳐주시곤 했다. 칼로 썰어도 될 텐데 굳이 손으로 찢은 가지가 더 맛나게 느껴지는 건 맛의 신비에 속하는 영역인가? 그래야 몰캉거리는 식감을 더 잘 살릴 수 있는 건지도 모른다. 나도 가지를 따면 줄곧 그렇게 해 먹는다. 가지를 쭉쭉 쪼개거나 납작납작 썰어서 말려두면 겨울철 밥상이 든든해진다.

그런데 아이들이 커서 요리에 나서니 먹는 법이 다양해지고 있다. 굽기도 하고, 그라탱으로 해주기도 하고, 스파게티에 넣기도 하고. 젊은 맛이라 할까, 신세대 맛이라 할까? 톡톡 튀는 발상으로 재료의 쓰임새를 넓혀 나가는 아이들 덕에 드러나지 않던 가지의 맛을 새로 발견하고 있다.

가지는 반찬만이 아니라 약재로도 쓸모가 많더라. 껍질에서 자르르 윤기가 흐르는 진보랏빛 색소는 발암물질을 강력하게 억제하는 성분의 표현이라는데, 민간에서도 긴요한 약재로 쓰여왔다. 특히 버리곤 하던 가지꼭지를 다시 보게 되더라. 생가지 꼭지를 즙을 내어 마시면 맹장염에 효과가 있다. 그늘에 말려두었다 달여서 꾸준히 마시면 편도선염을 다스릴 수 있다고 한다. 생선류를 먹고 중독이 되었을 때도 태운 가지꼭지를 반 찻숟가락 정도 먹으면 어느 정도 탈이 멎는다고 한다. 이 가지꼭지 재는 치질에도 잘 듣는다고 한다. 이가 아프거나 염증이 있을 때 그 부위에 그 가루를 물고 있거나 문지르면 참을 만해진다. 생선을 먹고 속탈이 났다? 가지를 날로 먹어보라. 속이 편해진다.

◆ 가지무침 ◆

꼭지 딴 가지를 가로로 길게 자른다. 센 불에 올려 김이 펄펄 오르는 찜기에 올려서 찐다. 찐 가지를 식혀서 길게 죽죽 찢는다. 송송 썬 파, 다진 마늘, 소금, 매실발효액, 들기름을 넣고 조물거려 무친다. 접시에 담고 깨소금을 뿌려 밥상에 올린다.

> **텃밭 요리사의 팁!**
> 1. 덜 찌면 뻣뻣하게 씹히고, 너무 찌면 물크러져서 맛이 달아난 듯하다.
> 2. 소금으로 무치면 깔끔하고 담백하다. 소금 대신 된장을 넣고 버무리면 깊고 구수한 맛이 좋다. 간장으로 무쳐도 감칠맛이 난다.

◆ 가지냉국 ◆

찐 가지를 길게 찢어서 소금과 양념으로 무쳐둔다. 맛국물에 간장을 넣고 송송 썬 파, 다진 마늘, 식초, 발효액을 넣고 섞어둔다. 이 국물을 냉동실에 넣어 얼 듯 말 듯 차게 식힌다. 양념한 가지에 냉동실에서 꺼낸 국물을 붓고 그릇에 퍼서 밥상에 올린다.

> **텃밭 요리사의 팁!**
> 1. 맛국은 326쪽 '감칠맛 나는 맛국물 만들기' 참조.
> 2. 국물을 부으면 싱거워지므로 가지를 무칠 때 간간하다 싶게 무친다. 칼칼한 맛을 즐기려면 청양고추나 붉은 고추를 따서 썰어 넣는다.

가지무침

가지냉국

❖ 가지구이롤 ❖

가지를 얇고 판판하게 어슷 저민다. 팬에 기름을 두르지 않고 달군 뒤 약한 불로 줄이고 가지를 올린다. 앞뒤로 뒤집어가며 잽싸게 구워낸다. 구운 가지에 양념장을 발라서 접시에 담는다. 모차렐라치즈를 얹어 쫄깃한 부드러움을 더하기도 한다.

소를 넣고 둘둘 말아 먹기도 한다. 이때는 가지를 얇고 길쭉하게 잘라 굽는다. 소는 냉장고에 뒤처지는 채소들이 제격이다. 양배추, 당근, 양파를 다져서 슴슴하게 소금간해서 볶는다. 가지에 양념간장을 펴 바르고 소를 얹어 둘둘 만다. 카레가루를 뿌린 볶음밥을 말아 먹기도 한다. 짜장가루를 뿌린 볶음밥도 가능하지 않을까?

텃밭 요리사의 팁!
1. 너무 구우면 가지가 뻣뻣하게 오그라들고, 덜 구우면 풋내가 난다. 촉촉이 숨이 죽은 정도면 된다.
2. 양념장은 맛간장에 고추가루, 고추장, 조청, 다진 마늘과 생강을 넣고 섞어서 만든다. 청양고추나 풋고추를 따서 잘게 다져 넣으면 칼칼하다. 자세한 내용은 327쪽 '풍미를 살려주는 맛장 만들기' 참조.

✦ 가지프리타타 ✦

프리타타. 이탈리아식 오믈렛이나 계란찜이라고나 할까? 너무 맛있어서 딸아이가 귀띔해준 레시피로 즐겨 만들어 먹는다.

가지는 저미듯이 얇게 썰어 소금에 절인다. 물기가 배어나오면 손으로 꼭 짜서 물기를 없앤다. 올리브유를 살짝 두른 팬에 가지를 넣고 중불에 구워놓는다. 방울토마토를 반으로 잘라 올리브유를 넉넉히 두르고 소금 한 꼬집 넣어서 슬쩍 구워놓는다. 그릇에 계란을 풀어 소금과 후추로 밑간을 해둔다. 올리브유를 두른 팬에 약불로 마늘을 구워 마늘 향을 낸다. 마늘이 다 익으면 그릇에 옮겨놓고 중불에서 센 불로 올려 양파를 볶는다. 양파를 다 볶고 불을 약불로 낮추고 계란과 마늘을 넣어 섞는다. 모양이 흐트러지지 않게 안쪽과 바깥쪽을 젓가락으로 저어주면서 골고루 익힌다. 계란이 엉긴다 싶으면 그대로 놓아둔 채 그 위에 구워놓은 가지와 토마토를 올린다. 뚜껑을 닫고 약불로 2~3분가량 익힌다. 조금 덜 익은 부분이 있어도 괜찮다. 타지 않도록 살펴가며 익힌다. 접시에 담아 밥상에 올린다.

텃밭 요리사의 팁!
1. 주재료는 마늘 3~4쪽(입맛에 따라 좀 더 넣어도 되고, 덜 넣어도 된다), 양파 1/2개, 가지 1개, 토마토 1개, 계란 5개, 후추, 소금, 올리브유.
2. 방울토마토 대신 큰 토마토를 쓰려면 먹기 좋은 크기로 잘라서 구워놓는다.

여름텃밭에서 빼놓을 수 없는 청량함

오이

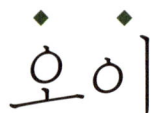

텃밭에서 빼놓을 수 없는 여름열매가 오이. 어머니가 차려내시던 밥상에도 여름이 다 가도록 끼니때마다 올라오곤 했다. 일하다가 목이 마를 때 하나 뚝 따서 씹으면 입안 가득 물이 고이면서 풋풋한 향이 번진다. 텃밭에서 바로 따 먹는 오이야말로 마트에서 사다 먹는 이들은 결코 맛볼 수 없는 맛을 선사한다.

오이는 쑥쑥 자라는 열매다. 아침에 안 보이던 열매가 저녁엔 보이니 '어라, 그새 자랐나' 고개가 갸우뚱거려질 때도 많다. 자라기가 무섭게 따 먹어야 한다. '조금 더 두었다 따야지' 했다가는 영락없이 늙어가는 오이를 마주하기 마련.

얇게 썰어 무쳐 먹고, 시원하게 냉국 해 먹고, 여전히 한창인 부추 썰어 오이소박이김치를 만들어 한 번쯤 입치장하고 오이지를 담가 먹으면 여름음식으로 부러울 게 없다. 우리 남편은 오이지를 썰어 물에 띄운 반찬 한 가지만 있으면 맹물에 밥 말아서 뚝딱 해치운다. 그러고는 여름 더위에 이만한 반찬이 없다고 입버릇처럼 치켜세운다. 이렇게 맛난 오이도 찬바람 나면 시들해진다. 이 무렵이면 오이 넝쿨과 잎에 가려 미처 못 딴 오이들이 노릇하게 늙어가는데 놔두면 진한 갈색의 노각이 된다. 노각은 풋오이와는 또 다른 식감과 맛을 안겨준다. 씨앗을 받을 열매 하나만 남기고 참참이 따서 무쳐 먹는다(164쪽 참조).

오이를 늦도록 먹으려면 두세 번에 걸쳐 심는다. 4, 5월에 한 번, 6월에 한 번, 7월 중순에 한 번. 먼저 심은 포기가 끝물이 되면 나중 심은 포기에서 오이가 달려 7월 중순부터 9월 늦도록 따 먹을 수 있다. 모종을 심고 두 달쯤 지나면 열매를 딸 수 있다. 오이를 좋아하는 4인 가족이라도 두서너 포기만 심으면 된다.

◆ 오이냉국 ◆

냉국에 쓸 국물을 먼저 만든다. 맛국물에 국간장, 식초, 매실발효액, 소금으로 입맛에 맞게 간을 하고 다진 마늘, 송송 썬 파를 섞어둔다. 이 국물은 냉동실에 미리 넣어 살얼음이 지게 만들어놓는다. 오이를 하나 따서 채를 썬다. 붉은 고추를 어슷 썰어 넣으면 색깔만으로도 먹음직스럽다. 흐르는 물에 고추씨를 씻어내고 넣어야 깔끔하다. 지난달 거둔 자색양파 남아 있거들랑 채를 쳐둔다. 그릇에 채 썬 오이와 양파를 담고 준비해둔 국물을 붓고 깨소금 뿌려 밥상에 올린다.

텃밭요리사의 팁!
1. 국물을 간장만으로 만들면 텁텁하므로 소금을 같이 푼다. 식초와 설탕은 입맛 따라 더 넣거나 덜 넣는다. 그즈음 한창인 달개비 푸른 꽃을 띄워내면 멋스럽다.
2. 오이와 미역은 냉국 파트너로 찰떡궁합이다. 미역을 물에 불려서 먹기 좋은 크기로 잘라 맛간장으로 조물조물 무쳐서 오이와 같이 넣는다. 미역을 곁들일 것인지 다른 채소를 곁들일 것인지는 텃밭이나 냉장고 상황에 따른다.

텃밭을 밥상에 올리다

◆ 오이소박이 ◆

오이에 양념 소를 박아 넣은 오이소박이는 만드는 데 손이 많이 가지만 그 수고로움을 배반하지 않는다. 굵은소금으로 껍질을 박박 문지른 오이를 네 토막으로 자른다. 오이 토막 한쪽에 소를 넣을 자리를 열십자로 칼집을 내서 소금을 훌훌 뿌려 절여둔다. 그 동안 양념소를 만든다. 부추는 손톱만큼 자잘하게 썰고 양파는 굵게 다진다, 여기에 다진 마늘과 생강, 송송 썬 파를 넣고 고춧가루로 버무려둔다. 오이를 체에 받쳐 물을 빼고 째진 틈으로 소를 꾹꾹 집어넣는다. 통에 차곡차곡 쟁여 넣는다.

날것으로 먹어도 되고 새콤하게 삭혀서 먹기도 한다. 이즈음에는 2, 3일이면 익는다. 우리 집에서는 날것을 좋아하는 남편이 바로 먹다가 시어지면 내가 먹는다. 익기 전에 다 먹지 말라는 눈총을 받으며 먹는 남편과 내가 신경전을 벌이게 되는 음식이다.

오이지

텃밭에서 따온 오이는 씻지 않고 바로 항아리에 담아도 된다. 소금과 물을 1:4 정도의 비율로 잡아 팔팔 끓인다. 이 물을 오이를 담은 항아리에 자작하게 들이붓는다. 사나흘이면 하얀 막이 생기기 시작할 터. 오이가 노르스름해지고 새곰한 맛이 돌기 시작하면 꺼내 먹을 수 있다.

오이지를 꺼내 흐르는 물에 바락바락 씻는다. 동글납작하게 썬다. 여기에 찬물을 붓고 식초 한 방울, 송송 파를 띄우면 물국. 물기를 꼭 짜내고 양념을 하면 무침. 고춧가루, 송송 썬 파, 다진 마늘, 참기름, 깨소금, 식초, 매실발효액 등 갖은 양념을 넣고 조물조물 무친다. 오이지를 길게 썰어 물기를 짜내면 김밥을 말 때 단무지 대신 써도 어울린다.

텃밭요리사의 팁!
1. 오이지를 제대로 씻지 않으면 군내가 가시지 않아 입맛을 버릴 수 있다.
2. 꼬들꼬들하게 먹으려면 물기가 없게 꼭 짜낸다.

약방에는 감초, 밥상에는 꽈리고추!

꽈리고추

고추 품종 가운데 독특한 지위를 굳힌 것이 청양고추와 꽈리고추. 얘들은 몸피가 작아 고춧가루를 내리면 성에 안 차지만 특유의 맛으로 밥상에 빠지지 않는 반찬거리가 되어왔다. 청양고추는 날로 먹으면 목이 칼칼할 정도로 맵싸하지만 어린 풋고추는 된장에만 찍어 먹어도 입맛을 돋운다. 된장찌개만이 아니라 어떤 찌개에 넣어도 특유의 맵싸한 맛으로 맛을 끌어올린다. 하다못해 부침개나 전을 부칠 때 살짝만 넣어도 맛나다. 약방에 감초가 있다면 매콤한 맛엔 청양고추? 넉넉히 거두어 잘게 썰어서 냉동실에 넣어두면 제철이 아닐 때라도 꺼내 쓸 수 있다.

작고 쪼글쪼글하게 생긴 꽈리고추는 청양고추나 일반고추로 대신할 수 없는 나름의 칼칼한 맛 때문에 한 포기 곁들여 심게 된다. 요즘은 아삭하게 씹히는 아삭이고추, 속살이 연한 오이고추 등 품종을 고친 고추들이 나오고 있는데 피클이나 장아찌를 담그기 적당하다. 단고추라 불리는 파프리카는 날씨가 한창 더워져야 그 고유의 붉은빛깔이나 노란빛깔을 제대로 품어낸다. 빛깔이 고와 여러 음식에 양념처럼 곁들이지만 그 열매 자체로도 풍미와 맛이 좋다. 매운 맛이 다른 맛을 누르는 고추와 달리 순하고 달콤하면서도 저만의 향기를 풍긴다. 하지만 우리나라 날씨에는 기르기가 수월치 않다. 나는 늘 빛깔이 덜 들거나 모양이 쭈그러진 못난 이들을 챙겨 먹는다.

❖ 꽈리고추찜 ❖

큰 치는 반을 갈라 씨를 빼고, 작은 치는 통째로 씻는다. 물기가 마르기 전에 통밀가루를 골고루 묻힌다. 물이 끓어 김이 오르는 찜기에 놓고 쪄낸다. 간장에 고춧가루, 다진 마늘, 송송 썬 파, 들기름을 넣어 양념장을 만들어둔다. 찐 고추를 그릇에 담고 양념장을 넣어 살살 버무린다.

❖ 꽈리고추멸치볶음 ❖

꽈리고추는 반으로 갈라 씨를 털어낸다. 마늘쪽은 얇고 판판하게 저민다. 기름 두르고 달군 팬에 멸치를 넣고 노릇해지도록 볶다가 마늘조각, 통후추 몇 알을 넣고 한소끔 더 볶는다. 팬에서 멸치를 꺼내 다른 그릇에 덜어놓고 그 기름에 꽈리고추를 볶아준다. 고추가 숨이 죽을 때쯤 맛국물, 간장, 생강을 넣어 조린다. 밑에 간장이 조금 남았을 때 미리 볶아둔 멸치를 다시 넣고 조린 고추와 휘리릭 버무린다. 불을 끄고 들기름, 매실발효액, 조청을 넣어 버무린다.

텃밭요리사의 팁!
1. 꽈리고추가 어려서 제맛이 안 날 때는 고추씨를 작은 철망에 넣어 같이 졸이거나 청양고추를 같이 넣어 칼칼하게 졸인다.

꽈리고추찜

꽈리고추멸치볶음

텃밭을 스쳐 지나기만 해도 향이 물씬

들깻잎

들기름을 짜거나 들깻가루를 만들려는 들깨는 5월말에 씨를 뿌려 6월 중순 무렵 비 소식이 있을 때쯤 옮겨 심는다. 그러나 깻잎만 먹을 요량이면 이른 봄부터 씨앗을 뿌려 일찌감치 거둬 먹을 수 있다. 어려서는 여린 순을 꺾어 먹다가 잎이 손바닥만 하게 자란 다음에는 쌈, 김치, 겉절이로 먹는다(깻잎을 시중에서 파는 정도의 크기로 키우려면 맨 위의 두 잎만 남겨두고 나머지 가지 밑의 잎들을 따준다. 그러면 두 잎이 놀랍도록 빨리 커질 뿐만 아니라 반듯한 모양으로 자란다). 지난해 깨를 거둔 밭이면 씨를 뿌리지 않아도 여기저기 저절로 돋아나는, 이른바 돌들깨에서 따는 깻잎만으로도 밥상을 차릴 수 있다. 깻잎순은 고소한 맛이 잎채소 가운데 으뜸이다. 곁순이 동전만 하게 자라면서부터 두어 줌씩 뜯어 나물로 무쳐 먹는다. 순이 붙어 있는 줄기째 먹어도 억세지 않다.

위암세포를 97%까지 억제하고 치매를 막아준다는 연구도 나온 바 있는 깻잎, 밭에서 스쳐지나가기만 해도 향기가 진동하니 입맛을 돋운다. 고기를 구워 먹을 때 곁들여 먹어야 하는 줄 알지만 그냥 쌈을 싸 먹어도 향기로운 허브다. 켜켜이 양념간장을 뿌려 겉절이로 먹지만 찜기에 쪄 먹어도 그 강렬한 향을 누르지 못한다. 소금물을 달여 붓고 삭혔다가 몇 달 뒤 형편되는 날 꺼내서 우려내고 무쳐 먹으면 감칠맛이 깊다.

✦ 깻잎겉절이 ✦

깻잎은 씻어서 꼭지를 가지런히 자르고 물기를 빼놓는다. 맛간장에 다진 마늘, 매실발효액, 들기름을 섞고 칼칼한 맛을 내는 고춧가루, 깨소금을 넣어 잘 섞어준다. 깻잎을 쌓아놓고 두서너 장 걸러 켜켜이 양념장을 발라 접시에 담는다. 찜으로 먹으려면 냄비에 얇게 썬 양파를 깔고 맛국물을 두서너 숟가락 넣어 약한 불에서 익혀낸다.

텃밭요리사의 팁!
1. 너무 오래 찌면 질겨지므로 슬쩍 익을 정도로 찐다. 깻잎은 날로도 먹는 것이니까.

✦ 깻잎김치 ✦

통에 깻잎을 넣고 물과 소금을 10:1 비율로 섞은 소금물을 붓는다. 그 위에 무거운 것을 얹어 눌러 보름 이상 삭힌다. 결이 삭은 깻잎을 꺼내서 물에 바락바락 씻어 서너 장씩 포개어둔다. 통밀가루로 풀을 쑤어 식기 전에 고춧가루를 풀은 뒤 식힌다. 풀국에 다진 마늘, 송송 썬 파, 간장, 매실발효액, 채를 썬 양파와 당근을 섞어준다. 깻잎을 통에 담고 켜켜이 양념장을 발라준다. 바로 먹어도 좋고, 냉장고에서 익혀 먹어도 좋다.

깻잎겉절이

깻잎김치

마트에서는 못 사 먹는 무궁무진한 텃밭의 맛

토마토

여름텃밭에서는 뭐니뭐니 해도 토마토만 한 먹을거리가 없다. 초록방울이 주먹만 해지다가 어느새 붉어지면 따 먹기 바쁘다. 푹푹 찌는 무더위에 일하다가 목도 마르고, 배도 고파질 때는 새빨갛게 익은 토마토 하나를 따 먹어보라. 그대로 새참이 되고, 갈증도 가신다. 사 먹는 토마토로는 이 맛을 보기가 어렵다. 팔기 위한 토마토는 유통기간을 고려해 채 붉어지기 전에 따기 때문이다. 하지만 모든 과일들이 그렇듯이 토마토도 충분히 익은 상태에서 따야 제맛을 낸다.

그런데 잘 익은 토마토는 냉장고에 보관해도 며칠 못 간다. 그래서 토마토가 상하기 전에 먹을 수 있는 다양한 방법을 생각하게 된다. 토마토는 먹는 방법이 무궁무진하고 어울리지 않는 음식이 있을까 싶을 정도로 여러 음식에 두루 쓰인다. 고기를 사용하는 요리 대부분에 소스나 채소 건더기로 사용하면 좋다. 심지어 라면에 넣어도 느끼한 맛이 없어지고 개운해진다. 김치찌개에 넣어도 그 고유한 맛을 건드리지 않으면서도 맛이 깊고 풍부해진다.

토마토를 과일로만 알고 있던 사람도 텃밭요리를 하다 보면 서양에서 토마토를 채소로 친다는 말이 이해될 거다.

토마토는 건강에도 매우 좋은 채소. 세계보건기구(WHO)에서 건강에 좋은 10대 건강식품 가운데 1위로 꼽은 음식이기도 하다. 서양에는 토마토가 붉어지면 동네 의사 낯빛이 파래진다는 속담이 있다 한다.

토마토를 오래 두고 먹으려면 퓌레로 만들어놓는다. 그대로 얼려두었다가 필요할 때 꺼내 쓰면 밥상을 다채롭게 차릴 수 있다. 채소를 듬뿍 넣은 스프, 가지를 얹은 스파게티, 이탈리아 전통음식인 리소토, 케첩을 언제라도 해 먹을 수 있다.

◆ 토마토퓌레 ◆

꼭지를 떼고 그 반대편에 열십자로 금을 살짝 그어둔다. 끓는 물에 집어넣어 한 번 궁굴리면 껍질이 술술 까진다. 믹서에 토마토와 소금을 넣고 간다. 간 토마토를 냄비에 쏟아붓고 불 위에 올려 바특하게 졸인다. 국자로 떠서 흘려보았을 때 뭉글뭉글 떨어지는 정도로. 이를 식혀서 유리병에 담아두거나 비닐팩에 넣어 얼려둔다.

텃밭요리사의 팁!
1. 약불에서 오랜 시간 졸인다. 자칫하면 눌어붙을 수 있기 때문에 주걱으로 자주 저어줘야 한다.
2. 졸일 때 바질 잎 몇 장을 넣으면 향이 더 좋다. 다 졸인 뒤 꺼내놓는다.

◆ 토마토가지스파게티 ◆

가지는 어슷하게, 양파와 토마토는 먹기 좋게, 마늘은 얇고 판판하게 저며둔다. 기름 두르고 달군 둥근 팬에 마늘을 넣고 볶다가 가지와 양파를 넣어 볶고 토마토와 물을 넣고 뭉근하게 끓인다. 후추, 소금, 조청을 넣고 고루 섞어 소스를 마무리한다. 끓는 물에 파스타를 삶아 물을 빼둔다. 그릇에 국수와 소스를 담는다.

텃밭요리사의 팁!
1. 맛있는 스파게티를 만들려면 331쪽 '파스타 맛나게 삶는 법' 참조.

토마토퓌레

토마토가지스파게티

◆ 토마토리소토 ◆

올리브기름을 두르고 달군 둥근 팬에 잘게 썬 마늘과 양파를 넣고 볶다가 쌀을 넣어 슬쩍(2~3분쯤) 볶아준다. 토마토퓌레를 조금씩 넣으면서 쌀이 익을 때까지 저어가며 뭉근하게 익힌다. 리소토에 들어갈 채소-호박, 감자, 가지, 당근, 피망, 브로콜리, 양배추 등 어떤 채소라도 좋다-를 먹기 좋은 크기로 썰어 기름에 볶아둔다. 쌀이 어느 정도 익었다 싶으면 따로 볶아둔 채소들을 넣고 간을 맞춰 덮어낸다.

> **텃밭요리사의 팁!**
> 1. 쌀 대신 밥도 괜찮다. 채소를 볶다가 토마토퓌레를 넣어 졸이다가 밥을 넣고 덮어낸다.

◆ 건토마토올리브유 ◆

토마토를 도톰하게 썬다. 꾸덕꾸덕 마르면 병에 담고 로즈마리, 바질 한 잎 넣어 올리브기름을 자작하게 붓는다. 실온에서 사나흘 이상 놔두면 토마토향이 우러난다.

> **텃밭요리사의 팁!**
> 1. 양배추, 당근, 양파를 볶을 때 향이 깊어진다. 쫄깃하게 씹히는 마른 토마토의 식감도 즐길 만하다. 샐러드에 넣는 기름으로도 이만한 것이 없다. 파스타 할 때도 물론이다. 토마토 저장방법으로 이만한 것이 있을까 싶다.

토마토리소토

건토마토올리브유

✦ 라타투이 ✦

라타투이는 프랑스 남쪽 지방에서 즐기는 전통음식. 갖가지 열매채소와 토마토가 어우러지는 음식으로, 여름에 해 먹기 딱 좋은 제철음식이다. 영화 제목으로 알려진 뒤 젊은이들 사이에서 인기를 끌고 있는 퓨전요리인데 우리 집에서는 큰아이의 레시피로 만들어 먹곤 한다.

호박과 가지, 양파, 피망, 토마토를 도톰하게 썬다. 전골냄비(혹은 오븐용 케이크팬) 바닥에 토마토퓌레를 자작하게 담는다. 그 위에 썰어놓은 채소를 종류별로 모아 색깔이 어울리게 빙 둘러가며 앉힌다. 소금으로 간을 하고 후추를 뿌린 뒤 또 한 번 토마토퓌레를 골고루 끼얹는다. 바질 잎을 한 줌 따다가 같이 넣는다. 약불에서 뭉근하게 15~20분 정도 익히는데, 물이나 육수를 한 숟가락씩 더해주면서 타지 않도록 주의를 기울인다. 냄비째 밥상에 올린다.

> **텃밭요리사의 팁!**
> 1. 주 재료는 주키니호박(또는 애호박) 1개, 가지 1개, 주먹만 한 양파 1개, 주먹만 한 토마토 2개, 피망 1개, 바질잎 한 줌, 토마토퓌레 1~2컵.

군침이 돌 정도로 식욕을 자극하는 향

바질

서양에서 우리나라의 파, 마늘 같은 향신료로 쓰인다는 바질. 특히 토마토로 만드는 요리에 바질을 따서 넣으면 토마토 향이 풍부해진다. 고기요리에 넣으면 군내를 잡아준다. 서양음식이 널리 퍼지면서 텃밭에도 등장했다. 베란다에서 화분을 키우는 이들에게도 인기다. 텃밭에서 어쩌다 스치기만 해도 물씬 풍기는 바질 향. 군침이 돌 정도로 식욕을 건드리는 걸 보니 사람들이 바질을 즐길 만하다.

기르기도 쉽다. 씨앗을 뿌려두었더니 싹도 금방 트고, 저 혼자 잘도 자라더라. 향이 진해선가 벌레도 꼬이질 않는다. 꽃이 피려 할 때마다 순을 질러주면 가을까지 잎이 무성하다. 한두 잎만 따 넣어도 향이 진하니 곁순 한 줄기만 따도 한 가족 한 끼 밥상을 차리고도 남는다. 그런데 우리나라 음식엔 쓰지 않던 것이라 쓰임새가 많지 않다. 어찌 먹을까 고민하다가 가지를 볶거나 감자를 볶을 때도 살짝 넣어보았는데 괜찮았다. 토마토 요리와는 죽이 잘 맞아서 그 맛을 한껏 끌어올리니 스파게티, 토마토리소토에 빠질 수 없다. 바질잎이 무성한 늦여름에는 땅콩이나 잣, 호두 등 견과류를 빻아 넣고 올리브유에 절인 페스토라는 걸 만들어 이국적인 맛을 즐길 수 있다. 서양에서는 된장이나 고추장처럼 두루 쓰이는 양념류라고 한다. 우리나라에서는 바질 대신 깻잎이나 시금치, 취나물 등을 넣은 페스토도 만들어 먹는다. 고소하고 감칠맛 나는 그 소스를 빵이나 크래커에 발라 먹는다. 스파게티에 곁들여 먹기도 한다. 감자볶음에 넣어 먹어도 고소하다.

◆ 바질페스토 ◆

바질 한 주먹과 이탈리아파슬리 한두 줄기를 따서 흐르는 물에 씻어 채반에 펴 넌다. 물기가 남아 있지 않을 정도로 마르면 이용한다. 마늘을 까서 씻어놓고 물기를 말린다. 믹서에 바질잎, 마늘, 잣(혹은 땅콩, 참깨, 호두 등 견과류), 올리브기름, 소금을 넣고 간다. 파마산치즈가루를 뿌려 먹기도 한다. 기름 성분이 많아 오래 두면 색이 변하고 맛도 변하므로 조금씩 해 먹는다.

텃밭요리사의 팁!
1. 재료 적정 비율: 바질 100g, 파슬리 50g, 마늘 1쪽, 구운 잣 30g, 파마산치즈 50cc, 올리브유 300cc, 소금.
2. 우리 집 살구나무 그늘에 심어둔 이탈리아파슬리는 가꾸지 않아도 절로 자라난다. 가을에 스스로 씨앗을 뿌리고 봄이 되면 싹을 틔운다. 바질페스토에 곁들여 쓰니 좋다.
3. 봄철에는 냉이나 달래 등 봄나물을 이용한 페스토, 여름에는 깻잎을 이용한 페스토를 만들 수 있다. 따끈한 밥에 비벼 먹으면 재료의 향기와 고소함이 남다르다.

콩국수를 떠올리며 입맛을 다시게 하는 텃밭작물

콩

따지고 보면 콩만큼 쓰임새가 많은 작물도 흔치 않다. 두부, 콩나물, 된장, 간장 등 밥상에 늘 올라오는 것이 콩으로 만들어진 것이다.

그러나 그런 것들은 가공도가 높아 가정에서 해 먹을 엄두를 내기 어렵다. 하지만 콩을 갈아 비지찌개를 해 먹고 콩물을 내어 콩국수를 마는 일은 할 만하다.

뽀얀 흰콩에 들어 있는 성분 가운데 절반 가까이가 단백질이라 밭에서 나는 고기라 할 정도니 텃밭에서 주목해볼 만한 작물이다.

땅 한 평에 콩을 심으면 얼마나 거둘 수 있을까? 대략 1되, 700g 정도는 거두겠더라. 콩을 한 컵 정도 불려서 콩국물을 내면 네 식구가 국수를 말아 먹고도 남아 콩물로 마실 수도 있고, 마요네즈를 해 먹을 수도 있다(324쪽 '입맛에 맞는 드레싱 만들기' 참조).

땀이 뻘뻘 날 정도로 무더운 여름날 콩국 한 그릇, 참 시원하다. 그래서 가을에 거둔 콩을 이맘때 먹으려고 남겨두게 된다. 콩물은 국수를 말아 먹기도 하지만 냉장고에 넣어두고 음료로 먹을 수도 있다.

✦ 콩물과 콩국수 ✦

콩을 물에 담가 대여섯 시간쯤 불린다(온도가 높은 여름이 아니면 더 오래 불린다). 불린 콩을 건져 끓는 물에 삶는다. 부글부글 끓어오르기를 두 번쯤 했을 때 건져서 찬물에 담가 식힌다. 식힌 콩을 믹서로 곱게 갈아 베보자기나 발이 고운 체에 넣고 거른다. 베보자기에는 콩비지, 받쳐놓은 그릇엔 콩물이 나올 터. 이 콩물은 냉동실에 보관한다.

> **텃밭요리사의 팁!**
> 1. 콩 비린내가 안 날 정도로 살짝만 삶아야 고소하다. 너무 익히면 고소한 맛이 달아나 메주 맛이 나고 덜 익으면 콩비린내가 난다.
> 2. 식힌 콩과 함께 땅콩, 참깨, 잣 따위 견과류를 조금 넣어 갈면 한결 고소하다.
> 3. 콩비지는 송송 썬 신김치, 들기름, 새우젓을 넣고 찌개를 끓여 먹는다.
> 4. 콩물에 소금 간을 미리 해두면 삭아서 맛이 떨어진다. 소금 종지를 곁들여 먹기 바로 앞서 넣어 먹는다.

끓는 물에 국수를 넣고 면발이 맑아질 때까지 삶는다. 흐르는 물에 바락바락 서너 번 씻어 체에 받친다. 커다란 탕기에 담고 콩물을 붓는다.

채 썬 오이, 토마토 한 조각을 얹어낸다. 제철인 열무김치를 곁들여내면 잘 어울린다.

> **텃밭요리사의 팁!**
> 1. 국수 삶는 법에 대해서는 330쪽 '국수 맛있게 삶는 법' 참조.
> 2. 믹서에 간 콩을 거르지 않은 채 국수를 말 수도 있다. 텁텁한 감이 있기는 하지만 씹히는 감이 좋고 영양분도 고스란히 먹을 수 있다. 걸러서 해 먹으면 콩물이 개운하다. 식성에 맞춰 만들어 먹으면 된다.

여름텃밭에서 넘쳐나는 맛과 향

채소모듬

6월말을 지나 7월에 이르면 텃밭엔 가을걷이 못지않게 먹을거리가 넘쳐난다. 땅속에서 캐내는 감자, 당근, 비트 등 뿌리채소. 단호박, 호박 등 열매채소, 양배추, 브로콜리 등 잎채소…… 온갖 부위의 채소들을 맛볼 수 있다. 빨강 빛깔을 쓰느라 봄가을에 두어 뿌리씩 캐지만 자칫하면 주변의 재료들을 걷잡을 수 없이 물들이는 바람에 다른 음식과 섞어 쓰기 마땅찮은 비트. 철분이 많이 들어 있어 좀 많이 먹어보려는데 달리 먹을 방도가 없을까? 육질이 단단해 맛이 있을까 싶지만 익히면 떫은맛도 슬쩍 누그러지고 먹을 만하다. 속이 샛노란 단호박은 찌면 대박. 미니 단호박은 한 포기에 두어 개밖에 달리지 않지만 달콤하면서도 다 먹고 나서 입맛을 다실 만큼 고소하다. 그래서 밤호박이라 불렀겠구나 싶더라. 주변을 환하게 해주는 빛깔 덕분에 늘 다른 음식에 곁들여 쓰이면서도 그 자체의 맛에는 신경을 안 쓰게 되는 당근. 날로 먹으면 향긋하지만 소화 흡수가 떨어지니 이참에 익혀 먹는다. 양배추, 브로콜리도 곁들여서. 아무 양념을 하지 않고 그저 소금에 찍어 먹으면 채소들이 저마다 고유한 맛과 향이 있구나 새삼스러운 느낌이 오더라. 먹다가 뒤쳐진 채소들, 치우고 싶을 때 만만한 게 모듬채소전. 재료를 굳이 가릴 필요가 없으니 손쉽고 밥상에 오른 다른 반찬과도 어울리지 않는 법이 없다.

❖ 채소모듬찜 ❖

찜기에 소금으로 밑간을 한 물을 붓는다. 먹기 좋은 크기로 자른 감자, 당근, 단호박, 비트, 양배추를 올리고 센 불에 올린다. 말갛게 숨이 죽은 양배추가 먼저 익었을 터, 건져낸다. 나머지 뿌리채소들은 더 두어 무르게 익힌다. 브로콜리는 나중에 넣어 살짝 데친다. 익힌 재료들을 접시에 보기 좋게 담는다. 밥상에는 소금 종지를 같이 올려 찍어 먹는다.

❖ 모듬채소전 ❖

부추와 깻잎을 다듬고 씻어 먹기 좋은 길이로 자른다. 양파와 당근, 호박은 채 썬다. 맵지 않은 풋고추는 송송 썰고, 청양고추는 다지듯이 썬다. 통밀가루에 소금 한 꼬집을 섞는다. 찬물을 붓고 묽은 듯이 반죽한 뒤 썰어놓은 재료를 넣고 젓가락으로 섞어준다. 프라이팬에 기름을 두르고 달군 뒤 반죽을 올리고 펴 바른다. 처음에는 센 불로 익히다가 앞뒤로 겉면이 익으면 불을 약하게 줄여 노릇하게 구워 접시에 담는다. 맛간장에 매실발효액과 식초를 넣은 초간장을 만들어 찍어 먹는다.

채소모듬찜

모듬채소전

이른 봄 새싹도, 한여름 꽃도, 가을 뿌리도 음식이 되고 약이 되는 꽃

원추리꽃

이른 봄에 싹을 도려 먹었던 원추리. 한동안 잊고 있다가 어쩌다 꽃을 활짝 피운 늦여름에 만나 눈이 휘둥그레졌다. 언제 저렇게 컸나 몰라볼 정도로 훤칠한 키에 어린아이 주먹만 한 꽃이 달려 있다. 꽃등을 밝힌 듯 주위를 환하게 물들이는 당당한 멋에 반해 일손을 놓고 한참을 들여다보고 있게 되더라. 아침나절 피었다 저녁에 지는 하루살이 꽃. 한 열흘간 번갈아가며 꽃을 피우는 것이리라. 근심을 잊게 해준다 하여 망우초(忘憂草), 훤초(萱草)라고도 불린다. 기운을 맑게 돋워주고 마음을 차분하게 해주는 약성만이 아니라 그 빛깔과 단아한 모양새만으로도 그 이름을 얻었을 법하다.

이 꽃을 밥상으로 가져오면 오죽 고울까? 단맛이 좋아 샐러드, 겉절이는 물론 밥에도 얹어 먹고, 술도 담가 먹을 수 있다.

뜨거운 김에 살짝 찐 다음 말려서 차로도 마신다. 꽃심 부위를 쪼개서 넣어야 잘 마른다. 말려서 가루를 내어두었다가 식용 색소로도 이용한다.

원추리는 토종, 본토박이 꽃. 각시원추리, 골잎원추리, 애기원추리, 왕원추리, 홑왕원초리, 노랑원추리 등 종류도 다양하고 꽃의 빛깔도 모양도 가지가지다. 이른 봄의 새싹도, 한여름의 꽃도, 가을의 뿌리도 음식이 되고 약이 되니 한 포기 심어둘 일이다. 여러해살이인데 뿌리가 잘 뻗으므로 봄에 포기를 나누어도 된다.

◆ 원추리샐러드 ◆

활짝 핀 원추리 꽃봉오리를 딴다. 꽃받침은 물론 꽃 한가운데 퍼져 있는 암술, 수술은 떼어낸다. 꽃잎을 입에 대보면 하늘거리는 결이 부드럽지만 은은하게 단맛이 돈다. 샐러드 재료는 이즈음 텃밭에서 나는 채소, 그 어느 거라도 괜찮다. 양배추와 적양배추는 가늘게 채 치듯이 썰어서 체에 담아 흐르는 물에 씻는다. 적양파도 얇고 가늘게 썬다. 깻잎이나 상추, 치커리, 쑥갓은 다듬어 씻어서 손으로 먹기 좋은 크기로 뜯어놓는다. 방울토마토 몇 알은 반으로 잘라 넣고, 작은 것들은 통째로 넣는다. 토마토는 적당한 크기로 잘라 넣는다. 접시에 채소와 과일을 담고 향이 진하지 않은 간장소스 혹은 콩마요네즈를 끼얹는다. 한쪽에 원추리꽃을 올려 같이 버무려 먹는다.

텃밭요리사의 팁!
1. 원추리 꽃술은 알레르기를 일으킬 수 있다.
2. 콩마요네즈는 324쪽 '입맛에 맞는 드레싱 만들기' 참조.

텃밭을 밥상에 올리다

7월 텃밭

한낮엔 텃밭에 나서기가 무섭도록 더울 터, 새벽에 일어나 아침밥을 먹기 전까지 움직이고 오후 서너 시 지나 해가 한풀 꺾이고서야 일손이 잡히는 때다. 씨앗을 심거나 모종을 옮길 일도 거의 끝나가고 봄걷이도 거의 마쳤으니 호미 씻어 걸어두고 숨을 고른다. 가을농사가 시작될 때까지는 숨 가쁘게 서두를 일이 없다. 지난달 심은 콩이 어느 정도 자리 잡았으면 풀 매주고, 북을 주고, 순을 질러주는 일이 큰일이라면 큰일이다. 텃밭에 아침저녁 문안드리면서 토마토, 가지의 곁순이나 따고 오이, 호박, 단호박 넝쿨이나 슬슬 거둬준다. 고추 그루의 기세가 뻗쳐 버팀줄이 시원찮으면 줄을 한 번 더 띄워주기도 하면서 하루가 다르게 익어가는 열매를 따 먹으면 된다.

그러나 풀을 제대로 다스리지 못한 사람은 할 일이 적지 않다. 날도 덥고, 비도 많으니 풀들이 무섭게 뻗어나가 텃밭이 눈 깜짝할 새 밀림같이 되어버릴 수 있다. 마냥 억세어진 이즈음 풀들은 봄의 들풀과 달리 밥상에 올리기도 어렵다. 호미로 캘 수도 없고 낫으로나 베어야 한다. 머잖아 가을작물들의 씨앗을 뿌릴 자리를 마련해야 할 터이니 7월말에 나무둥치만 한 풀들을 베어내고 밭을 고르느라 숨을 허덕여야 할지도 모른다. 여름휴가라도 갔다 오느라 며칠 못 보는 사이, 이 밭이 그 밭이었나 싶을 정도로 울창해진 밭 앞에서 텃밭을 포기하는 일도 심심찮게 일어나더라.

채소모둠바구니

만개한 쑥갓꽃

7월의 토마토

빨갛게 영글어가는 고추

찬란한 색색의 꽃 뻗음콩

7월 텃밭에서 하는 일

절기	씨앗받기	키우기	거두기
소서 (7.7)	쑥갓, 아욱	콩 북주기, 순 지르기, 들깨 풀매고 북주기	토마토, 방울토마토, 가지, 오이, 애호박, 깻잎, 단호박, 박하, 바질
대서 (7.23)	당근, 대파, 바질, 딜	장마 이후 풀베기, 열매채소들 웃거름 주기	옥수수, 고추

8월

무더위가 절정인가 하면 슬며시 가을의 숨결이 묻어난다. 불볕더위는 가을 기운을 막아보려 안간힘을 쓰는 장렬한 몸부림 같다. 달력을 보면 8월 들머리에 입추(立秋), 그 앞이나 뒤에 말복(末伏)이 끼어 있는데 그 자리 배치에서부터 그런 자연의 기운이 엿보인다.

햇볕은 쨍쨍하니 마른 빛이 역력하다. 문득 아침이 늦게 밝아지고 저녁 어스름도 일찍 찾아드니 해가 부쩍 짧아졌구나 알아차리게 된다. 아침저녁으로 선선한 기운이 끼쳐오고 먼발치 산색에서 누런빛이 비친다. 풀들의 기세도 한풀 꺾이고 있구나 싶다. '처서(處暑) 지나면 풀들도 울고 돌아간다'지.

밤에 자리에 누우면 풀벌레 합창이 가늘게 들려오기 시작하더니 하루가 다르게 우렁차진다. 가늘고, 굵고, 크고, 작게 들려오는 음색이 저마다 다르니 그 소리마다의 주인공이 궁금하다. 저마다 "나 여기 있소" 외치는 듯한 소리들의 어울림은 사람이 흉내 낼 수도 없고, 반복할 수도 없는 자연의 오케스트라. 처서 지나면 모기 입도 삐뚤어진다니 모기장 걷을 채비를 한다. 텃밭에 나서면 어디서 나타났는지 잠자리가 떼 지어 윙윙거린다.

텃밭작물도, 들꽃들도 꽃을 피우며 씨를 맺기 시작한다. 잎에 가려 보일 듯 말 듯 피는 노란 팥꽃, 연보랏빛 콩꽃, 하얀 취나물꽃, 왕고들빼기 아스름한 노란 꽃, 까만 꽃 같은 열매를 다는 까마중. 들국화는 무리지어 연보랏빛 꽃을 피워낸다. 봄에 일찍 심은 꽃들도 하나둘 씨알을 맺는다. 제 생명의 길을 따라 걷는 식물들, 어김없이 꽃을 피우고 어김없이 씨알을 맺는다. 텃밭정원에도 나날이 가을색이 짙어진다.

8월 '텃밭 밥상' 한눈에 보기

절기	들풀	텃밭 작물
입추 (8.7)	비름나물	고추, 방울토마토, 파프리카, 옥수수, 호박, 오이, 가지, 단호박, 콩잎, 바질, 민트, 부추, 박하, 한련화
처서 (8.23)	비름나물	고구마줄기, 옥수수, 노각, 콩잎, 호박잎, 맨드라미

8월 밥상

푸른 오이 뒤로 누렇게 익어가는 노각을 무치면 '아, 여름밥상이구나' 알겠다. 호박은 찬바람이 불기 시작하는 이 무렵부터 본색을 드러낸다. '어디서 굴러나온 거야' 싶은 호박덩어리가 눈에 띄곤 한다. 고추 그루는 언제 저렇게 탐스럽고 빨간 고추를 키워왔는지 눈이 번쩍 뜨인다. 완두콩, 강낭콩, 통밀을 두어 먹던 밥도 이제 달라진다. 단호박 썰어서 밥 해 먹고, 옥수수알도 발라서 밥에 둬 먹으니 밥맛이 새롭다. 봄에는 들풀비빔밥, 겨울엔 묵나물비빔밥, 여름엔? 채소비빔밥이 제격이다. 어릴 적에 우리 어머니는 끼니때마다 오이무침, 호박나물, 가지볶음, 감자조림, 부추겉절이 그리고 비름나물 등을 올려주셨다. 갖가지 나물을 한 젓가락씩 집어넣고 고추장, 들기름 듬뿍 넣고 비벼 먹던 그 비빔밥 말이다.

이즈음 가을농사를 준비하느라 덩굴을 거두다 보면 어린 것, 덜 익은 것, 못난 것이 같이 나오게 마련. 초록토마토, 구부러진 오이, 손가락만 한 가지 따위를 거둬서 모듬피클을 만들어둔다. 뿌리를 내릴세라 옆 이랑으로 퍼질세라 걷어주는 고구마줄기 볶아 먹고, 김치도 해 먹고. 토마토, 방울토마토, 참외, 옥수수 따 먹으니 군것질거리도 아쉽지 않다. 박하, 민트, 레몬밤 등 허브는 한 그루만 심어도 무성하니 손님이 오면 몇 잎 띄워 권해본다. 벌레들이 가까이하지 않는 한련화꽃, 식감도 빛깔도 좋으니 샐러드도 하고 밥상에 따놓기만 해도 밥상이 환해져 밥맛을 돋운다. 그 꽃 덕분에 8월에 태어난 우리 둘째 아이의 생일 밥상, 걱정 없다.

텃밭 고구마 알도 키우고, 제철 반찬으로도 안성맞춤!

고구마줄기

한 줄기 심은 고구마는 흙이 안 보일 정도로 왕성하게 뻗어나간다. 밑이 들세라 퍼져나가는 이 잎줄기를 한두 번 걷어줘야 고구마 알이 굵다. 줄기가 땅에 닿기만 해도 그 자리에서 잔뿌리를 내리니 자칫하면 고구마 알을 키울 영양이 모자랄 수 있다. 옆 이랑으로 뻗어나가 다른 작물들에게 피해를 주지 않기 위해서라도 따주게 된다.

그렇다고 잎줄기를 모조리 훑어내리듯이 따면 광합성을 하기 어려워질 터. 자칫 고구마 밑이 들지 않을 수도 있으니 조심스러워진다. 잎줄기 하나 걸러 하나씩만 따낸다. 아무튼 이 잎줄기는 아작아작 씹히는 감도 좋고, 양념과 어울려 감칠맛 나는 반찬거리. 나물로 볶아 먹어도 좋고, 김칫거리가 마땅찮은 이 계절에 제철김치로도 그만이다.

고구마줄기는 껍질을 벗겨서 음식을 만든다. 잎자루를 반쯤 꺾어서 잎 쪽으로 잡아당기면서 잎을 따내고 그 자리에서 다시 반대쪽으로 잡아당기면 껍질을 말끔하게 까낼 수 있다. 어렵지는 않지만 아무래도 손이 많이 가는, 느린 음식이다.

◆ 고구마줄기볶음 ◆

껍질을 벗긴 고구마줄기를 펄펄 끓는 물에 넣는다. 물크러지지 않고 부드럽게 씹힐 정도로 삶은 뒤 체에 받쳐 물기를 뺀다. 그사이 간장에 다진 마늘, 송송 썬 파, 고춧가루를 섞어둔다. 손가락 길이로 잘라 만들어둔 양념간장에 들기름을 넣어 조물조물 무친다. 기름 두르고 달군 팬에 다시마물 한두 숟가락씩 넣어가면서 타지 않게 볶는다. 불을 끄고 발효액과 들깻가루를 넣어 뒤적여 접시에 담는다.

◆ 고구마줄기김치 ◆

껍질을 벗긴 고구마줄기를 소금물에 30분 정도 절였다가 물을 빼둔다. 부추와 쪽파를 다듬어 씻어놓는다. 믹서에 붉은 고추와 마늘, 생강, 액젓을 넣고 간다. 그릇에 고춧가루와 들풀발효액, 어슷 썬 파, 갈아놓은 양념을 넣고 고루 섞어서 양념장을 만든다. 손가락 길이로 자른 고구마줄기와 쪽파, 부추를 넣고 양념장으로 버무린다. 통에 담고 국물을 붓는다. 담그자마자 먹어도 되고, 익혀서 먹어도 된다.

텃밭요리사의 팁!
1. 고구마줄기는 수분이 적기 때문에 국물을 잘박하게 붓는다.

고구마줄기볶음

고구마줄기김치

한 포기만 심어도 밥상이 푸짐해지는 마법의 채소

호박

호박은 넝쿨이 어마어마하게 뻗어나가니 밭 가장자리나 밭둑에 멀찌감치 심는다. 지지대를 타고 올라가도록 넝쿨을 정리해주었더니 잡초들을 휘어잡듯이 치고 올라가서는 열매를 매달더라. 애호박, 풋호박, 주키니호박, 맷돌호박, 단호박. 종류도 가지가지. 가을에 서리 내릴 때까지 줄기차게 열매를 매단다.

초여름에는 찾아도 눈에 잘 안 띄다가 바람 선선해지면 숨어 있었던 듯이 얼굴을 내민다. 껍질도 야들야들한 주먹만 한 애호박, '조금 더 두었다 먹어야지' 하다가는 이내 호박의 늙은 모습을 보기 일쑤. 조금 작더라도 눈에 띨 때 따 먹는 게 남는 농사다. 호박은 열매만이 아니라 꽃도, 잎도 먹을 수 있어 한 포기만 심어도 밥상이 푸짐해진다. 꽃은 뜨거운 김에 쐬어서 소스를 발라 먹기도 하고, 튀김옷을 묻혀서 기름에 튀겨 먹어도 된다. 중국에서는 유작금어(油炸金魚)라 부른다는데 이름 따라 황금빛 물고기 같으리라. 넝쿨 끄트머리에 아기 손처럼 달린 순을 한 움큼 따서 된장찌개 끓이고, 손바닥만 한 호박잎은 강된장에 쌈 싸 먹는다. 애호박은 쪄 먹기도 하고, 달걀물에 적셔 전을 부친다. 새우젓을 풀고 바특하게 끓이다가 청양고추 송송 썰어 넣는 호박젓국은 우리 집 밥상에 단골로 오른다. 그러다가 늦된 호박들이 한꺼번에 몇 개씩 달려 다 못 먹고 남아도는 때가 온다. 나는 이때를 손꼽아 기다리는데, 호박만두에 대한 그리움에서다. 김치 대신 호박을 소로 쓰는 만두인데 달착지근한 그 맛은 나 어릴 적 고향의 맛이다. 강원도 철원에서 자란 우리 어머니가 즐겨 빚어주신 걸 보면 경기북부와 강원도의 제철음식이었던 듯하다. 먹다가 남는 것들은 나박나박 썰어서 말려둔다. 겨울철 밥상에 빼놓을 수 없는 묵나물이 호박오가리 아닌가!

❖ 호박전 ❖

호박은 너무 얇지도, 두껍지도 않게 도톰하게 썬다. 고운 소금을 솔솔 뿌려 밑간을 하고 살짝 즙이 배어나와 촉촉한 물기가 돌도록 절인다. 달걀을 풀어둔다. 절인 호박에 통밀가루를 묻혀 달걀물을 입힌다. 기름을 두르고 달군 팬에 올려 앞뒤 뒤집어가며 노릇하게 지져낸다.

> **텃밭요리사의 팁!**
> 1. 약한 불에서 구워야 타지 않고 속까지 잘 무른다. 설컹한 호박전은 설익은 맛이 난다.

❖ 호박볶음 ❖

둥근 팬에 기름을 두르고 달군 다음 약불로 줄여 반달 모양으로 썬 호박을 볶는다. 새우젓국, 다진 마늘, 어슷 썬 파를 넣고 한소끔 더 볶는다. 텃밭에 나가 빨간 고추 하나 따다가 어슷하게 썰어 넣고 접시에 담으면 호박접시에 불을 켠 듯 환해진다.

호박전

호박볶음

늙는다는 건 말라비틀어지는 것이 아니라 속이 깊어진다는 뜻!
◆ ◆ ◆
오이노각

오이 한두 그루를 심으면 여름 내내 푸르른 오이를 따 먹는다. 그러다가 여름이 한풀 꺾이고 아침저녁 선선한 바람결이 느껴질 즈음이면 누렇거나 갈색으로 변한 늙은오이 몇 개쯤 따게 마련. 껍질을 벗기면 속은 뽀얗고 살이 탱탱하다. 여름반찬으로 노각만 한 것도 없다. 노각이 아삭하니 씹히는 맛은 풋오이와는 사뭇 다르다. 늙은오이가 별맛 있으려고 하다가 '아니, 이런! 맛이 있구나' 싶었다. 이 맛에 반해 나는 노각을 먹으려고 풋오이를 따지 않고 늙도록 놔두기도 한다. 나 같은 사람이 하나둘이 아닌가 보다. 약삭빠른 종묘회사들은 노각용 오이 씨앗을 개발해서 내놓았다. 마트에도 노각이 쌓여 있다. 그러나 장삿속 노각은 텃밭 노각의 맛을 따라올 수 없다. 나이 들어가면서야 알겠더라. 늙는다는 것이 그저 말라비틀어진다거나 쓸데기없이 뻣뻣해지는 게 아니라 그 나름의 질감으로 빛날 수 있다는 것. 식물만이 아니라 사람도.

이 노각에서 오이의 씨를 받는다. 노각을 다 따 먹지 말고 하나쯤 늦도록 놔둔다. 농부는 굶어 죽을지언정 씨앗은 먹지 않는다고 하지 않는가!

✦ 오이노각무침 ✦

 칼로 노각의 단단한 껍질을 벗긴다. 반으로 갈라 속을 훑어낸다. 길쭉하게 도톰한 채를 썰어 굵은소금을 훌훌 뿌려둔다. 즙이 나와 흥건히 고이면 짜낸다. 베보자기에 싸서 있는 힘을 다해서 짜낸다. 그래도 먹다 보면 국물이 많아진다.

 절이는 사이 양념장을 만들어둔다. 고춧가루만으로는 감싸주는 찰기가 떨어지고 고추장만으로는 깔끔하게 감싸이지 않고 텁텁하다. 고추장과 고춧가루를 반반씩 섞어서 버무려야 풋내도 없고 텁텁하지도 않은 '그래. 이 맛이야' 싶은 맛이 난다. 파, 마늘, 식초, 참기름 한 방울이 빠져도 그 맛은 나지 않는다.

텃밭요리사의 팁!
1. 소금에 절인 노각 채는 물기가 없을 만큼 꼭 짜야 아삭아삭한 식감을 온전히 살릴 수 있다.
2. 노각 자체의 색과 식감을 고스란히 느끼고 싶으면 식초와 발효액만으로 달콤새콤하게 무쳐도 된다.
3. 노각무침은 바로 무쳤을 때보다 한 끼쯤 두었다 먹는 게 맛있게 느껴진다. 양념 맛이 충분히 어우러지는 데 그만큼의 시간이 필요해서 그러려니 싶다. 비빔국수에도, 비빔냉면에도 잘 어울린다.

텃밭꾼만이 꿈꿀 수 있는 이색적인 맛

초록토마토

8월 들어 김장거리를 심을 때가 되면 빈자리가 아쉬워진다. 봄에 심어 웬만큼 거둬 먹은 것들, 놔두어도 그리 재미 볼 것 같지 않은 여름 열매작물들이 만만하다. 여름내 따 먹을 만큼 따 먹은 토마토 그루는 영락없이 뽑히게 되어 있다. 아직 채 익지 않거나 알이 굵지 않은 초록토마토들이 적지 않아 망설여진다? 나는 '프라이드 그린토마토'라는 멋진 영화를 보고 그 미련을 떨칠 수 있었다. 덜 익은 초록토마토를 밥상에 올릴 수 있다는 정보를 얻고 나서다. 영화 제목으로 등장한 이 음식은 미국 남부지방의 전통음식. 그 동네에서는 옥수수가루를 묻혀서 튀기듯이 지져내는데 그게 없으면 손쉽게 구할 수 있는 밀가루를 쓰면 뭐 어쩌겠는가!

텃밭을 하지 않는 이들은 초록토마토를 구하기 마땅치 않을 터. 누구는 이 마트 저 마트 돌아다니며 구석구석 뒤진 끝에 상자 밑에서 익지 않은 토마토 몇 개를 찾을 수 있었다고 한다. 덜 익은 토마토는 육질도 톡톡해서 피클을 담가도 좋다. 오이, 풋고추 따위 채소와 곁들여 담가도 좋고, 초록토마토 한 가지로 담가도 좋다.

◆ 초록토마토튀김 ◆

토마토를 썻어서 꼭지를 따고 두껍지도 얇지도 않게 도톰한 두께로 썰어둔다. 소금으로 설핏 밑간을 해놓는다. 달걀을 고루 풀어놓는다. 팬에 기름을 넉넉히 두르고 달궈놓는다. 밀가루를 넣은 그릇에 토마토를 굴려서 빠진 구석 없이 밀가루를 묻힌다. 달걀물을 묻히고 빵가루를 입혀서 달군 팬에 넣는다. 튀기듯이 부쳐 접시에 올린다. 그냥 먹기도 하지만 케첩이나 토마토소스도 찍어 먹을 만하다.

◆ 초록토마토피클 ◆

방울토마토는 반쯤 가르고, 큰 토마토는 깍둑 썬다. 토마토가 자작하게 잠길 만큼의 물에 소금, 설탕, 식초를 넣고 팔팔 끓인다. 소독한 통이나 병에 넣어 냉장고에 보관한다. 하루, 이틀 뒤면 맛이 고루 배어 바로 먹을 수 있다.

> **텃밭요리사의 팁!**
> 1. 토마토는 육질이 연해 오래 두면 흐물거린다. 때문에 몇 번 먹을 양만 담그는 게 좋다. 오이나 무, 양배추, 당근 따위와 섞어서 담그기도 된다.
> 2. 피클에 대한 자세한 내용은 329쪽 '새콤달콤 장아찌와 피클 만들기' 참조.

초록토마토튀김

초록토마토피클

따자마자 바로 요리해 먹어야 제맛을 느낄 수 있는 여름채소

옥수수

옥수수는 따서 바로 먹어야 제맛을 볼 수 있다. 따놓고 나면 시간이 지날수록 단맛이 사라지고 딱딱해진다. 포도당이 전분으로 바뀌기 때문이다. 삶을 물을 먼저 불에 올려놓고 따러 가야 한다는 말이 나올 만하다. 이러하니 옥수수 맛의 정수를 느껴보려면 텃밭에서 옥수수를 키울 수밖에! 바로 쪄 먹지 못할 형편이면 쪄서 냉동했다가 다시 쪄 먹어야 그나마 맛을 유지할 수 있다. 옥수수는 까딱하다가는 따는 시기를 놓치기 쉽다. 수염이 갈색으로 변하고 그 끝이 말라서 말려들어갔다 싶을 때 딴다. 수염이 꺼멓게 될 정도면 이미 딱딱해지고 있는 거다. 딱딱해진 것은 말려두었다가 밥이나 차로 사용한다.

옥수수 한 그루에 보통 두 자루가 열리는데 밑에 달리는 자루는 변변치 않을 때가 많다. 그냥 놔두면 저절로 옹골차게 여문다. 자루째 말려두거나, 말린 뒤에 옥수수알갱이를 따둔다. 물에 불려서 밥 지을 때 한 움큼씩 두어 먹으면 톡톡 터지며 쫀득쫀득하다. 겨울에 강냉이로 튀겨 먹으면 마냥 집어 먹게 되는 주전부리. 둥근 팬에 들들 볶아서 수제 옥수수차로도 즐긴다.

옥수수는 약성도 뚜렷하다. 특히 '옥미축'이라 부르는 속대는 이와 잇몸이 아플 때 쓰는 약재. 할머니들은 이가 아프다고 할 때 말려두었던 옥수수 속대를 물에 달여 먹이시곤 했다. 입속을 헹구거나 입 안에 머금고 있다가 뱉어주면 참을 만해진다. 실제 시중 약국에서 파는 잇몸약은 옥수수 속대에 담긴 성분을 추출해서 만들었다고 한다. 옥수수수염도 그에 버금가는 약성을 지녔다. 그늘에 말려 꾸준히 차로 달여 마신다. 시중에 나오는 옥수수수염차는 어떨까? 옥수수수염 맛과 단맛을 내는 화학첨가물투성이다.

포크를 속대 쪽으로 밀어넣어 떠내듯이 하면 옥수수를 잘 따낼 수 있다.

◆ 옥수수밥 ◆

바싹 마른 옥수수알이라면 전날 밤쯤에 물에 담가 불린다. 밥솥에 불린 쌀과 옥수수를 같이 섞어 여느 때와 다름없이 그 부피의 1.2배 정도의 밥물을 붓는다. 밥이 끓어오르면 중불로 줄였다가 불을 약하게 해서 뜸을 들인다. 옥수수가 골고루 담기게 밥을 퍼서 밥상에 올린다.

텃밭요리사의 팁!
1. 쪄서 냉동실에 얼려두었던 옥수수알은 불리지 않고 바로 쌀 위에 얹는다.

◆ 옥수수샐러드 ◆

옥수수를 찜기에 찌고 식으면 알갱이를 낱낱이 따낸다. 오이, 당근, 양파를 옥수수 크기만 하게 썬다. 오이는 소금에 살짝 절이고, 당근은 끓는 물에 살짝 데쳐 물기를 빼둔다. 콩마요네즈에 매실발효액, 소금, 후추를 넣어 버무려둔다. 오목한 그릇에 옥수수알, 오이, 당근, 양파를 넣고 만들어둔 소스를 넣어 버무려 먹는다.

옥수수밥

옥수수샐러드

콩순을 질러주다가 얻게 되는 특별한 밑반찬

콩잎

콩을 많이 따려면 줄기가 웃자라지 않고 곁가지를 많이 뻗어야 한다. 그 곁가지 겨드랑이에 꽃이 피고 꼬투리가 달리기 때문이다. 그러기 위해서 생장점이 있는 순을 잘라준다. 콩잎이 대여섯 장은 되어야 하고, 콩꽃이 피기 열흘 전에는 마쳐야 한다. 콩을 일찍 심었거나 거름기가 많아 웃자랐다면 순을 두 번 질러주기도 한다. 이때 적잖게 거두게 되는 어린 콩잎은 여리고 부드럽다. 깻잎처럼 쌈을 싸 먹어볼까 싶어질 정도로. 가을에 콩 수확하기 전에 누렇게 단풍 진 콩잎의 뻣뻣함과는 결이 다르다. 콩잎에는 비타민이 듬뿍 들어 있고 여성 호르몬의 역할을 해주는 성분이 들어 있어 골다공증, 유방암 등 여성의 건강을 지켜가는 데도 좋다고 한다. 무더위가 절정인 시기에 콩밭을 매고 콩순을 지르면서 따낸 이 콩잎을 버리기가 아쉬워 밥상에 올리곤 한다. 콩잎을 살짝 쪄서 맛깔 난 쌈장에 찍어 먹기도 하고, 구운 고기를 콩잎에 싸서 먹기도 하고, 풀국을 쑤어 물김치를 만들기도 한다. 된장을 떠서 콩잎을 박아놓았다 먹기도 한다. 동부콩잎처럼 떡이나 빵, 국수에 갈아 넣기도 한다.

◆ 콩잎물김치 ◆

억세지 않고 연한 콩잎을 따서 물에 씻어 체에 받쳐둔다. 물기가 빠진 뒤 차곡차곡 개어놓는다. 밑이 두꺼운 냄비에 물을 넣고 통밀가루를 풀어 은근한 불에 올려 묽은 풀을 쑨다. 눋지 않게 저어가며 풀을 쑨 다음 식힌다. 식힌 풀국에 다진 마늘과 생강, 어슷어슷 썬 파, 매실발효액 약간과 소금을 넣어 양념장을 만든다. 통에 콩잎을 담고 양념장을 붓는다. 얇게 어슷 썬 붉은 고추와 송송 썬 청양고추 몇 점을 얹는다. 하루, 이틀 곁이 삭은 뒤 냉장고에 넣어 차게 해서 먹는다.

텃밭요리사의 팁!
1. 시어머니 말씀에 따르면 당신 고향인 경상도 토속음식인 콩잎김치는 단풍 콩잎을 삭혀서 젓갈과 고춧가루를 듬뿍 넣어 만든다. 워낙 날이 더운 철이므로 금방 시큼해지고 자칫 무르기도 하므로 짜게 담그고 국물을 거의 잡지 않았는가 보다.

연한 육질, 아삭한 식감 때문에 붉어질 때까지 남아 있기 어려운 '텃밭 스타'!

고추

고추가 붉어지기 전의 풋고추는 육질이 연하고 아삭해서 날로 먹기 좋다. 한 그루에 수십 개의 고추가 달리니 오랫동안 제법 따 먹을 수 있다. 고추가 붉어지려면 꽃 피고 100일이 걸린다. 그사이 푸른 풋고추를 다 따 먹으면 붉은 고추는 보기도 어렵다. 그래서 붉은 고추 모종은 어디서 구하냐고 진지하게 묻는 도시농부의 물음에 웃음 짓게 된다. 끼니때를 앞두고 반찬거리가 마땅치 않을 때 텃밭을 둘러본다. 풋고추 몇 개쯤은 늘 달려 있으니까. 한낮에는 맨밥에 물 말아 그저 된장에 찍어 먹고, 어떤 때는 뚝뚝 썰어서 된장에 무쳐 먹는다.

빨갛게 익어가는 고추를 보노라면 그 빛깔이 눈부셔서 음식마다 곁들이고 싶어진다. 송송 썰어 몇 조각만 얹으면 어떤 음식도 돌연 생기를 띠는 것 같다. 호박젓국, 된장찌개, 두부찌개를 끓일 때 고명으로 얹을 빨간 고추가 없으면 허전해서 기어이 텃밭으로 달려가는 일도 생긴다. 열무김치 할 때 찧어 넣으면 고춧가루만 넣을 때와는 달리 칼큼하고 시원하다. 말려두었다가 장을 담글 때 위에 띄우기도 하고, 가늘게 채를 쳐서 음식에 곁들이기도 하고. 고춧가루도 빻아둔다. 병도 잦고 벌레도 꼬이는데 날씨가 받쳐주지 않아 해마다 애를 끓게 되지만 고추를 심지 않을 수 없다.

❖ 풋고추무침 ❖

풋고추는 꼭지를 따고 씨를 털어낸다. 물에 씻어 물기를 빼고 어슷어슷하게 썬다. 맛된장에 들풀발효액, 들기름을 넣어 버무린다. 접시에 담은 뒤 깨소금을 솔솔 뿌려 밥상에 올린다.

> **텃밭요리사의 팁!**
> 1. 맛된장 만드는 방법은 327쪽 '풍미를 살려주는 맛장 만들기' 참조.

❖ 고추소박이 ❖

풋고추를 따서 반으로 갈라 씨를 말끔하게 훑어낸다. 물 한 컵에 소금 한 숟가락 정도의 비율로 소금물을 만들어 고추를 담그고 한 시간 정도 절인다. 그사이에 소를 만든다. 부추와 양파를 다듬어 자잘하게 썰고 다진 마늘과 생강, 고춧가루, 새우젓, 매실발효액을 넣고 버무려놓는다. 사과나 무채를 썰어 넣어도 좋다. 고추에 간이 들었으면 물에 씻고 체 받쳐 물기를 뺀다. 고추에 소를 집어넣는다.

> **텃밭요리사의 팁!**
> 1. 맵싸한 맛을 즐기려면 청양고추를 따서 소박이를 만든다.
> 2. 고추소박이는 익히지 않고 바로 먹어도 좋고 어느 정도 양념 맛이 들고 결이 삭았을 때 먹어도 좋다.

풋고추무침

고추소박이

과일 '대역'은 물론, 다른 요리에도 '훌륭한 조연'이 되다!

방울토마토

줄기에 포도송이처럼 송알송알 맺힌 방울토마토는 꽃송이를 닮았다.

모종을 심고 나서 어른 키만 한 버팀대를 세워주고 줄을 띄워 잎줄기가 처지지 않도록 받쳐주고, 자고 나면 돋아나는 곁순을 따주고, 원줄기 하나만 키운다. 그래야 송아리도 튼실하고 알맹이도 굵게 기를 수 있다.

토마토와 마찬가지로 날로 먹기보다 익혀서 먹는 것이 좋다. 살짝 데쳐서 껍질을 벗긴 토마토의 식감은 아기 볼처럼 보드랍고 연해 껍질이 제법 질기고 두터웠구나 느껴지곤 한다. 토마토는 올리브기름과 궁합이 잘 맞는다. 맛을 서로 끌어올려줄 뿐 아니라 토마토가 지닌 영양소의 흡수를 도와준다. 설탕보다는 소금을 찍어 먹는 것도 토마토가 지닌 영양분을 온전히 받아내기 위해서다.

방울토마토는 한입에 쏙 들어가니 과일처럼 먹거나 샐러드에 곁들여 먹으면 된다. 그러나 맛이 밍밍하다 싶을 때 마리네이드를 해 먹으면 훨씬 산뜻하게 입맛을 돋우더라.

마리네이드는 토마토를 양념에 재우는 것. 고기나 생선을 요리할 때 양념 맛이 배어들고 부드러워지도록 하듯이 토마토에도 맛을 들이는 격이라고나 할까? 우리 집에서는 딸아이의 레시피로 해 먹곤 하는 음식이다.

방울토마토마리네이드

방울토마토는 꼭지를 뗀다. 꼭지 반대편 정수리에 십자 모양 칼집을 내어 끓는 물에 살짝 넣었다 빼고, 껍질을 벗긴다. 바질 줄기에서 잎을 따내고 양파를 다듬어 다지듯이 썰어둔다. 그릇에 다진 바질과 양파를 담고 설탕, 식초, 올리브유, 소금을 잘 섞어 소스를 만든다. 방울토마토에 소스를 넣고 뒤적여가며 골고루 묻혀준다. 설탕 대신 매실 발효액을 넣으면 달콤새콤한 맛이 진해진다. 반나절쯤 절여두었다 재료 맛이 충분히 섞였을 때 먹는다.

텃밭요리사의 팁!
1. 재료에서 물이 나와 흥건해지더라도 걱정할 필요가 없다. 건더기를 건져 먹고, 남은 국물은 샐러드소스로 써도 손색없으니까.
2. 다 만들고 나서 냉장고에 넣어 차끈해진 뒤 먹으면 더 맛나다.

빛깔로 밥상을 환하게 밝히고, 상큼한 식감으로 입맛을 돋우다

한련화

연잎을 닮았으나 땅에 피어난다 하여 한련화. 잎은 방패, 꽃은 나팔과 트럼펫을 닮았다. 여름 들어가면서 피기 시작하는 한련화의 노랑, 주황, 빨강 꽃은 눈부시게 화사하다. 한 송이 뚝 따다가 접시에 곁들여놓으면 눈길을 끈다. 그 빛깔로 밥상이 환하게 살아나기도 하지만 야들야들한 식감의 꽃은 새큼한 듯 매큼하다. 동글동글하고 우산살 같은 무늬가 선명한 잎은 연잎을 닮았고 토란잎처럼 물방울을 굴러내리게 한다. 살짝 데쳐서 무쳐 먹기도 하고, 쌈으로도 먹는다. 잘게 썰어서 스프나 죽에 뿌려 먹기도 한다. 꽃과 잎은 샐러드, 샌드위치에는 물론 비빔밥에도 얹어 먹는다. 화전을 부치기도 한다. 씨알까지 먹을 수 있다. 한련화 씨는 괴혈병을 다스리는 데 효과가 좋아 16~17세기 유럽에서는 귀한 꽃으로 대접받았다고 한다. 오죽하면 푸릇한 꼬투리에 감싸여 아직 덜 여문 푸른 씨앗을 채취해 식초에 절여 피클로 먹었을까?

한련화는 양배추나 무, 배추처럼 진딧물이나 애벌레가 꼬여드는 채소 옆에 심어두면 방충제 구실을 하기도 한다. 보기에도 좋고 먹기에도 좋은데 벌레까지 막아주니 씨앗을 구해 텃밭 여기저기 심어두게 된다. 대개 홑꽃이지만 겹꽃도 나와 있고, 빛깔도 다양하게 변주되어 팔리고 있다. 봄에 심어놓으면 여름에 꽃을 피우고 꼬투리를 단다. 어쩌다 늦게 핀 꽃은 초가을 무서리 내릴 때를 지나 된서리 내리는 늦은 가을까지 핀다. 껍질에 감싸인 씨앗은 제법 커서 콩알만 한데 이 씨앗을 받아 이듬해 또 심을 수 있다. 밭을 갈지 않는다면 저절로 떨어진 씨앗이 이듬해 봄에 싹을 틔우기도 한다. 그러나 씨앗을 심으면 싹을 틔우는 꽃이 절반 남짓밖에 안 될 수 있으므로 씨앗을 넉넉히 뿌려둔다.

◆ 한련화샐러드 ◆

한련화 꽃을 따서 물에 흔들어 씻는다. 꽃받침과 꽃술을 딴다. 암술, 수술 꽃술을 떼어내고 꽃가루도 털어낸다. 꽃잎은 통째로 넣기도 하고, 낱낱이 떼어서 넣기도 한다. 잎은 씻어서 먹기 좋은 크기로 잘라놓는다. 오이, 방울토마토, 토마토, 부추, 적양파, 피망, 파프리카 등 텃밭에서 같이 자라던 채소를 채취해 다듬어 씻어놓는다. 오이는 나박나박 썰고, 방울토마토는 반으로 쪼개고, 적양파는 얇게 저며놓는다. 피망과 파프리카는 깍둑썰기를 하듯이 자른다.

종지에 된장을 넣고 오미자발효액, 들기름을 넣어 소스를 만든다. 접시에 준비해둔 재료를 접시 위에 종류별로 모아서 색스럽게 담아 소스를 뿌린다.

> **텃밭요리사의 팁!**
> 1. 꽃가루는 알레르기를 일으킬 수 있기 때문에 반드시 제거해야 한다.
> 2. 소스는 328쪽 '발효액(효소) 제대로 만들고 활용하기' 참조.

8월 텃밭

이랑 지어 퇴비 뿌리기

가을에 심어 이듬해에 거두는 작물들이 생각보다 많다. 이들 가을농사는 애꿎게도 무더위의 절정에서 시작된다. 하루가 다르게 온도가 내려가고 햇살이 짧아지기 때문에 가을작물들은 햇살을 하루 더 받느냐 못 받느냐에 민감하다. 시간을 다퉈가며 할 수밖에 없다. 언제, 무엇을 어디다 심을까 궁리해보면서 땡볕에서 이랑도 고치고, 퇴비도 뿌리느라 구슬땀을 흘리기 일쑤다.

씨앗 뿌리기: 배추, 무, 양파, 당근, 아욱, 근대, 콜라비, 양상추

배추는 8월초에 씨앗을 뿌려 모종을 기르고 보름쯤 지나 잎이 네댓 장 나왔을 때 옮겨 심는다. 그 무렵에 무와 양파의 씨앗도 뿌린다. 배추에 앞서 당근 씨앗을 뿌리고, 그 뒤를 이어 아욱, 근대, 콜라비, 비트, 가을상추, 쑥갓, 양상추 등 잎채소 씨앗도 봄에 이어 다시 뿌린다. 양배추, 적양배추, 브로콜리 모종도 옮겨 심는다.

거두기: 붉은 고추, 오이노각, 단호박, 옥수수, 가지

끝물을 향해 나아가는 열매채소들. 붉은 고추, 오이노각, 단호박, 호박, 옥수수, 가지 등은 익는 대로 따서 밥상에 올린다. 씨앗을 받을 수 있는 열매들은 늙도록 놔두었다가 거둔다.

씨앗 받기: 허브, 바질, 딜

씨앗을 몸속에 품고 있는 열매만이 아니라 허브나 꽃의 씨앗도 챙긴다. 일찍 심은 바질이나 딜도 꽃이 피고 꼬투리를 다니 씨앗 몇 알만 받아두면 해를 이어가며 기를 수 있다.

보기만 해도 넉넉해지는 참깨밭

하루가 다르게 커가는 호박잎

물이 오른 봉숭아 꽃밭

화사한 빛을 뽐내는 채송화

태양을 닮은 8월의 해바라기

8월 텃밭에서 하는 일

절기	거두기	씨뿌리기 등	기타
입추 (8.7)	붉은 고추, 가지, 옥수수, 단호박, 오이, 민트, 바질, 딜	배추, 양배추, 양상추, 당근, 비트, 콜라비, 브로콜리, 상추, 쑥갓, 아욱, 근대	가을작물 밭 만들기, 퇴비 뿌리기, 아욱 씨받기
처서 (8.23)	노각, 파프리카, 호박, 참깨, 꽈리고추	부추, 양파, 파, 가을시금치, 원추리, 패랭이 파종	배추·양상추·양배추 모종 옮겨심기, 쪽파 심기, 고구마 줄기 들춰주기, 씨받기: 오이, 고추, 가지, 토마토, 바질, 딜, 한련화, 접시꽃

9월

그렇지 않은 때가 없긴 하지만 계절의 드나듦이 유달리 몸에 부딪혀 오는 때다. 낮에는 뜨거워 여름이려니 싶다가도 아침저녁으로는 선뜻선뜻하다. 새벽 5시면 동녘 창이 어슴푸레 밝은 게 엊그제 같은데 이젠 그 시간에 눈을 떠도 어둑하다. 텃밭에서 움직이다 보면 날이 금방 저무는 것이 느껴진다.

하늘은 멀리 달아난 듯 높아지고 바람결은 부쩍 건조해진다. 자고 나면 이슬이 흥건하게 맺혀 있다가도 햇살이 퍼지면 언제 그런 적이 있느냐는 듯이 마른다. 햇볕은 뒷밭작물들 밀어두기 좋게 따끈하다. 그러다가 비구름이 몰려오고 장마가 든다. 가을을 시샘하는 여름이 본때를 보여주겠노라 벼르는 듯 장대비가 내리곤 한다. 며칠을 내리 거짓말처럼 비가 내리기도 하더라. 고추를 말리다가 썩혔다고 울상을 짓는 사람들 한둘이 아니다. 오죽하면 '고추장마'라 불릴까. 언제 태풍이 불어올지 모르는 계절이기도 하다. 태풍이 비껴가는 해는 몰라도 자칫 태풍이 들이닥치면 텃밭은 심란해진다. 바람에 쓰러지거나 가지가 꺾이거나 빗물에 쓸려 삽시간에 쑥대밭이 될 수 있다. 태풍이 온다는 소식이 있으면 미리 텃밭을 둘러본다. 버팀대는 쓸 만한지, 물길은 막히지 않았는지 살펴보고 손을 봐주느라 종종걸음을 치곤 한다.

길가에 코스모스꽃이 하나둘 피어나고, 돼지감자꽃이 비탈진 언덕에 피어나고 있다. 언제 저리 자랐나? 장대같이 큰 키에 비하면 자잘하기 짝이 없는 노란 꽃이 우르르 피어난다. 이름 모를 들풀들도 앞다투어 꼬투리를 달아간다. 가을꽃이 흐드러지니 겨울이 다가오고 있는 것이리라. 우렁차던 풀벌레 울음소리도 나날이 잦아든다.

9월 '텃밭 밥상' 한눈에 보기

절기	들풀	텃밭 작물
백로 (9.8)	비름, 쑥, 맨드라미	풋콩, 풋동부, 토란대, 상추, 쑥갓, 깻잎, 들깨송아리, 고추, 파프리카, 호박, 콩잎, 바질, 민트, 부추, 고구마 줄기
추분 (9.23)	비름, 쑥, 머위	땅콩, 아욱, 녹두, 콩, 동부, 토란대, 얼갈이, 속음열무

9월 밥상

새로 심은 작물들이 뿌리를 내리고 자리를 잡아갈 무렵이면 가을 들풀들도 돋는다. 비름나물, 별꽃나물은 줄기차게 새싹을 틔우거나 줄기를 뻗는다. 쑥과 머위는 봄에 뜯어낸 자리에서 먹을 만큼 새잎을 키우고 있다. 베어서 말려두면 쑥차, 머위차를 마실 수 있다. 쑥은 데쳐서 얼려두었다가 쑥떡이나 쑥전을 해 먹으면 향기가 짙다. 봄에 흔적 없이 사라졌던 달래도 다시 돋아나 입맛을 돋운다. 자연이 베풀어주는 이모작들이다.

끼니마다 올라오던 여름반찬들이 뜸해지고 새로운 먹을거리들이 상에 오른다. 풋콩이나 풋동부 몇 알을 까 넣고 지은 밥만으로도 밥상이 새롭다. 어린 아욱이나 얼갈이배추는 물론 열무를 솎아서 쌀뜨물을 넣고 끓이는 따끈한 된장국이 쌀쌀한 기운에 움츠러든 몸을 풀어준다. 가을상추, 쑥갓 몇 포기도 먹고 싶어진다. 차끈한 먹을거리가 그리 끌리지 않을 법한데 봄에 쌈채소 먹고 꽤 오래된 터라 그리웠나 보다. 손바닥만 한 배추잎을 뜯어 전을 부치면 쌀쌀한 저녁이 따뜻해진다. 아직은 어린 무를 뽑아 무청째 물김치를 담그면 김칫거리 마땅찮은 철에 맞다. 노각, 단호박은 아직도 심심찮게 달리고, 찬바람 들어 맛이 깊어진 호박이 넝쿨째 굴러오니 밥상 차림도 여름과 가을을 넘나들게 된다. 그 경계에서 호박만두를 빚게 된다. 잎이 누릿누릿해지고 있는 땅콩 한 그루 잡아채면 대롱대롱 딸려 나오는 땅콩알을 조려 입맛을 돋운다. 고구마 한 포기 캐내 밥에도 두어 먹고, 토란대를 꺾어 들깻가루 듬뿍 내어 지져 먹으며 가을의 스산함을 달랜다.

신비로운 빛깔만큼이나 입안으로 번지는 텃밭의 온화함

고구마

작물이 저마다 지닌 빛깔의 유일무이함이랄까, 어떤 인공의 색채도 가까이 갈 수는 있어도 결코 같아질 수 없는 나름의 그 빛깔은 경이롭다. 작물만이 아니라 자연의 빛깔이 모두 그렇다. 고구마도 그렇다. 따스한 햇살을 가득 품어 안은 듯한 고구마 속살은 그 빛깔만큼이나 입안에 씹히는 느낌이 온화하다. 달콤하고 파실파실한 식감은 잠시나마 피로를 다독여주는 듯하다.

한꺼번에 캐기 앞서라도 포기 밑을 후벼 파 손에 잡히는 한두 덩이를 캐서 밥에 두어 먹을 수 있다. 바로 캔 고구마는 단맛이 덜하지만 은은하다. 밥에 넣어 먹으면 밥맛이 달고 구수해진다. 아흔 넘어 돌아가신 우리 아버지는 고구마밥을 정말 좋아하셨다. 고구마를 담은 자루가 서늘한 방 윗목을 겨우내 차지하고 있었다. 그 푸근하고 달달한 부드러움이 밋밋한 일상을 밀어내거나 얽히고설킨 피곤함을 잠시나마 덜어드리지 않았을까? 고구마맛탕은 내 어릴 적 추억의 음식이고, 고구마라떼는 아직 젊은 우리 아이들 음식. 계절만이 아니라 시대에 따라 음식도 달라진다.

'썩히지 말아야지' 고구마를 캐면서부터 단단히 벼르게 된다. 캘 때 호미에 긁히거나 찍힌 부분이라도 있으면 영락없이 썩어 들어간다. 그렇게 상처가 난 것들은 따로 챙겨두었다가 먼저 먹는다. 자칫 얼리기라도 하면 겉은 멀쩡해 보여도 속부터 꺼멓게 썩어 들어간다. 그리 예민하니 갈무리에 신경이 쓰인다. 날이 갑작스레 추워질 때 고구마를 어디다 두었는지 한번 챙겨보지 않을 수 없다. 항아리나 통 혹은 상자에 왕겨를 넣고 묻어두면 괜찮으려나, 어디에 두어야 하나 궁리를 하게 된다.

❖ 고구마맛탕 ❖

고구마를 씻어서 적당한 크기로 깍둑 썰어 찜기에 넣고 익힌다. 살짝 덜 익은 상태에서 꺼내야 다루기 편하다. 끓는 기름에 찐 고구마를 넣고 적절히 튀겨낸다. 너무 안 익은 고구마를 넣으면 속이 익기 전에 타버리므로 적절히 익히는 것이 중요하다. 체에 받쳐 기름을 쏙 뺀 고구마에 조청을 골고루 묻히고 참깨를 뿌려 접시에 담는다.

❖ 고구마라떼 ❖

크고 작은 고구마 한두 개를 굽거나 삶은 뒤 깍둑 썬다. 탈 듯 말 듯 파실하게 찌니까 구수한 맛이 더하다. 믹서에 고구마 조각을 넣고 우유를 원하는 농도에 맞춰 갈아준다. 꿀, 소금으로 간을 맞춘다. 계피가루를 입맛대로 넣고 잘 저어서 컵에 따른다.

텃밭요리사의 팁!
1. 계피가루가 없으면 안 넣어도 된다. 꿀 대신 설탕을 넣어도 무방하고.

고구마맛탕

고구마라떼

조금씩 밥상으로 올라오는 가을기운

아욱

중국에서 오채(五菜)로 꼽히는 아욱, 파, 달래, 부추, 콩잎. 그 가운데 으뜸으로 치는 것이 아욱. '가을 아욱국은 집 나간 며느리가 돌아와 사립문 닫아걸고 먹는다'고 한다. '아욱국 3년 먹으면 외짝 문으로 못 드나든다'고 한다. 봄에도 심지만 찬바람 맞고 자라는 가을아욱이 더 좋다. 7월에 봄아욱의 씨앗을 받아서 8월에 뿌리면 한 달 남짓 지나 어린 포기들을 솎아 먹기 시작해 서리 내리기 전까지 거둬 먹을 수 있다. 밥에도 두어 먹고, 된장국도 끓여 먹으며 선선한 가을기운에 잘 맞는다. 마른새우랑 어울리는, 구수하고 푸근한 아욱국은 목울대를 뜨끈하게 풀어주면서 술술 넘어간다. 속을 풀어주는 해장국으로도 안성맞춤이다. 예전엔 갓난아기를 낳고 몸을 푼 산모에게 미역국 대신 끓여주었다 하니 미역국에 진력난 산모들이 반겼겠다. 젖이 잘 안 나올 때는 아욱 씨앗을 달여 먹였다고 한다. 보랏빛 아욱꽃과 아욱 씨앗은 말려서 오줌을 잘 나오게 하는 약으로 써왔다.

아욱순을 제때에 따주면 된서리에 아욱이 시들기 전 서너 번 이상 따 먹을 수 있다. 아욱이 한 뼘 이상 자라면 맨 위의 순을 모조리 따준다. 이때 순 이외의 잎들은 먹기 좋아 보여도 그대로 놔두는 게 좋다. 그래야 햇살을 받는 양이 많아져 곁순을 많이 낼 수 있다. 그 뒤로도 잎만 따지 말고, 순과 함께 잘라내는 게 좋다. 순 주변의 색이 옅은 잎이 부드럽다. 퍼런빛이 도는 잎은 아무래도 억세다. 새순 주변의 잎이 어른 손바닥 반쯤 크기가 되면 순과 같이 잘라낸다. 가을아욱은 기온이 낮아질수록 맛이 깊이 들지만 새순은 그만큼 더디 고개를 내민다. 그러나 이런 식으로 순을 따주면 아욱 서너 포기만 가지고도 된서리 올 때까지 네 식구 충분히 물리도록 먹을 수 있을 정도로 많이 딸 수 있다. 쑥갓의 순도 마찬가지 요령으로 따낸다.

✦ 아욱된장국 ✦

냄비에 쌀뜨물을 붓고 슴슴하게 된장을 풀어 넣는다. 센 불에 올려 팔팔 끓으면 다듬은 아욱, 마른새우, 양파를 넣고 더 끓인다. 아욱이 숨이 죽고 푹 익었다 싶으면 다진 마늘, 어슷 썬 파를 넣고 한소끔 더 끓여 밥상에 올린다.

✦ 아욱밥 ✦

아욱을 다듬고 쌀 위에 얹는다. 밥을 풀 때 주걱으로 살살 퍼 담기만 해도 잘라지기 때문에 굳이 잘라 넣지 않아도 된다. 물은 여느 때보다 적은 듯이 잡는다. 센 불로 끓이다가 밥이 끓기 시작하면 중불로 줄인다. 물이 잦아들면 약불로 줄여 뜸을 들인다. 밥이 다 되면 아욱이 고루 섞이게 퍼 담는다. 간장에 다진 마늘, 송송 썬 파, 깨소금과 들기름을 듬뿍 넣은 양념간장을 곁들여 밥상에 올린다.

텃밭요리사의 팁!
1. 아욱잎 줄기가 억세면 껍질을 벗긴다. 줄기를 꺾어 잎 쪽으로 죽 잡아당기면 된다. 연한 줄기는 그냥 쓴다. 잎맥이 뭉그러지도록 박박 문질러가며 씻는다. 미끈거리는 진액이 빠져나와야 풋내가 안 난다.

아욱된장국

아욱밥

씨앗 뿌리고 한 달 남짓이면 밥상 위로 뚝딱!

얼갈이배추

'김장배추도 넉넉할 텐데 얼갈이는 심지 말까?' 망설이다가 번번이 심게 되는 작물이다. 그 어떤 부드러움과도 뺨칠 수 없는 독특한 감칠맛에 끌려서다. 게다가 씨앗을 뿌리고 나서 한 달 남짓이면 뽑아 먹을 수 있을 정도로 자란다. 다른 가을 채소들을 수확하기는 일러서 푸성귀가 아쉬울 때 눈에 번쩍 띄더라. 그런저런 이유로 번번이 봄에 이어 가을에도 심게 된다.

얼갈이는 배게 심어 우르르 자라게 하는 게 좋다. 포기 사이가 띄엄띄엄하면 옆으로 떡 벌어져 잎도 퍼져버리고, 억세진다. 어깨를 맞대고 촘촘히 자란 포기들을 손가락 두 마디만큼씩 간격으로 남겨두고 뭉텅뭉텅 뽑아낸다. 이렇게 솎아낸 어린 얼갈이야말로 그 맛의 진수를 보여준다. 솎으면서도 촘촘하다 싶게 놔두면 위로 쭉 올라오면서 야들야들한 포기를 기를 수 있다.

얼갈이는 된장을 슴슴하게 풀어서 국을 끓여도 좋고, 된장과 고추장을 섞어서 바특하게 찌개로 끓이기도 한다. 데쳐서 된장으로 나물을 무쳐 먹기도 하고, 칼칼한 겉절이로 먹기도 한다. 이즈음에 자라는 열무를 곁들여서 김치를 담글 수도 있다. 왠지 갖출 것 다 갖춰서 양념을 해야 할 것 같은 통배추 김치와 달리 형편껏 기본만 갖춰도 해 먹을 수 있을 것 같은 김치다. 얼갈이를 가꿔 먹는 보람을 만끽하게 되는 것은 삶아서 얼려두었다 야금야금 꺼내 먹을 때가 아닐까 싶다. 한창일 때 뽑아서 끓는 물에 데쳐 숭덩숭덩 잘라서 냉동실에 보관해두면 반찬 마땅찮을 때 꺼내 쓰기 만만하기 때문이다.

◆ 얼갈이배춧국 ◆

솎은 얼갈이는 뿌리째 물에 흔들어 씻으며 흙을 털어낸다. 다듬은 얼갈이배추를 끓는 물에 넣어 한소끔 데쳐 체에 밭쳐둔다. 어린 것은 통째로, 좀 길다 싶은 것은 먹기 좋게끔 자른다. 쌀을 씻으면서 뜨물을 받아 앙금을 가라앉힌다. 윗물을 따라버리고 맛국물에 섞는다. 뚝배기에 맛국물을 반쯤 채운다. 펄펄 끓으면 된장 3, 고추장 1의 비율로 풀어 넣는다. 데친 얼갈이와 다진 마늘, 어슷 썬 파를 넣는다. 허옇게 떠오르는 거품을 건져주면서 느른하게 끓인다. 국 대접에 푼 다음, 입맛에 따라 고춧가루를 뿌려 먹는다.

텃밭요리사의 팁!
1. 찌개는 된장과 고추장을 섞어 끓이면 칼칼하기도 하고, 맛이 훨씬 풍부해진다. 고추장을 너무 많이 넣으면 텁텁하기도 하고 된장 맛이 묻히기 때문에 고추장은 된장의 1/3 정도만 푼다.
2. 벼를 찧을 때 속껍질이 부서져서 생기는 쌀겨가루가 쌀을 씻을 때 뽀얗게 우러나온다. 이 쌀뜨물에 쌀이 지닌 비타민, 칼슘, 섬유소 등 영양의 95%(쌀눈 66%, 속껍질 29%)가 모여 있다. 쌀뜨물을 된장이나 고추장을 푼 국물에 쓰면 맛이 깊고 구수해진다.

텃밭꾼들에게만 허락된 선물

땅콩

땅콩은 심어두고 나서 싹이 트는지 안 트는지 애를 끓게 하는 작물 가운데 하나. 4월 말에 심으면 가뭄이 드는 5월 내내 꿈쩍도 하지 않는 듯 보인다. 풀싹들이 먼저 올라와 더부룩하니 맘이 급해진다. 뒤늦게 싹이 터서도 덩치나 품이 오종종하니 풀들이 기세를 떤다. 그래도 그 맛에 반하고 나면 해마다 심지 않고는 못 배긴다. 겨우내 땅콩을 까 먹고 지내볼까 싶은 야무진 꿈에 떠밀려 나는 텃밭 어느 구석에라도 땅콩을 심고, 몇 번씩 풀을 매준다.

땅콩은 하필이면 땅속에 둥지를 틀고 열매를 맺는 이색적인 삶을 산다. 꽃이 피고 나서 그 자리에 꼬투리를 다는 것이 아니라 실 같은 씨방자루를 아래로 늘어뜨려 땅속으로 기어들어간다. 가을에 캐보면 한 뼘쯤 파고들어가 누에고치를 닮은 그물 무늬의 울퉁불퉁한 꼬투리를 달고 그 안에 두세 개의 씨알을 품고 있다. 그 땅콩알은 단백질, 지방질은 물론 무기질도 농밀하다. 심심풀이 먹을거리의 대명사가 될 정도로 고소하다. 캐자마자 겉껍질째 삶아 먹는 땅콩은 텃밭 하는 이들만이 즐길 수 있는 선물이다. 영양이 많지만 꺼칠한 속껍질도 삶으면 먹기 좋게 부드러워진다. 집에서 볶아 먹는 땅콩, 사다 먹는 것과는 또 다른 맛이다. 겉껍질을 까고 팬에 들들 볶으면 살짝만 비벼도 속껍질이 쏙 벗겨진다. 껍질을 까다가 좀 덜 여물었다거나 제 모양이 아닌 것들은 짭조름하게 조려 먹거나 쌈장에 으깨 넣는다. 땅콩을 곱게 갈아 넣고 죽을 쑤면 영양이 풍부하고 맛도 고소하다. 그렇게 겨우내 먹다 보면 남아나지 않을 터, 그렇더라도 대보름에 부럼이나 귀밝이에 곁들일 땅콩 한 줌은 남겨두고 먹을 일이다. 땅콩에는 지방이 많이 들어 있어 산화되기 쉽다. 겉껍질째 보관하되 자칫 곰팡이가 필 수 있으므로 바싹 말린 뒤 망에 담아서 바람이 잘 통하는 곳에 둔다.

◆ 땅콩찜 ◆

땅에서 캔 땅콩은 흙만 떨어내듯이 씻는다. 냄비에 땅콩을 담고 굵은소금을 술술 뿌린 뒤 넉넉하게 잠길 정도로 물을 붓는다. 끓기 시작하면 불을 줄이고 아래위를 뒤적여 고루 익힌다. 불에서 내려 10여 분 넉넉히 뜸을 들인다.

> **텃밭요리사의 팁!**
> 1. 말려놓은 땅콩을 쪄 먹으려면 한나절 불려서 삶는다. 속껍질에도 영양이 많아 식감이 꺼칠하더라도 껍질째 먹으면 좋다. 삶으면 속껍질도 먹기 좋게 부드러워진다.
> 2. 압력솥에 찌면 시간도, 에너지도 줄일 수 있다.

◆ 땅콩조림 ◆

꼬투리에서 빼낸 땅콩알에 물을 넉넉히 붓고 설핏 익도록 삶는다. 냄비에 삶은 땅콩과 맛간장을 넣고 센 불에서 조린다. 바글바글 끓으면 불을 줄여 국물이 2~3술 정도 남으면 조청을 넣고 저어주면서 국물이 없다시피 졸인다. 통깨를 뿌려 섞어준 뒤 접시에 담는다.

> **텃밭요리사의 팁!**
> 1. 생땅콩을 미지근한 물에 담가놓으면 껍질이 불어나 잘 벗겨진다.
> 2. 땅콩을 삶은 물을 따라버리고 나서 흐르는 물에 씻어주면 떫은맛이 사라진다.

땅콩찜

땅콩조림

나긋나긋 보드라운 연두빛 콩알

◆ ◆
풋 콩

풋콩이야말로 이즈음에만 먹을 수 있는 제철 먹을거리. 마트에서도 사 먹을 수 없고 재래시장에서조차 만나기 쉽지 않다. 그러나 텃밭에 콩 몇 그루 심어두면 어렵지 않게 맛볼 수 있다. 콩잎에 가려 핀 듯 만 듯 숨어 있던 콩꽃을 본 게 엊그제 같은데 여름 햇살도 한풀 꺾일 무렵이면 푸릇푸릇 봉긋해진 콩꼬투리들이 눈에 띈다. 꼬투리를 따서 까보면 파르스름한 풋콩이 알알이 박혀 있다. 모든 풋것의 싱그러움을 거기서도 마주하니 텃밭농사꾼의 눈은 즐거워지고 입에는 군침이 돈다.

꼬투리째 쪄 먹거나 밥에 두어 먹으면 연둣빛 콩알이 그리 나긋나긋 보드라울 수가 없다. 행여 남거들랑 쪄서 얼려두었다가 꺼내 먹을 때 소금을 넣고 다시 찌면 된다. 풋콩에는 콩이 다 여물었을 때는 별로 없는 비타민이 풍부하게 들어 있다. 콩나물이나 땅콩 새싹보다 더 많이.

꼬투리를 따지 않고 그냥 놔두면 어찌 될까? 여물면서 딱딱해지고 빛깔도 노랗게 익어갈 터. 한 달쯤 뒤에 거둔다.

◆ 풋콩밥 ◆

콩꼬투리를 열어 콩알을 꺼낸다. 씻어서 불린 쌀을 솥에 안치고 그 위에 콩을 얹는다. 밥물은 평상시보다 적은 듯이 잡는다. 밥이 끓기 시작하면 불을 중불로 줄인다. 물이 잦아들면 약불로 줄여 뜸을 들인다.

> **텃밭요리사의 팁!**
> 1. 이즈음 풋동부도 풋콩 못지않게 나긋나긋하다. 여문 콩이나 동부는 물에 불려야 하지만 풋것은 그럴 필요도 없다.

◆ 풋콩찜 ◆

냄비에 콩꼬투리를 넣고 소금을 살짝 푼 물을 자작하게 부어준다. 센 불로 끓이다가 끓기 시작하면 불을 줄여 뭉근하게 익힌다. 너무 익히면 뭉그러져 씹는 맛이 안 나고 덜 익히면 비릿한 내음이 난다. 다 익었겠다 싶으면 한 개를 꺼내 먹어보면서 가늠한다. 다 물렀다 싶으면 꼬투리를 건져 그대로 그릇에 담는다. 껍질을 까서 나른하게 무른 콩알을 먹는다.

풋콩밥

풋콩찜

입안 가득 퍼지는 들깨향

들깨송아리

온 밭을 하얗게 물들이던 들깨꽃이 지고 나면 꽃대에 다닥다닥 붙어 있는 꼬투리를 달고 있는 송아리를 볼 수 있다. 이 꼬투리 안에는 들깨알이 생겨나 여물어가고 있을 터. 날이 갈수록 꼬투리도 갈색으로 변하고 억세져서 먹기 어렵다. 꼬투리도 아직 파르스름하고 깨알도 다 여물지 않은 이 시기의 짧은 며칠이 1년에 유일하게 들깨꼬투리를 송아리째 먹을 수 있을 때다. 내가 먹어본 맛난 음식 가운데 손꼽는 음식이기에 해마다 이때를 놓치지 않으려고 벼른다. 당연히 마트에서 볼 수 없고 텃밭에서만 만날 수 있는 먹을거리. 튀기는 조리법을 꺼려하는 나도 들깨송아리만은 튀겨 먹는다. 통밀가루나 찹쌀가루 반죽에 묻혀 햇볕에 말려두었다가 나중에 튀겨 먹으려고 챙겨둔다. 한입 씹을 때마다 들깨알이 톡톡 터지면서 고소한 들깨향이 입안 가득 퍼진다. 심심풀이로 집어 먹어도 손이 멈추지 않고 안주, 반찬거리로도 나무랄 데 없다. 고기를 안 먹는 사찰에서 스님들도 즐길 법한 음식이다. 말려서 잘 보관하면 한겨울에도 그 향을 되살릴 수 있다. 겨울에 먹으려면 빠삭할 정도로 바싹 말려두어야 한다. 그렇지 않으면 벌레가 나거나 썩을 수 있으니까.

들깨송아리부각

들깨 줄기에서 송아리를 가위로 잘라 온다. 흐르는 물에 살짝 씻어놓는다. 그사이에 통밀가루에 소금으로 간을 하고 물을 넣어 질척한 듯이 반죽을 한다. 재료를 넣었을 때 줄줄 흘러내리지 않을 정도로. 들깨송아리에 밀가루를 묻혀 반죽에 넣고 골고루 묻도록 궁굴린다.

둥근 팬에 기름을 넣고 센 불로 올려 적당히 끓었다 싶으면 불을 약하게 줄이고 들깨송아리를 넣는다. 한두 번 궁굴렸다가 꺼낸다. 자칫하면 호로록 타버려 씁쓸하게 되거나 못 먹게 될 수 있다.

텃밭요리사의 팁!
1. 풀은 통밀가루로 쑤어도 되고, 찹쌀가루나 쌀가루로 쒀도 좋다.
2. 들깨송아리를 스테인리스 체에 담아서 한꺼번에 넣었다 꺼내면 태우지 않고 튀겨낼 수 있다.
3. 반죽을 묻혀 채반에 널어 햇볕이 쨍쨍하고 바람이 잘 통하는 곳에서 말린다. 한나절 꾸덕꾸덕하게 말려서 먹을 수도 있지만, 오래 두고 먹으려면 바싹 말려야 곰팡이가 안 피고, 벌레가 안 생긴다.

손이 많이 가지만 충분히 보상받고도 남는 맛!

녹두

1년 내내 녹두빈대떡을 부쳐 먹을 수 없을까? 내 손으로 기른 햇녹두로 빈대떡을 부쳐 먹고 나서 그런 꿈을 품게 되었다. 중국산 녹두나 시중에서 파는 녹두로는 그 맛이 안 난다. 녹두는 가느다란 줄기며 작달막한 몸집이며 영락없는 약골이다. 체질도 까다롭다. 비라도 잦으면 꼬투리가 금세 꺼멓게 썩는다. 멀쩡한 꼬투리 안에서 씨알들이 싹을 틔워 먹을 수 없게 되기도 한다. 여물었다 싶은 꼬투리를 바로바로 따주지 않으면 저절로 터져버려 씨알이 온데간데없어지기 쉽다. 따고 있는데 꼬투리가 터져 녹두알이 튀어나가기도 하니 여간 조심스럽지 않다. 꼬투리를 말릴 때도 녹두알이 멀리 튀쳐나가지 않도록 망 따위로 덮어두어야 한다. 비바람에 아예 쓰러져 눕기도 잘하는데 "나 죽었소" 하며 시커멓게 늘어져 있는 모양이 청승맞다. 온갖 살아 있는 것들이 병들고, 상처받고 죽어가는 한살이를 노골적으로 보여주는 게 녹두다. 손이 많이 가는 작물 가운데 하나다. 그렇게 온몸으로 우주에 반응해서인가? 녹두는 독을 풀어주는 데 탁월하다고 한다. 한약 먹을 때 주의사항을 적은 쪽지에 빠놓지 않고 올라오는 게 녹두, 숙주나물인 것도 그런 까닭이리라. 행여 약성조차도 풀어버리면 안될 테니까 삼가라는 처방인가 보다. 녹두빈대떡은 부치기가 까다롭지만, 밥에 두어 먹거나 죽을 끓이는 것은 손쉽다.

한동안은 녹두를 1년에 한 번만 심는 줄 알았다. 그러다 6월 중순에 녹두를 따는 할매를 만났다. 나는 이제 녹두를 심으려고 하는데 할매는 4월초 청명 때 심어서 이즈음 걷고는 바로 또 심어 가을에 거둔단다. 이모작이다. 이 마을에 시집와서 보니 동네에서 다들 그렇게 농사짓더라나. 부안 사는 전세철 씨는 아예 장마가 지나고 나서 심는다. 장마 때 쓰러지고 썩는 꼴을 보지 않고도 잘 거둘 수 있단다.

◆ 녹두빈대떡 ◆

불린 녹두를 믹서에 넣고 간다. 불린 찹쌀 혹은 멥쌀 한두 줌을 갈아서 녹두반죽에 섞는다. 어슷 썬 파, 숭덩숭덩 썬 김치, 손가락 길이만큼 자른 미나리와 삶은 고사리를 넣고 소금으로 간한다. 프라이팬에 기름을 넉넉히 두르고 반죽을 도톰하게 펴 바른다. 낮은 불에서 익히되 뚜껑을 덮어준다. 속이 어느 정도 익고 반죽을 뒤집어도 터지지 않을 정도로 굳었을 때 뚜껑을 열고 뒤집어준다. 뒤집어준 다음에는 뚜껑을 덮지 않는 게 좋다. 그래야 속은 부드럽고, 겉이 바삭하다. 양념간장에 양파와 청양고추를 다지듯이 송송 썰어 넣은 초간장을 종지에 담아 같이 곁들인다.

텃밭요리사의 팁!

1. 녹두는 손질 작업에도 신경을 써야 한다. 녹두에 물을 넉넉히 붓고 조리질을 두어 번 해서 모래나 돌을 걸러내고 나서 하룻밤 내지 네댓 시간 느른하게 불린다. 불리고 난 물은 버리지 말고 반드시 따로 받아두었다가 쓴다. 녹두의 단맛이 거기 녹아 들어 있다. 불린 녹두를 두 손으로 비비고 문질러 껍질을 벗겨낸다. 통통 분 녹두를 너무 빡빡 비비면 바스러질 수 있기 때문에 슬슬 비빈다. 흐르는 물에 껍질을 흘리다 보면 샛노란 녹두알을 만날 수 있다.
2. 녹두를 갈고 나서 바로 부치지 않으면 반죽이 삭는다. 그러면 부치기도 어렵거니와 맛도 적어진다. 찰기를 보태기 위해 찹쌀이나 멥쌀가루를 섞는다.
3. 반죽에 넣는 재료는 입맛에 따라 다르게 해도 된다. 나물을 넣지 않고 김치만으로 부쳐도 좋고, 남아 있는 채소를 넣어도 된다. 돼지고기를 송송 썰어넣기도 한다.
4. 빈대떡을 부치는 기름은 들기름과 식용유를 반씩 섞어 쓴다. 들기름으로만 하면 타기 쉽고, 식용유만으로는 덜 고소하다.

가을을 재촉하는 맛과 향

가을호박

호박은 장마가 물러나고 찬바람이 불어야 흔해진다. 늦된 호박들이 한꺼번에 몇 개씩 달려 다 못 먹고 남아도는 날이 온다. 아침저녁으로 선선한 바람이 파고들어 가을기운이 스치는 때다. 나는 이때를 손꼽아 기다린다. 호박만두 한번 해 먹고 지나가야지 싶어다. 호박만두는 김치 대신 호박을 소로 쓰는 만두. 양념 맛에 섞여도 물씬 풍기는 호박의 향기. 달착지근한 그 맛은 내겐 단박에 어린 시절로 돌아가게 만드는 고향의 맛이다. 강원도 철원에서 자란 우리 어머니가 즐겨 빚어주신 걸 보면 경기북부와 강원도의 제철음식이었던 듯하다. 호박만두는 내가 자란 경기도에서는 이 무렵 빼놓지 않고 해 먹는다. 손만두로 빚어 파는 식당이 있을 정도다.

여기저기서 익은 호박이 얼굴을 내밀면 늙혀서 씨 받을 청둥호박 하나쯤 남기고 다 딴다. 만두는 손품이 많이 드니 식구들 둘러앉아 만두 빚을 손이 많을 때 날을 잡는다. 군만두, 찐만두, 국만두로 먹고도 남거들랑 냉동실 가득 얼려놓고 출출할 때 꺼내 먹는다. 입맛은 대물림하나 보다. 일주일 내내 삼시세끼 만두를 먹었는데도 아이들은 질리지 않고 만두를 찾는다. '호박아, 고맙구나' 인사가 절로 나온다.

◆ 호박만두 ◆

만두소를 만들기 전에 만두싸개를 만들 반죽을 빚어둔다. 밀가루에 연한 소금물을 조금씩 부으며 버무리고 치대다가 달걀 깨뜨려 넣고 마무리해서 뚜껑 있는 통에 담아둔다. 두어 시간 지나면 폭신하게 엉겨 녹진녹진한 반죽이 되어 있을 것이다.

싸개 반죽을 해놓고 나서 만두소를 만든다. 칼로 호박을 채 친다. 소금을 뿌리고 버무려 30여 분쯤 절인다. 제법 흥건하다 싶으면 물기를 꼭 짜낸다. 으깨서 물기를 짜낸 두부, 삶아서 잘게 자른 당면, 갖은 양념을 버무려 만두소를 만든다. 우리 어머니는 다진 마늘, 다진 생강, 송송 썬 파, 참기름, 깨소금을 듬뿍 넣으시면서 번번이 "만두는 양념 맛으로 먹는다"고 이르신다. 고춧가루는 입맛 따라 넣는다. 맵싸하게 먹거나, 순하게 먹거나. 나중에 양념간장을 찍어 먹을 것을 예상해서 간은 슴슴하게 한다.

밀가루 반죽을 동전만 하게 떼어 밀가루 뿌려가며 밀대로 밀어 싸개를 만든다. 싸개에 소를 넣고 아물려 붙인다. 찜솥에 쪄 먹거나 맛국물에 끓여 먹는다. 기름 둘러 달군 팬에 노릇노릇하게 구워 먹기도 한다.

> **텃밭요리사의 팁!**
> 1. 양념간장을 찍어 먹지 않는 만두는 제맛이 안 나는 것 같다. 간장에 송송 썬 파, 다진 마늘, 고춧가루, 식초, 매실발효액, 깨소금을 듬뿍듬뿍 넣고 잘 섞는다.

맛뿐 아니라 향도, 빛깔도 매력적!

오미자

이름마따나 쓰고, 시고, 짜고, 달고, 매운 다섯 가지 맛을 다 품고 있다. 그러면서도 그 어느 맛도 저 하나만을 내세우지 않아 그 어우러진 맛 자체로 오미자 맛이다. 유리잔에 따르면 꽃분홍 빛깔이 '참, 곱구나' 혼잣소리를 하게 된다. 그 빛깔을 살려 쓰느라 오미자를 말려두었다가 물에 우려서 쓴다. 향과 맛도 매력적이다. 매실 음료만 찾던 아이들이 오미자 음료를 찾는 바람에 9월말이면 번번이 발효액을 담그게 된다. 앵두를 닮았지만 좀 더 작고 단단한 빨간 열매는 제 빛깔을 아낌없이 내어준다.

우리 텃밭에서 나지 않으면서도 밥상을 차지하는 드문 과실이 된 오미자. 오미자나무는 기르기가 까다롭다. 우리는 두 번이나 심었는데 제대로 살펴주지 않아 그랬는지 죽어버렸다. 한 나무는 옆에 있는 블랙베리에 치여 열매를 먹을 만치 달지 못하고 키만 멀쩡하다. 언젠가 정성스럽게 돌봐 길러봐야지 벼르는 과일나무다. 우리는 속리산 자락에서 20여 년간 유기농으로 농사하는 이명학 씨네 오미자를 받아 해마다 발효액을 담근다.

오미자는 여름에는 얼음을 갈아 빙수의 고명으로 올려 먹는다. 배나 수박과 곁들여 화채로 먹기도 하고. 양념이나 샐러드소스로 사용해도 맛을 끌어올려준다. 된장과 오미자. 어울릴 것 같지 않은 맛이 어우러져 입맛을 즐겁게 한다. 오미자발효액을 넣어서 만든 오미자드레싱(324쪽 '입맛에 맞는 드레싱 만들기' 참조)은 들풀이나 상추 따위 풋풋한 것들을 비벼 먹을 때 빼놓을 수 없다.

✦ 오미자에이드 ✦

유기농 오미자는 물에 씻지 않고 잡티만 집어내고 잔가지가 달린 송아리 그대로 쓴다. 오미자 무게보다 좀 많은 1.2배 정도의 설탕에 버무려 유리병이나 항아리에 담는다. 설탕이 다 녹을 때까지 며칠 간격으로 두어 번 저어준다. 한 달쯤 뒤에 건더기를 걸러내고 진액만 따로 받는다. 바로 먹어도 되지만 한두 달 숙성시킨 뒤에 먹는다.

잔에 발효 오미자원액 한 숟가락을 넣고 그 서너 배 되는 찬물을 타서 찻숟가락으로 젓는다. 물은 입맛에 따라 더 넣기도 하고, 덜 넣어도 된다. 진하게 먹으려면 물을 적게, 연하게 먹으려면 물을 많이 잡는다. 미리 만들어서 냉장고에 두었다 일주일쯤 뒤에 마시면 맛이 풍부해지고 청량감이 돈다.

텃밭요리사의 팁!
1. 오미자원액은 햇빛을 쐬면 붉은빛이 검붉은 빛으로 변해간다. 그러나 물에 타면 특유의 발그레한 빛을 되살린다.
2. 보리쌀에 전분을 묻혀 삶은 것을 오미자원액에 띄워 먹기도 한다.

9월 텃밭

가을농사가 자리를 잡아갈 때다. 풀도 매주고, 솎아주면서 씨앗을 뿌린다. 선선한 바람과 마른 햇살에 채소들을 말리기 좋은 때이므로 열매채소나 잎채소를 짬짬이 말려둔다. 가을걷이도 시작한다.

씨 뿌리기: 총각무, 쪽파, 얼갈이배추, 돌산갓, 시금치
배추나 무보다 한발 늦게 심지만 김장할 때 같이 쓸 수 있는 총각무, 쪽파, 돌산갓 씨앗을 9월 들어 뿌린다. 얼갈이, 파와 시금치도 씨앗을 뿌려둔다.

솎아주기: 얼갈이배추, 무, 상추, 쑥갓
배추는 자리를 잡았는가, 무는 뿌리를 내려 한 뼘 넘게 자라고 있구나. 양상추, 양배추, 브로콜리, 비트도 제법 잎이 퍼졌네. "솎아 드세요" 하고 얼갈이배추, 상추, 쑥갓이 말을 거는구나!

말리기: 고추, 애호박, 가지, 토란대
따끈한 햇살이 가득하고 바람도 건조해서 말리기에 좋은 날이 이어진다. 고추는 붉어지는 대로 따서 말리고, 애호박, 가지도 썰어 말린다. 늦은 장맛비나 오락가락하는 소낙비가 복병. 난데없이 먹구름이 몰려와 우리 동네만 잠시 비를 쏟아놓고 가는 바람에 쫄딱 젖는 일이 생길 수 있다.

거두기: 땅콩, 단호박, 호박
콩, 팥, 동부, 들깨. 잎은 누런빛을 띠어가고 꼬투리도 하나둘 익어간다. 가을일은 도둑질하듯 하라고 했던가. 때맞추어 발 빠르게 거둬들인다. 봄과 달리 며칠 이르거나 늦는 것이 치명적 차이를 불러오므로. 9월이 가기 전에 여물어가는 땅콩을 캘까, 조금 더 두었다 캘까? 다 익은 땅콩으로 두더지 밥상을 차리지 않도록 궁리를 하게 된다. 덩굴을 들춰가며 늦된 단호박, 호박이 없나 찾아본다.

노란빛이 선명한 돼지감자꽃

가을햇빛을 머금은 열무

초록빛이 짙어진 토란대

빨간 고추들

커나가기 시작한 어린 배추들

9월 텃밭에서 하는 일

절기	거두기	씨뿌리기 등	기타
백로 (9.8)	붉은 고추, 풋콩, 풋동부, 옥수수, 단호박, 민트, 바질, 참깨	총각무·갓·쪽파·돌산갓 파종	배추벌레 잡고 웃거름 주기, 상추·쑥갓 솎기, 가을 쑥 채취
추분 (9.23)	노각, 파프리카, 호박	시금치 씨 뿌리기, 팬지	총각무·얼갈이 솎기, 땅콩 캐기, 녹두 따기

10월

가을색이 뚜렷해진다. 아침에는 흙도, 풀도 무서리에 흥건히 젖어 있곤 한다. 찬 이슬에 젖으면 몸이 움츠러든다. 천지가 하얗게 살얼음이 낀 듯 된서리가 내릴 즈음이면 가을은 깊을 대로 깊었다. 무서리 세 번에 된서리는 한 번 꼴로 내린다지만 해가 갈수록 된서리는 늦어진다. 이맘때가 되면 올해는 된서리가 언제쯤 오려나 살피게 된다. 첫 서리가 오기 전날의 저녁에는 천지 기운이 확 달라지는 느낌이 든다. 휘몰아치는 바람에서 설핏설핏 얼음기가 느껴지고 온도가 뚝 떨어지는 것 같으면 '아, 그 날이구나' 알 것 같다. 그렇게 된서리가 내려 텃밭이고, 마당이고 하얗게 얼음꽃이 피었다가도 햇살이 퍼지면 언제 그랬냐는 듯 녹아버린다. 작물은 물론 나무들도 잎을 떨어뜨리기 시작하면서 차츰 맨몸이 되어간다. 내가 살던 파주에서는 떼 지어 날아가는 철새들의 몸짓과 울음소리로 계절이 바뀌고 있음을 알게 된다. 철새를 보려고 올려다본 하늘은 부쩍 높아져 있다. 봄에 심은 작물들만이 아니라 가을에 심은 작물들도 거둬들이면서 밀, 보리, 마늘, 양파를 심으며 월동농사를 준비해야 하는 늦가을. 해는 왜 이리 짧은지 별로 한 일도 없는 것 같은데 어느새 날이 어둑어둑해진다.

10월 '텃밭 밥상' 한눈에 보기

절기	들풀	텃밭 작물
한로 (10.9)	가을쑥, 별꽃	무청, 무, 배추, 토란, 고구마, 녹두, 팥, 콩, 수수, 고추, 고춧잎, 쪽파, 파
상강 (10.24)	광대나물, 큰개불알풀	배추, 무, 무청, 생강, 울금, 고구마, 야콘, 당근, 양배추, 비트, 콜라비, 부추

10월 밥상

땅 위로 반쯤 몸통을 밀어올릴 정도로 알이 굵어진 무는 제법 단맛이 들었으니 실컷 반찬 해 먹을 때다. 한두 개씩 뽑아 생채로, 숙채로, 국으로, 깍두기로, 동치미로 두루 해 먹는다. 서리가 내리면 못 먹게 되어버릴 고추. 작은 고추는 따서 부각을 만들고, 큰 고추는 장아찌를 담근다. 줄기에서 모조리 훑어낸 고춧잎은 나물을 해 먹고, 데쳐서 말린다. 가을당근을 솎은 잎으로 부침개를 부치고, 야콘, 고구마 캐서 깎아 먹는다. 이른 봄부터 늦가을까지 줄기차게 먹을거리를 베풀어준 부추는 이제 마지막 기력을 쏘아올리니 꽃이 피었더라도 먹을 수 있다. 서리 내리기 전까지는……. 돌산갓 뽑아 김치하고, 쪽파 뽑아 파전을 부친다. 서리가 내리면 더 파랗게 피어나는 듯하는 배추잎으로 국 끓이고, 전 하고, 겉절이 하고. 생강 캐서 편편이 썰어 생강차 담가 마시고, 정과와 편강을 만들어 먹으며 가을걷이를 즐긴다.

배추, 아욱, 근대 등 가을채소들도 푸짐하니 뜨끈한 국을 끓여 움츠러드는 몸을 풀 수 있다. 콩, 팥, 녹두, 동부, 수수. 봄에 심어 이제 야물게 영근 곡식들도 밥상을 차지한다. 빨갛게 익은 햇팥은 밥을 하면 빛깔도 곱지만 밥맛이 그리 구수할 수가 없다. 먼저 익은 꼬투리부터 몇 개 따서 밥에 두어 먹는 재미는 텃밭농사 짓는 이들만이 누리는 특권. 햇녹두밥, 햇팥밥, 햇동부밥, 햇수수밥. 햇곡식을 번갈아가며 밥을 지어 먹으니 밥만 먹어도 감빨린다. 1년 가운데 그 어느 때보다도 밥상머리가 따스하게 느껴지는 철이다.

무관심 속에서도 알아서 쑥쑥 크는 힘!

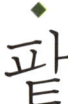

팥

텃밭농사를 짓기 시작하던 해 6월, 감자를 캔 자리에 뭐 심을 게 있나 망설이는데 동네 아주머니가 팥이나 녹두를 심어보란다. 그리 늦지 않았다며. 땅을 고르고 콩 세 알 심듯이 팥 세 알을 묻어두고 잊어버렸다. 어느 날 보니 우윳빛 나는 노란 꽃이 잎겨드랑이 사이로 쪼르륵 피웠다. 또 어느 날은 그 끄트머리에 꼬투리를 달고 있고. 낼모레 된서리가 내릴지도 모를 어느 날, 꼬투리 하나를 까보니 단단히 여문 빨간 팥알이 가지런히 앉아 있다.

우리나라에서 생일에 미역국을 먹듯이 일본 사람들은 '세키항'이라는 팥밥을 해 먹는단다. 붉은 팥이 액을 물리치고 복을 불러들인다는 오랜 전설에서다. 우리나라에서도 갓난쟁이 돌이 되면 수수팥떡을 해 먹거나 새해가 열리는 동지에 팥죽을 먹는 것도 그런 맥락일 터. 찐빵에 넣으려고 따로 만들어둔 팥 앙금을 어머니 몰래 떠먹고 냠냠해서 입맛을 다시던 어릴 적 추억 때문에라도 나는 해마다 팥을 심는다. 다달이 첫 날과 보름날에 팥밥을 먹는 풍습대로는 못 해도 가끔씩 파실파실 구수한 팥밥을 지어 먹는다. 동지엔 팥죽을 끓이고, 팥을 앙금으로 내어 단팥소로 떠 먹기도 하고, 빙수에 넣어 먹기도 한다.

❖ 팥밥 ❖

방금 딴 햇팥을 불리지 않고 쌀과 바로 섞어서 밥을 짓는다. 그러나 마른 팥으로 밥을 지으려면 미리 삶아서 돌멩이처럼 딱딱한 살을 누그러뜨려놓는다.

솥에 불린 쌀과 삶은 팥을 섞고 물을 잡는다. 쌀과 팥의 1.2배가량 되는 물을 붓는데, 먼저 팥 삶은 물을 붓고 모자란 양은 맹물로 채워준다. 센 불에 올려 끓어오르면 중불로 줄이고, 쌀알이 퍼지면 약불로 줄여 뜸을 들인다. 위아래 골고루 섞어 밥그릇에 퍼 담는다.

> **텃밭요리사의 팁!**
> 1. 팥알은 단단하기 때문에 미리 삶아놓아야 한다. 팥이 넉넉하게 잠길 정도로 물을 붓고 끓이다가 바르르 끓어오르면 버린다. 떫고 아린 맛을 우려내기 위해서다. 다시 팥 분량의 대여섯 배 되는 물을 붓고 삶는다. 센 불에 끓이다가 끓어오르면 물을 한 컵 넣어 식히고, 다시 끓어오르면 또 물 한 컵을 넣어 삶는다. 체에 걸러 팥을 건지고, 남은 물은 버리지 않고 밥물로 쓴다.
> 2. 햇팥이나 햇녹두, 햇동부로 밥을 지을 때는 미리 삶을 필요 없이 쌀 위에 얹는다.

콩 한 알이 영글기까지의 과정을 입으로 음미해보는 여유

콩

텃밭에 몇 그루의 콩을 심어야 콩비지, 콩물, 콩국수, 콩전, 콩나물 두루두루 해 먹을 수가 있을까? 콩의 종류마다 수확량이 다르지만 땅 한 평에 대략 한 되(700g 정도)의 콩을 거둘 수 있으니 그리 많은 땅이 있어야만 심을 수 있는 건 아니다. 텃밭 사정에 맞춰 밭에 두어 먹는 밭밑콩이나 서리태콩 혹은 콩비지나 콩전, 콩국수 따위를 해 먹을 수 있는 흰콩 또는 나물을 길러 먹는 오리알콩을 심어 가꿀 만하다. 콩에는 단백질 함량이 40%나 되는데, 이만한 영양이 든 음식이 흔치 않다.

콩은 누런 잎들이 어느 정도 떨어지고 꼬투리가 갈색으로 변해갈 때 거둔다. 콩은 낫으로 베는 게 아니라 꺾는다는 것을 텃밭농사를 하고도 한참 뒤에나 알았다. 서툰 낫질로 콩을 베던 시절, 옆에서 일하던 꼬부랑 할배, "이렇게 하는겨!" 하시면서 낫을 콩대에 대고 약간 당기면서 한 손으로 콩대를 넘어뜨리듯이 꺾더라. 그렇게 해보니 정말 힘이 별로 안 들고 잘 거둘 수 있었다.

콩대는 햇볕에 널어서 바싹 말린 뒤 꼬투리를 까거나 막대기로 두드려 콩알을 턴다. 콩을 씻을 때는 조리나 뜰채로 조리질을 해서 행여 밑에 깔리는 흙이나 모래가 없는지 살핀다. 시중에서 사는 콩은 기계 작업을 한 것이라 돌이 없다. 콩 한 알이 내 입에 들어오기까지 이렇게 많은 손길을 거치다니! 느린 음식 가운데 느린 음식이 콩이다.

✦ 콩전 ✦

콩을 씻어 물에 불린다. 쌀도 한 시간쯤 불린다. 믹서에 불린 콩과 쌀, 소금과 물을 넣고 되직하게 간다. 전분가루를 살짝 넣는다. 팬에 기름을 넉넉히 두르고 달군 뒤 반죽을 한 숟가락씩 떠올려놓는다. 약불에 앞뒤를 뒤집어가며 노릇하게 지진다.

> **텃밭요리사의 팁!**
> 1. 한 면에 송송 썬 채소나 신김치를 올려 먹기도 한다.

✦ 콩비지찌개 ✦

콩을 씻어 물에 불린다. 믹서에 콩과 콩 불린 물을 넣고 곱게 간다. 콩 조각이 씹히는 식감이 좋으면 거칠게 간다. 삶은 시래기는 먹기 좋게 자른다. 뚝배기에 시래기를 깔고 돼지고기 몇 점을 올려놓는다. 그 위에 갈아놓은 콩을 붓는다. 약한 불에 올려 뚜껑이 들썩이도록 부르르 끓어오른 것을 확인하고 잠시 뒤 불을 끈다. 양념간장을 곁들여 밥상에 올린다.

> **텃밭요리사의 팁!**
> 1. 돼지고기 대신 들기름을 넉넉히 넣어도 맛나다. 새우젓도 잘 어울린다.
> 2. 신김치를 송송 썰어 넣고 끓이기도 한다.
> 3. 너무 오래 끓이면 고소한 맛이 사라지고 냄비 바닥에 눌어붙을 수 있다.
> 4. 양념간장은 327쪽 '풍미를 살려주는 맛장 만들기' 참조.

콩전

콩비지찌개

농약 안 친 고추를 먹으려면 텃밭을 하는 수밖에!

서리걷이 고추

고추 그루는 서리를 맞으면 끓는 물에 데쳐낸 듯 축 늘어져 되살아나지 못한다. 그래서 서리 내리기 전에 날을 잡아 쓸 수 있는 고추를 따낸다. 퍼런 고추건, 벌건 빛이 도는 고추건, 새끼고추건, 큰 고추건 열매란 열매는 물론 고춧잎까지 이른바 서리걷이 고추다. 이때 나오는 고춧잎과 고추를 갈무리해서 밑반찬을 만들어두면 쓰임새가 많다. 고춧잎은 흔치 않은 영양식. 게다가 시중에서는 거의 팔지 않는다. 어쩌다 장터에 나오기도 하는데 고추농사에는 농약을 워낙 많이 쳐서 텃밭에서 제 손으로 길러 먹을 수밖에 없는 먹을거리다. 고추농사 잘 짓는다는 이들을 보면 여름에는 1주일에 한 번 꼴로 약을 뿌린다. 고춧잎에 영양이 많다 해도 그런 것은 안 먹느니만 못할 것이다. 서리걷이 무렵에 나오는 고춧잎이 뻣뻣한 감은 있지만 귀하지 않을 수 없다. 훑어내듯이 모조리 따낸다. 부드럽도록 데쳐서 바로 나물을 무쳐 먹어도 되고, 꼭 짜서 얼려두었다 먹기도 한다. 햇볕에 말려두기도 한다. 말린 것은 물에 불려서 무말랭이나물 할 때 같이 무치는데, 궁합이 잘 맞기로 그만한 것이 없다.

◆ 고추부각 ◆

자그마한 고추는 통째로, 큰 고추는 반을 갈라서 물에 담가 매운 맛이 웬만큼 빠진 뒤 사용한다. 찜기에 김이 오르면 고추를 올려서 살짝 익힌다. 통밀가루를 뿌려놓은 쟁반에 쏟아 붓고 궁굴린 다음 채반에 널어 햇빛에 바짝 말린다.

팬에 기름을 끓이다가 말린 고추부각 하나를 집어넣어본다. 넣자마자 바르르 끓어오르면 적당한 온도. 체에 고추부각을 담아 기름에 넣는다. 빛깔이 노르스름하게 변한다 싶을 때 체를 들어낸다. 기름이 충분히 빠졌다 싶으면 소금과 통깨를 훌훌 뿌려서 젓가락으로 뒤적인다.

◆ 고추장아찌 ◆

고추는 꼭지를 따지 않고 바늘로 두세 번 찔러 구멍을 낸다. 간장, 설탕, 식초를 고루 섞어 단촛물을 만든다. 통에 고추를 담고 양념장을 붓는다. 무거운 걸로 눌러놓는다. 한두 달쯤 지나 잘 삭았다 싶으면 먹는다. 통째로 먹기도 하고 송송 썰어서 고춧가루, 물엿, 다진 마늘, 송송 썬 파, 들기름을 넣어 무쳐 먹기도 한다.

> **텃밭요리사의 팁!**
> 1. 단촛물은 329쪽 '새콤달콤 장아찌와 피클 만들기' 참조.

고추부각

고추장아찌

가을텃밭 무는 산삼과 진배없는 보약!

무

씨앗을 뿌린 지 두어 달. 10월경이면 무는 뽑아 먹을 수 있을 만치 굵어진다. 땅 위로 흰 허리를 올린 무를 뽑으면 "이 맛에 텃밭 가꾸지!" 소리가 절로 나온다.

무는 한 번 얼다 녹기라도 하면 물러터져서 먹을 수 없다. 그래서 기온이 영하로 떨어지기 전에 뽑는다. 무는 영하 2~3도가 다시 살아날 수 있는 최저점이다. 하지만 이 온도가 2~3일만 지속되면 되살아나지 못한다. 조금이라도 더 굵어지라고 밭에 놔두었다가는 밤새 기온이 뚝 떨어진다는 소식을 듣고 한밤중에 손전등을 켜들고 허둥대는 일이 벌어질지 모른다.

가을무는 산삼과 진배없는 보약이라지 않는가. 생채로 먹고, 국으로 먹고, 나물 해 먹고, 국물을 내어 먹고, 무말랭이로 무쳐 먹고, 김치 소로 넣고, 깍두기로 만들고……. 쓰임새가 적지 않다. 텃밭에서 무를 뽑다 보면 마트에서 파는 것처럼 알이 고르고 쭉 빠진 것만 나올 리가 없다. 뿌리를 내리다가 작물의 그루터기라든지 단단한 풀뿌리라도 만나 뚫고 내려가려 애쓰다 그랬을까? 옆으로 삐져나가 두 갈래로 생긴 것도 있고, 울퉁불퉁 자라다 만 것도 있게 마련. 이렇게 뒤처지는 것들은 챙겨두었다가 국물 낼 때 쓰면 국물 맛을 걱정할 필요가 없다. 무를 많이 먹으면 속병이 없다고 한다. 영양학자들이 들여다보니 디아스타제라는 소화 효소가 잔뜩 들어 있단다. 속이 더부룩할 때 무즙을 내어 먹을 만하다. 비타민C도 사과보다 열 배나 더 많이 품고 있다.

밭에서 뽑아 온 무는 바로 물에 담가 씻는다. 나중에 씻게 되면 흙이 말라붙어 박박 문질러야 하지만 바로 물에 담근 것은 수세미로 슬슬 문지르기만 해도 잘 씻긴다. 텃밭 무는 흙만 털어냈다 싶을 정도만 씻어도 걱정 없다. 농약 같은 걸 치지 않았으니 흙가루가 묻어 있다 한들 몸에 해로울 일이 없으니까!

◆ 무밥 ◆

무를 굵게 채 썰어 한 사람당 한 줌 꼴로 쌀 위에 얹고 밥을 짓는다. 무에서 물이 나오기 때문에 밥물은 다른 때보다 1/3가량 적은 듯이 잡는다. 센 불에 올려 끓어오르면 중불로 줄이고, 쌀알이 퍼지면 약불로 줄여 뜸을 들인다.

이즈음 텃밭에서 자라는 가을달래로 달래장을 만들어 비벼 먹으면 향기롭다. 달래장이 없으면 들기름 듬뿍 넣은 양념간장으로 비벼 먹어도 그만이다.

텃밭요리사의 팁!
1. 양념장으로 비빈 무밥을 김에 싸 먹어도 맛이 잘 어울린다.
2. 당근 하나를 뽑아서 가늘게 채 썰어두었다가 밥 지을 때 한 줌쯤 같이 올리면 빛깔도 살고 씹히는 감도 좋다.
3. 달래장은 327쪽 '풍미를 살려주는 맛장 만들기' 참조.

◆ 무생채 ◆

무를 채 썬다. 소금을 훌훌 뿌려 버무려두었다가 속까지 고루 절여지고 물이 흥건하게 고이면 체에 받쳐 물기를 빼낸다. 고운 고춧가루를 넣고 조물거려 빨갛게 물들인다. 송송 썬 파, 다진 마늘, 매실발효액과 식초 한 방울을 넣고 한 번 조물거려 양념이 골고루 배어들게 한다. 볶은 통들깨를 뿌려준다.

무밥

무생채

텃밭을 밥상에 올리다

무청된장파스타

무를 잘라낸 무청을 소금 풀고 끓인 물에 삶는다. 체에 받쳐 물기가 빠지면 먹기 좋은 크기로 잘라놓는다. 마늘은 얇게 저미고 양파는 채 썬다. 멸치를 내장과 대가리를 빼고 다듬은 다음 물에 살짝 불려놓는다. 믹서에 된장과 불린 멸치를 넣는다. 멸치 비린내를 눙치기 위해 와인이나 소주 한 방울 떨어뜨려 곱게 간다. 파스타는 끓는 물에 소금 조금 넣고 삶아둔다.

둥근 팬을 센 불에 올려놓고 올리브기름을 두른다. 저며놓은 마늘을 넣고 갈색 빛이 돌고 마늘향이 느껴질 때까지 볶는다. 무청과 양파를 넣고 볶다가 멸치된장소스를 넣고 더 볶아준다. 삶아놓은 파스타를 버무려 한 번 더 볶는다. 되다 싶으면 다시마물을 부어 묽게 해준다.

텃밭요리사의 팁!
1. 파스타 삶는 법은 331쪽 '파스타 맛나게 삶는 법' 참조

✦ 무전 ✦

무는 반달 모양으로 도톰하게 썬다. 냄비에 들기름과 간장을 세 순가락 정도 넣은 뒤 썰어놓은 무를 한 켜 한 켜 담는다. 무가 잠길 듯 말 듯 다시마물을 부어 살짝 졸인다. 졸인 무에 통밀가루 반죽을 묻혀 기름 두른 팬에서 부쳐낸다. 타지 않게 앞뒤로 뒤집어주면서 노릇노릇하게 부친다. 뜨거울 때 상에 올린다.

텃밭요리사의 팁!
1. 반죽은 통밀가루에 소금으로 밑간을 한다. 통밀가루 1.5컵, 물 1컵 비율로 되지도, 질지도 않게 만들어놓는다. 쌀가루랑 전분가루를 섞으면 감칠맛이 더 난다.

✦ 무국 ✦

무는 굵게 채를 썬다. 냄비에 들기름을 두르고 달궈지면 무채를 집어넣고 볶는다. 국간장을 살짝 넣고 국물이 자작하게 나올 때까지 익힌다. 맛국물을 붓고, 다진 마늘을 넣어 한소끔 더 끓여낸다. 송송 썬 파를 넣고 간을 본다. 싱거우면 소금으로 덧간을 한다. 그릇에 담아 밥상에 올린다.

무전

무국

8월말에 씨 뿌리면 10월에 김치가 되어 밥상 위로 뚝딱!

총각무

예전엔 총각무라고 부르면 다 알아들었는데 언제부턴가 '알타리무'라고 부르고 있다. 사전을 찾아보니 총각무를 잘못 부르는 이름이란다. 아무튼 무보다는 뿌리도 잘고, 무청도 숱이 덜한 무다.

열무, 총각무, 무 등 배추과에 속하는 작물들은 무엇보다도 싹이 곧바로 올라와서 좋다. 더울 때는 하루, 이틀 만에 싹이 터오르기도 하니 싹이 언제 나올지 조바심치지 않아도 된다. 그 어린 떡잎을 톡톡이나 벼룩벌레 등 코딱지만 한 벌레들이 폴짝이며 갉아 먹으면 애가 타지만 그것도 잠시. 잎이 뽕뽕 뚫렸어도 일단 뿌리를 내렸다 싶으면 벌레가 다 먹지 못할 만큼 빠르게 자란다. 한 달 남짓이면 솎아서 김치를 담글 수 있다. 그렇게 빨리 결실의 뿌듯함을 안겨주는 작물도 흔치 않다. 아무튼 좀 어리지 않을까 싶을 때 뽑아 먹는다. 자칫 늦췄다가는 속에 딱딱한 심이 배겨 못 먹게 된다. '좀 일찍 뽑을걸' 후회될 뿐이니 때맞추어 거둘 일이다. '때에 맞추는 거. 농사에서 제일 중요하구나!' 거듭 깨닫게 된다. 하지만 제때 거둔 총각무의 사각거리는 식감은 끊을 수 없는 유혹이다.

총각무는 잎들이 서로 어깨를 비빌 정도로 배게 자라야 억세지 않다. 너무 촘촘한 데는 솎아서 무나 열무의 어린 싹처럼 나물로 무치고, 된장국도 끓인다. 우리는 그즈음 같이 자라는 열무랑 무를 솎아 만두를 빚어 먹기도 하는데 만두소 거리로 나무랄 데가 없다. 총각무는 봄, 가을 두 번 심는다. 8월말 가을농사 지을 때 심으면 김장철에 앞서 총각김치나 동치미를 담글 수 있다. 김장에 맞춰 같이 담그려면 그보다 늦춰서 9월 중순에 심는다.

◆ 총각김치 ◆

총각무는 잔뿌리를 득득 긁으면서 꼬랑지 부분만 잘라낸다. 억센 겉잎만 떼어내고 속잎은 남겨둔다. 억센 부분은 통에 김치를 담고 공기에 닿지 않도록 덮어줄 만큼만 남기고 절인다. 작은 것은 통째로, 큰 것은 반으로 혹은 네 갈래로 가른다. 굵은소금을 훌훌 뿌려 절여둔다. 적당히 절이고 씻어서 건져놓는다. 총각무에 고춧가루를 고루 묻힌 뒤 어슷 썬 파, 다진 마늘과 생강, 채 썬 양파 등 갖은 양념과 새우젓을 넣고 골고루 섞이도록 버무려 통에 담는다.

텃밭요리사의 팁!
1. 김치를 할 때 밀가루나 찹쌀가루로 풀을 써서 담글지, 액젓을 넣을지는 선택사항. 걸쭉하지 않고 담백한 김치를 원하면 풀이나 액젓을 넣지 않고 담근다.
2. 김칫거리를 절이는 시간은 추울 때는 시간이 더 걸리고, 더울 때는 덜 걸린다. 양이 많을수록 더 오래 절인다. 하나 먹어보고 속까지 고루 절여졌다 싶을 때 꺼낸다.

텃밭일꾼에게 경작 욕심을 불러일으키는 몇 안 되는 알곡작물

수수

수수는 별다른 도정과정을 거치지 않고 손으로 부비기만 해도 껍질이 잘 벗겨지기에 텃밭에서 기를 엄두가 나는 작물. 수수 이삭을 가위로 자르거나 낫으로 베어 깔개를 깔고 탁탁 두드리면 꼬투리가 잘 떨어져 나간다. 잘되면 한두 이삭에서도 한 컵 남짓 알곡을 챙길 수 있다. 수수밥을 지어 먹거나 부꾸미를 부쳐 먹는다.

부꾸미는 수수, 찹쌀, 녹두, 밀 등 곡물가루를 반죽해서 둥글납작하게 빚어 지지다가 소를 넣고 접어서 지진 반달 모양의 떡을 이른다. 어릴 적 수수부꾸미를 부쳐주시던 우리 어머니의 잰 손놀림은 그 떡의 쫀득거림과 팥소의 달콤함과 더불어 지금도 눈에 선하다. 기름에 고소하게 구워진 그 고향의 맛을 못 잊어 나는 수수 몇 그루를 심는다.

5월에 씨앗을 뿌리면 10월에 거둘 수 있다. 워낙 키가 훤칠하면서 낭창낭창하기 때문에 여름 태풍이나 비바람에 허리가 꺾이기 쉬운 게 흠. 미리 줄을 띄워 넘어지지 않도록 대비한다.

◆ 수수부꾸미 ◆

수수를 씻어서 서너 시간 물에 불린다. 수수 불린 물을 버리지 말고 수수를 갈 때 쓴다. 믹서에 수수와 간이 될 정도의 소금을 넣고 갈아놓는다. 수수가루는 뜨거운 물로 치대가며 반죽해놓는다. 삶아서 으깬 팥에 설탕과 소금 한 꼬집 넣고 버무려 소를 만들어놓는다.

팬에 기름을 둘러 달군 다음 동그랗게 떼어낸 반죽을 주걱으로 납작하게 눌러 지진다. 한쪽이 익으면 뒤집어서 소를 넣고 반으로 접어준다. 가장자리를 꼭꼭 눌러 붙여가며 지져낸다. 끄트머리가 제대로 붙지 않으면 소가 터져 나와 볼품도 없고 지저분하다. 수수 반죽이 제 빛깔을 잃어가면서 부풀어 오르는 듯싶으면 다 익은 거다.

텃밭요리사의 팁!
1. 삶은 팥을 체에 내려 고운 앙금소를 만들어 써도 된다. 팥알이 물컹하게 씹히는 통팥소는 삶은 팥을 숟가락으로 으깨기만 하면 된다.
2. 수수는 박박 비벼가며 문질러 불그레한 물이 우러나올 때까지 씻는다. 떨떠름한 맛을 없애려면 서너 번쯤 헹궈야 한다.

몇 포기만 심어도 양념은 물론 주전부리, 안주까지 딸려 오네!

생강

텃밭에 생강 몇 포기 심어두면 양념은 물론 주전부리, 안주로도 먹을 수 있다. 5월 하순, 심은 지 한 달 남짓은 돼야 싹이 트지만 그다음부터는 풀만 잘 매주면 저절로 잘 자란다. 포기가 사람 무릎에 찰 정도로 아담하면서도 잎이나 줄기가 삐죽해서 스스로 풀을 이기지 못해 짚을 깔아준다. 서리 오기 전에 캐는데 잎도, 씨생강도, 햇생강도, 알뿌리도 챙겨 먹을 수 있어 생각보다 쓸모가 많다.

음식을 먹다가 어쩌다 생강을 씹게 되면 기겁한다. 아리고, 맵고, 쓰고. 뭐 이런 맛이 있나 싶다. 하지만 생강이 들어가야 할 음식에 어쩌다 빠지게 되면 맛이 차지 않는다. 김치나 고기 음식을 할 때 생강이 안 들어가면 김 빠진 맛이랄까, 밋밋해진다.

생강은 다른 재료에 스며들어 있는 듯 없는 듯하면서도 전체적으로 맛을 끌어올린다. 그래서인가, 율곡은 제자에게 생강 같은 사람이 되라고 이르곤 했단다. 생강은 누린내, 비린내를 가시게 하는 양념으로 쓰이는데, 약성 또한 그에 못지않다. 『논어』에는 공자가 꾸준히 생강을 챙겨 먹었다는 이야기가 나온다. 이에 주자는 생강은 정신을 맑게 하고, 더럽고 나쁜 기운을 없앤다는 주석을 달았다. 『동의보감』에는 맛이 맵지만 성질이 따스하고 독이 없다고 서술되어 있다고 한다.

양념만이 아니라 얇게 저며서 설탕에 절여 차를 만들어 마시기도 한다. 설탕에 조려서 만든 편강이나 절편, 정과는 주전부리로 그만이다.

감기몸살로 으슬으슬할 때, 기침이 나고 가래가 끓을 때 생강차를 마시면 좋다. 차멀미를 하는 아이에게 할매가 생강을 머금고 있게 한 것도 대를 두고 이어져온 지혜다. 생강에 들어 있는 칼륨은 노폐물을 덜어주고 혈압을 낮추며 핏줄에 콜레스테롤이 쌓이는 것을 막아주니 고혈압에도 좋다. 검버섯을 없애주고, 노화를 막아주기도 한다. 단 공자님처럼 생강을 즐기더라도 몸에 열이 많거나 위가 약한 이들은 지나치지 않게 먹어야 한다.

◆ 편강 ◆

껍질을 깐 생강을 얇게 썰어 물에 담근다. 생강 조각과 같은 분량의 설탕을 넣고 약한 불에서 조린다. 설탕이 녹아 흥건해졌다가 다시 굳어질 무렵 건져내 식힌다. 편강은 끈적거리지 않아 집어 먹기에 편하다.

> **텃밭요리사의 팁!**
> 1. 생강의 아린 맛을 누그러뜨리기 위해서는 물에 우린다. 너무 두꺼우면 매운맛도 잘 안 빠지고 조리기도 쉽지 않기 때문에 얄팍하게 썬다. 얼마나 얄팍하게? 『규합총서』에서는 '칼날이 비칠 정도로 얇게' 썰라고 하지만 능력껏 할 수 밖에 없다. 생강 조각을 밤새 물에 담가 우려낸다. 그것만으로 부족하면 냄비에 물을 넉넉히 붓고 20~30분 데쳐낸다. 『규합총서』에는 '두 번 데쳐내라' 했지만 입맛에 맞게 빠지지 않았다 싶으면 한두 번 더 데쳐낸다. 재빨리 찬물에 식히고 체에 받쳐 물기를 빼놓는다.
> 2. 어릴 적에 우리 어머니는 생강을 까라 하실 땐 꼭 숟가락을 건네주시며 득득 긁으라고 하셨다. 칼로 껍질을 벗길 수도 있으련만 당신도 숟가락만 써서 다듬으셨다. 껍질 아래쪽에 좋은 성분이 몰려 있다는 걸 어찌 아셨을까? 하나씩 껍질을 까기 귀찮으면 생강을 캐고 나서 금방 물속에 두고 굵은 망에 넣어 북북 문질러 씻으면 수월하게 다듬을 수 있다. 이어 붙은 덩이들을 똑똑 부러뜨려 이음새 갈피에 들러붙은 흙까지 말끔히 들어내며 씻는다.

텃밭을 밥상에 올리다 223

텃밭일꾼이라면 파만큼은 온전히 내 힘으로 내 밥상에!

파

'1년 내내 사 먹지 않아도 될 만큼 파를 기르자!' 텃밭농사를 하면서 내가 품은 소망이었다. 심는 시기를 놓치지 않으면 그리 어려운 건 아니더라. 4월 중순경에 씨를 넉넉히 뿌려 5월 중순쯤 옮겨 심는다. 6월부터는 실파나 중파를 먹다 보면 어느새 굵은 대파를 보게 된다. 늦가을이 되면 한겨울에 먹을 파만 집 안으로 들여놓고, 나머지는 그냥 밭에 놔둔다. 날이 풀리면 이른 봄부터 새잎을 올려주니 이 움파를 먹는다. 6월이면 파에 종이 올라와 꽃이 피고, 꼬투리가 생기면서 뻣뻣해진다. 종 올라오는 부분을 따주라. 한참 동안은 다시 먹을 만하다.

마트에 나오는 파는 열흘에서 보름 간격으로 농약을 뿌리면서 기른 것들이다. 나는 10년 넘도록 재배하면서 파에 병이 온 적을 보지 못했다. 왜 그렇게 약을 많이 치는지 의아했다. 파만 전문적으로 농사짓는 밭을 보고서야 그 이유를 알았다. 수백, 수천 평에 파 한 가지만 심더라. 1년 내내 100여 가지 식물들과 어울려 오밀조밀 자라는 텃밭 파에는 설사 벌레가 노닐더라도 수확해서 먹을 만하다.

파는 오래 익히면 매운 향과 맛이 없어진다. 휘발성분이 날아간다. 음식 할 때 파를 맨 마지막 단계, 즉 먹기 직전에 넣어야 향긋하다. 파 기름을 낼 때도 약한 불에서 익힌다. 파는 부위에 따라 영양분도, 쓰임새도 다르다. 무칠 때는 흰 대를, 점성이 많은 잎은 걸쭉한 식감을 낼 때 쓴다. 수염이 무성한 파뿌리, 국물을 낼 때 듬뿍 넣으면 국물맛 걱정을 할 필요가 없다. 동치미에도 필수.

❖ 파채 ❖

파는 뿌리를 잘라내고 다듬는다. 파는 줄기와 잎이 갈라지는 부분에 흙이 묻어 있을 수 있으니 그 부위를 신경 써서 씻는다. 흐르는 물에 흔들어가며 씻으면 된다. 줄기 부위와 잎 부분을 나눠 작은 한 뼘 길이로 자른다. 하얀 대는 반쯤 칼집을 넣어 속대를 빼낸 뒤 펼쳐서 가늘게 채 썬다. 속대는 반으로 잘라 포개서 채를 썬다. 푸른 잎 부위는 칼집을 넣어 펼친 뒤 몇 장을 모아서 썬다. 그릇에 파채를 담고 구운 소금, 고춧가루와 깨소금을 훌훌 뿌리고 참기름 한 방울 넣어 슬쩍슬쩍 뒤적여준다. 접시에 소복하게 담아 밥상에 올린다.

> **텃밭요리사의 팁!**
> 1. 우리 시어머니는 고춧가루 대신 달걀노른자를 깨 넣는데 그 또한 고기랑 잘 어울린다.
> 2. 파는 고기의 군내와 기름기, 생선의 비린내를 가시게 해준다.
> 3. 미끈거리는 액체가 묻어 가늘게 썰기가 쉽지 않은데, 파채를 써는 칼이 쓸모가 있다.

윤기 자르르한 주황빛 속살에 담긴 놀라운 약성

울금

울금. 우울증을 풀어주는 금 같은 약, 그리고 술에 풀리면 황금색을 낸다고 하여 그 이름을 얻었다 한다. 한 그루에서 뿌리줄기는 강황, 덩이뿌리는 울금으로 달리 불린다. 가을에 울금을 캐보면 영락없이 생강을 닮았다. 그러나 칼로 썰어보면 주황색 윤기가 흐르는 속살이 얼마나 고운지 모른다. 모르는 이들은 파초냐고 물을 정도로 잎이 넓지만 키는 허리춤밖에 차지 않아 텃밭에 몇 포기 심어도 부담이 그리 크지 않다.
항암효과가 탁월하다고 알려져 요즘에는 도시텃밭에서도 심심찮게 눈에 띈다. 생강처럼 떫어서 날로 먹지는 않지만 그 향긋함은 독특하다.
얇게 썰어 말리거나 설탕에 재어서 차로 마신다. 말려서 가루로 빻아두고 쓰면 쓰임새가 많다. 생강처럼 음식에 넣어 먹으면 비린내나 누린내, 잡내를 잡아주며 풍미를 더해준다. 밥을 지을 때 조금 넣어 먹기도 한다. 카레가루를 만들 때 사용하는 재료지만 시중 카레맛과는 딴판이라 집에서 카레를 만들어 먹을 때 살짝 곁들여 사용하는 정도로 활용할 수 있다.

♦ 울금차 ♦

울금 잎을 잘라내고 잔뿌리와 덩이줄기를 자른다. 흐르는 물로 흙을 씻는다. 뿌리와 덩이줄기 부위는 얄팍하게 썰어 채반에 담는다. 볕도 들고 바람도 잘 통하는 곳에서 바싹 말린다. 그렇게 말린 울금 조각은 보리차를 끓이듯 한참을 끓여서 마신다.

텃밭요리사의 팁!
1. 울금을 썰어서 설탕을 울금과 같은 비율로 넣고 버무려 병에 담는다. 찻잔에 끓는 물을 붓고 울금 한 숟가락 넣어 우려 마신다.
2. 울금 잎은 버리지 말고 발효액을 담는다. 즙이 잘 우러나오도록 덩이줄기 몇 알도 같이 썰어 넣는다. 잎은 숭덩숭덩 잘라서 얄팍하게 썬 덩이줄기와 같이 설탕에 버무려 병에 담는다. 한 달 넘게 두었다가 건더기를 건져내고 즙만 따로 담아둔다. 발효를 거치면서 울금 자체의 진한 맛이 수그러들고 풍미가 진해진다. 물에 타 마시면 은은한 향이 풍기는 품격 높은 음료다.

10월 텃밭

찬바람에 밀리듯이 가을걷이로 부산해지는 때. 봄가을에 심은 작물들을 익는 대로 거두들이다 보면 어느새 텃밭이 휑하다. 단풍이 질 즈음이면 텃밭도 자신의 모든 것을 비워내고 겨울잠 채비를 마친다. 밭 한 귀퉁이에 아직 채 거두지 않은 배추가 있으려나? 배추통에도 가을빛이 짙다.

거두기: 생강, 울금, 야콘, 토란, 당근, 녹두, 결명자, 당근, 팥, 콩
생강, 울금, 야콘, 토란 몇 포기도 이파리가 누르스름해지니 날씨를 보아가며 된서리를 맞기 전에 캔다. 남은 녹두 꼬투리는 마저 따낸다. 둥근 눈썹처럼 갸름하게 생긴 결명자의 갈색 꼬투리도, 허옇게 말라가는 팥꼬투리도 늦지 않게 딴다. 콩도 꺾는다. 가을 당근도 뽑는다.

서리 걷이: 고추, 무, 고구마
서리가 내리기 전날은 부쩍 추워지고 있다는 느낌이 온몸으로 밀려든다. 한밤중에라도 무를 뽑고 호박을 따서 들여놔야 한다. 행여 미리 거두지 못한 고추라도 있으면 덮개라도 씌워놓아야 한다. 무는 무말랭이로 만들 것만 남기고 텃밭 한 귀퉁이에 웅덩이를 파고 묻어두거나 통에 위아래로 왕겨를 덮고 묻어둔다. 무청도 그늘에 걸어 말린다. 통이 들기 시작한 배춧잎은 허리춤을 지푸라기나 끈으로 묶어준다. 토란을 캐면서 베어낸 토란대, 고구마를 캘 때 거두는 고구마줄기는 껍질을 까지 않은 채 데쳐서 햇볕에 말린다.

씨 뿌리기, 모종 심기: 마늘, 양파, 밀, 보리
이듬해 거둘 마늘, 양파도 이즈음 심는다. 좀 늦었더라도 땅이 얼기 전에만 심으면 먹을 만하게 자란다. 밀, 보리 몇 포기라도 심어 가꾸겠다고? 이때를 놓치지 않고 씨를 뿌린다. 겨울난 시금치와 봄동의 꿀맛을 보려면 가을걷이 마친 땅이 얼기 전에 씨를 뿌린다.

파초를 연상하게 하는 울금의 넓은 잎

무성하게 자란 부추

한 줄기에 야콘 여러 개가 주렁주렁

어른 키보다 높게 자란 수수

10월 텃밭에서 하는 일

절기	거두기	씨뿌리기 등	기타
한로 (10.9)	들깨, 메주콩, 팥, 녹두, 수수, 결명자, 서리걷이 고추	양파 모종 옮겨심기, 밀, 보리, 시금치, 봄동	총각무 솎아내기, 갓 솎아내기
상강 (10.24)	무, 고구마, 생강, 야콘, 토란, 당근, 양배추, 비트, 콜라비	마늘	배추 묶어주기

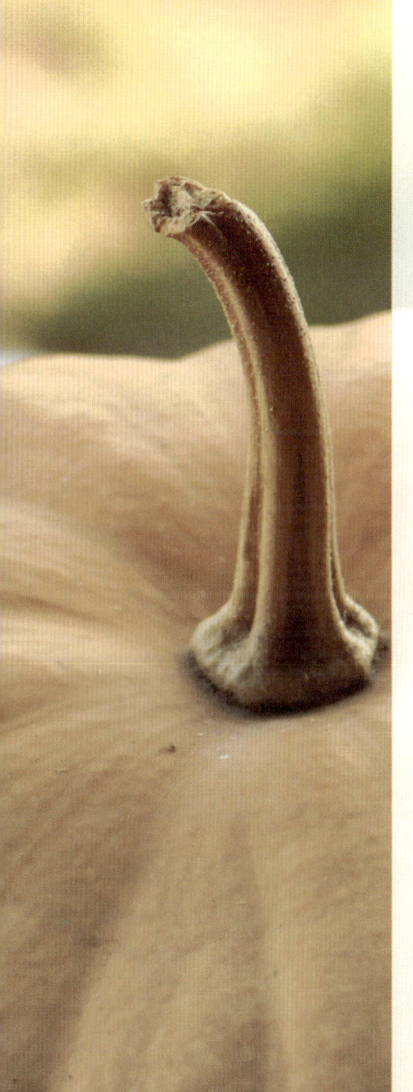

11월

 겨울의 한 대목 같은 날씨가 불쑥 밀어닥쳤다가 물러가곤 한다. 겨울이 정말 코앞으로 다가왔구나 느끼지 않을 수 없다. '입동(立冬) 추위'는 어쩌면 그렇게 빼놓지 않고 지나가는지. 하필이면 그때 수능시험이 치러지니 이른바 '수능 추위'다. 바람이 휘몰아쳐 매섭게 살 속으로 파고드는 겨울 들머리의 이 추위는 한겨울보다 더 옷깃을 여미게 한다. 그러다가 날이 푸근해지면 안개가 짙게 드리운다. 큰 강을 가까이 두었거나 샛강이 많은 마을이라면 더욱 그렇다. 바람이 불면 억새풀이 휘청거리고 나뭇잎은 후드득 떨어지니 숲은 몰라보게 비어간다. 나무의 존재감이 갈수록 또렷해지는 계절이다.

 텃밭을 하다 보면 꽃들이 1년 사시사철 꼬리에 꼬리를 물며 피고 진다는 것을 알게 된다. 그 끝머리에 마침표를 찍는 듯 서리를 맞으며 피어나는 꽃이 국화. 올망졸망한 산국이 여기저기 무리지어 방실거리고, 노란국화, 흰국화 깔깔거리는 걸 보노라면 늦가을의 스산함을 잠시나마 잊게 된다. 그래선가 '서정시를 쓸 수 없는 시대'에 빼어난 서정을 담은 시 '국화 옆에서'를 쓴 시인을 변명할 수 있을 것 같은 기분마저 든다. 국화꽃 향기가 좋아 즐기지 않는 술도 한잔 들고, 잘 웃을 줄도 모르다가 한바탕 웃어본다는 정몽주의 시도 떠오른다.

 그 꽃이 시들 때쯤이면 이제 겨울은 돌이킬 수 없는 힘으로 밀려온다.

 첫눈이 내린다는 소설(小雪). 날이 흐리면 첫 눈이 오려나 하늘을 올려보게 된다. 눈이 흔한 해에는 며칠 걸러 눈발이 날리지만 새해를 코앞에 둘 때까지 눈 한 번 내리지 않는 해도 있으니 하늘의 뜻을 어떻게 사람이 다 헤아릴 수 있을까.

11월 '텃밭 밥상' 한눈에 보기

절기	들풀	텃밭 작물
입동 (11.7)	구절초, 광대나물, 큰개불알풀	배추, 무, 쪽파, 청둥호박, 당근, 토란, 근대, 돌산갓, 고구마, 부추, 무청, 파슬리
소설 (11.22)	감국, 광대나물, 큰개불알풀, 묵나물, 장아찌	서리태콩, 배추, 시금치, 고구마, 근대, 무시래기

11월 밥상

서리를 맞고 따서 그런가. 서리태 꼬투리를 까서 밥을 지어 먹으니 단맛이 깊다. 동부, 팥, 녹두를 번갈아 가며 밥을 지어 먹는다. 통이 들어가는 배추 한 포기만 뽑으면 배춧국, 배추전, 배추겉절이, 배추볶음을 다 해 먹을 수 있다. 배추는 날로는 사각거리지만 익으면 한없이 푸근해지고, 양념에 버무려 삭히면 전혀 새로운 맛을 내니 참으로 경이로운 먹을거리다. 갈무리해둔 무도 반찬거리로 쏠쏠하다. 아직 쪽파가 남아 있으려나? 입동 전에는 두어 뿌리를 캐서 파전을 부쳐 먹을 수 있을 것이다. 배추 못지않게 추위에 강한 근대는 겨울의 코앞에서도 푸르기만 하다. 된장을 슴슴하게 풀어서 국을 끓이면 추위를 달래준다. 두둑을 높이고 모래질 흙에 심어둔 우엉 한 뿌리, 비탈진 둔덕에 심어둔 돼지감자는 땅이 얼어 호미 날이 들어가지 않을 때까지는 캐서 밥상에 올릴 수 있다. 서리 전에 거둬놓은 먹을거리들을 참참이 챙겨 먹기 시작할 때다. 두었다가 먹을수록 단맛이 드는 고구마와 야콘도 이제는 먹을 만해졌으려나. 입이 궁금할 때 과일 삼아 깎아 먹기도 하고 밥상에도 올려본다. 토란알을 다듬어 들깻가루 듬뿍 넣고 찌개를 끓여 먹어볼까? 죽, 전, 김치, 양갱, 크로켓, 김치. 그 덩치만큼이나 조리법도 많은 늙은호박도 썩히지 않으려면 바지런을 떨어야 한다. 자칫 밖에 두면 쉬이 얼어터지고 집 안에 오래두어도 겨우내 두다 보면 물러터지니 말이다. 얼어서 못 먹는다, 썩어서 못 먹는다, 쥐가 먹는다 등등 이래저래 못 먹게 되는 수가 생길 때면 농사는 내 입에 들어올 때 완성되는구나 싶다.

늦은 가을 서리를 맞을수록 단맛이 드는 기다림의 수확물

서리태콩

밥에 두어 먹는 콩들 가운데 저마다 고유한 맛을 내지만 서리태콩만큼 달짝지근한 콩은 없는 것 같다. 검은 콩이라고 다 서리태는 아니다. 껍질을 살짝 긁었을 때 연둣빛 속살이 보이면 서리태, 맞다. 늦은 가을 서리를 맞을수록 단맛이 드는 서리태는 기다림의 먹을거리. 하루가 멀다 하고 서리가 내려 얼어붙은 풀밖에 없는 밭에 마지막까지 잎을 떨구면서 누런 꼬투리를 달고 서 있다. 서리를 몇 번은 맞고 나야 맛이 든다. 꼬투리를 따서 바로 먹노라면 손톱자국이 날 정도로 무르지만, 하루가 다르게 딱딱해진다. 마른 콩은 마른 정도에 맞춰 몇 시간씩 불려서 음식을 해야 한다. 나는 어릴 때 콩밥이 그리 싫을 수가 없었다. 밥그릇에서 콩만 쏙쏙 빼서 밥상에 남겼다가 "그게 뭐하는 짓이냐!"고 어머니에게 싫은 소리를 듣곤 했다. 나이 들어서야 콩이 맛있어지더라. 단맛이 살짝 배어나는 데다가 고소하기도 한데 왜 싫어했을까? 언젠가 설컹거리거나 비린 콩을 씹었던 걸까? 그 은근한 맛이 팔딱거리는 어린이 기운에는 잡히기 어려웠던 건지도 모른다.

서리 맞고 거둔 서리태, 단백질이 소고기보다 네 배나 더 많이 들어 있다고 한다. 밥에 두어 먹고, 볶은 콩을 간장에 무쳐 먹는 콩장, 생콩을 조려 먹는 콩자반을 만들어두고 밑반찬으로 먹는다. 둥근 팬에 들들 볶아 주전부리로도 먹는다. 볶아서 가루로 빻아 미숫가루에 넣기도 하고, 꿀물이나 우유에 타 마시기도 한다. 뻥튀기를 하면 푸른빛이 노랗게 변하더라도 훨씬 부드러워진다.

◆ 콩밥 ◆

바싹 마른 콩은 한나절 남짓 불려야 하지만, 수확한 지 얼마 되지 않은 콩은 밥 짓기 전에 한두 시간 정도 불려도 먹을 만하다. 쌀이 햅쌀이라면 20분 정도 불린다. 불린 쌀에 서리태를 섞어 안친다. 밥물을 잡을 때 서리태를 불린 콩물을 같이 붓고 모자란 부분만 물을 더한다. 여느 때처럼 콩과 쌀보다 1.2배되는 물을 잡아 센 불에 올린다. 밥이 끓어오르면 중불로 줄였다가 불을 약하게 해서 뜸을 들인다. 푹 익어야 설컹거리지 않는다.

◆ 콩자반 ◆

둥근 팬에 씻은 콩과 다시마물을 넉넉하게 넣어 삶는다. 약불에서 끓이다가 숟가락으로 지긋이 눌러보아 콩물이 올라올 정도면 비리지도 않고 너무 무르지도 않게 익은 상태. 물을 따라내고 간장과 마늘 조각을 넣고 한소끔 더 졸인다. 간이 짭조름하게 들었다 싶으면 참기름 한 방울, 조청을 넣어 윤기나게 버무려준다. 접시에 담고 통깨를 솔솔 뿌린다.

텃밭요리사의 팁!
1. 콩을 불리지 않고 만들어야 쫀득한 식감을 살릴 수 있다.

콩밥

콩자반

텃밭에서 자란 가을배추를 먹어야 배추 맛을 안다!

배추

배추 맛은 아무래도 가을배추가 으뜸이다. 봄배추도 있고, 초가을의 고랭지배추도 있지만, 이즈음의 배추만큼 맛나지는 않다. 아침저녁으로 온도가 들쑥날쑥한 기후에서 몸집을 키우느라 그럴 터. 배추만이 아니라 작물 대부분이 일교차가 큰 데서 자란 게 맛나다. 서늘한 기운을 좋아하는 배추는 여름으로 들어설 무렵이면 더 이상 자라지 않는다. 그냥 놔두기라도 하면 녹아버린다. 때문에 한여름에는 배추를 먹기 어려운 것이 자연스럽다. 하지만 마트에는 일 년 내내 배추가 쌓여 있다. 장마나 태풍이 심하기라도 하면 김치가 '금치'가 되는데 화학비료와 농약을 퍼붓다시피 길러내 제철 먹을거리라고 볼 수 없는 그런 배추에 웃돈을 주면서 사 먹는 꼴이다. 더울 때는 배추김치가 아니라 찬 성질의 열무김치나 오이지 따위를 먹는 것이 제철을 아는 밥상이다.

마트에서 파는 가을배추도 크게 다르지 않다. 통이 터질 듯하지만 퍽퍽하고 별맛이 없다. 양념 맛으로 먹는 거지 배추의 맛은 잘 모르겠다. 그에 비해 텃밭에서 기른 배추는 질기고 뻣뻣한 감이 없지 않지만 '배추 맛이 이런 거구나' 알 수 있다. 배추는 추위에 강하다. 서리를 맞고도 아랑곳하지 않고 푸르게 빛난다. 얼었다가도 하루, 이틀 뒤 날씨가 풀리면 싱싱하게 살아난다. 가을에 배추가 흔할 때 몇 통 챙겨 잘 보관해두면 겨울을 지나면서 고소하게 맛이 든 노란 고갱이에 반색을 하게 된다. 겨울에 햇김치나 나박김치 담글 때도 요긴하다. 통이 들기 전이라도 겉절이를 무쳐 먹고, 전으로 부쳐 먹는다. 쌀뜨물에 된장을 풀어 넣은 배추토장국을 끓이며 김치, 백김치를 담그고 나면 겨울이다.

❖ 배추겉절이 ❖

배추잎을 손으로 먹기 좋게 뜯어놓는다. 간장에 고춧가루, 다진 마늘, 송송 썬 파, 매실 발효액을 섞은 양념장을 만든다. 찢어놓은 배추잎에 양념장을 넣고 살살 버무려준다. 사과를 채 썰거나 홍시를 터트려 넣으면 향기롭다. 조청이나 물엿 한 숟가락 떠 넣으면 윤기가 돌아 입맛을 돋운다.

❖ 배추전 ❖

배추잎의 잎맥이 두텁다 싶으면 칼자루로 톡톡 두들겨놓고 소금에 슬쩍 절인다. 통밀가루로 묽은 듯한 반죽을 만든다. 배추잎에 밀가루를 묻혀 반죽에 굴린다. 기름을 두르고 달군 팬에서 뒤집개로 눌러가며 노릇하게 지져낸다. 식으면 맛이 떨어지기 때문에 따끈하게 먹을 수 있도록 밥상 다 차려놓고 마지막에 지진다. 맛간장에 다른 양념 넣지 않고 식초 한 방울만 떨어뜨린 초간장을 곁들여낸다.

> **텃밭요리사의 팁!**
> 1. 밀가루가 묻지 않은 부분은 반죽이 흘러내려 잘 붙지 않는다. 반죽이 묻지 않으면 쫄깃하게 구워지지 않는다. 때문에 밀가루와 반죽이 묻지 않은 곳이 없도록 묻힌다.

배추겉절이

배추전

배추김치

통에 소금을 풀어서 소금물을 만든다. 배추 밑동에 칼집을 내어 손으로 반을 쪼개 굵은소금을 훌훌 뿌려 절인다. 배추가 절여질 동안 속에 넣을 재료를 마련한다. 배추 한 통당 대체로 반 개꼴로 들어가는 무는 반 토막을 채 썰어놓는다. 나머지는 믹서에 넣고 양파, 사과와 같이 갈아놓는다. 갓, 쪽파, 미나리, 청각은 손가락 하나 길이로 썰어 넣고, 마늘과 생강은 다져놓는다. 새우젓과 생새우도 곱게 다져놓는다. 절인 배추는 흐르는 물에 두세 번 절레절레 흔들어가며 씻어준다. 검불이나 진딧물 따위가 떨어지게. 채반에 속대 부분이 밑으로 가게 엎어놓아 물을 뺀다. 무채에 간 무와 새우젓, 고춧가루, 갈아놓은 양념류를 넣고 주물럭거리면서 빨갛게 물을 들인 뒤 갓, 쪽파, 미나리, 청각 등을 한꺼번에 넣고 버무려둔다. 배추잎과 줄기 켜켜이 소를 바르고 겉잎으로 오므려 통에 담는다. 통에 담을 때 배추와 배추 사이 틈이 있는 곳 사이에 토막을 친 무 몇 개씩 넣어준다. 먹을 때 보면 깍두기도 아니고 김치도 아닌 것이 그렇게 개운한 맛을 낼 수가 없다.

텃밭요리사의 팁!
1. 소금물은 물 10, 소금 1의 비율로 만들어놓는다. 절이는 시간은 눈대중으로 조절한다. 배추줄기 부위까지 고루 절여졌다 싶을 때 헹군다. 줄기를 꺾어보아 휘어지되 부러지지 않을 정도면 잘 절여진 것. 헹궈놓았을 때 두툼한 줄기들이 살짝 살아나는 부위가 있을 정도면 적당하다.
2. 우리 어머니는 맨 안쪽 노란 고갱이 부분은 속대째 떼어두시곤 했다. 나중에 쌈을 싸 먹을 몫이다. 밥상에 낼 때는 김장 소에 생굴을 듬뿍 넣어 맛깔스레 버무린 채장아찌를 곁들이셨다. 그 채장아찌를 올린 고갱이 쌈과 함께 돼지고기 수육을 먹던 김장날의 밥상. 그리운 밥상이다.

◆ 백김치 ◆

배추는 절여서 헹궈낸 뒤 물을 빼놓는다. 그사이 찹쌀풀을 쑤어 식히고 소를 만든다. 무 절반쯤은 채를 썰어 소금 살짝 뿌려 밑간을 해둔다. 나머지 절반은 양파, 생강, 생새우를 넣고 함께 갈아 즙을 내놓는다. 쪽파, 갓, 미나리, 청각은 손가락 마디만 하게 썰어놓고, 씨를 뺀 마른 홍고추, 대추, 마늘, 배, 사과, 껍질 벗긴 밤은 채를 썬다. 무채와 무즙에다가 앞의 부재료를 넣고 소금으로 간을 해서 소를 버무린다. 배추 켜켜이 소를 넣어 통에 담는다. 식혀둔 찹쌀풀에 물을 넉넉히 붓고, 소금으로 간을 한 뒤 자작하게 부어준다.

> **텃밭요리사의 팁!**
> 1. 김치 할 때보다 묽게 쑨다. 물 1리터에 찹쌀가루 두서너 숟가락 정도를 넣고 저어가며 끓이다가 끓기 시작하면 조금 있다가 불을 끈다.
> 2. 김치 맛은 지방색이 크다. 평안도에서 피난 오신 우리 시댁은 국물을 흥건하게 잡는다. 김치국물에 밥이나 국수를 말아 먹으면 제격이다. 바다를 끼고 있어 해산물이 풍부한 지방에서는 젓갈을 흠뻑 넣고 걸쭉하게 담근다. 소고기나 돼지고기 등 육고기를 저며 넣어 담그기도 한다. 경기도에서 살아온 우리 가족은 젓갈을 거의 사용하지 않고 생새우만으로 담그고, 물도 따로 넣지 않는다. 맛이 획일화되고 있는 요즘, 지방마다의 내력이 담긴 맛을 보존하면 맛의 세계도 더 풍성해질 것이다.

봄가을 한반도의 서늘한 기운을 먹고 자라는 토종 채소!

쪽파

쪽파는 서늘한 기후를 좋아해서 봄가을로 잘 자란다. 8월 중하순이나 9월초에 심어 마늘쪽처럼 생긴 씨를 묻으면 두어 달 지나 먹기 좋게 자란다. 이때가 쪽파의 제철. 서너 포기 뽑아 파전 부쳐야지 벼르게 된다. 그렇더라도 몇 포기를 남겨야 봄에 다시 돋아나는 쪽파를 먹을 수 있고, 씨도 챙길 수 있다. 봄에 땅속에 알뿌리를 맺는데 이것을 캐어두었다가 가을에 다시 심는다.

파의 잡종으로 개량된 것인가 싶지만 중국에서는 기원전부터 있었고 일본, 한국에 들어온 지도 1500년 이상 된 토종 채소다.

파김치와 파전은 쪽파만이 낼 수 있는 맛을 준다. 대파로는 그 맛이 안 난다. 대파가 흔치않은 이른 봄에는 파 대신 이용하기도 한다.

끓는 물에 데쳐서 댕기처럼 돌돌 말아 초고추장 찍어 먹으면 쪽파강회, 썰어서 부추를 섞어 양념간장에 무친 쪽파겉절이는 '이것도 파 맞아?' 싶게 나긋나긋 씹히면서 풋풋하다.

쪽파는 고기의 누린내, 생선의 비린내를 잡아주고 고기의 육질을 부드럽게 해주기도 한다.

◆ 파전 ◆

쪽파의 뿌리를 자르고 누렇게 마른 부분을 떼면서 다듬는다. 흐르는 물에 씻어 흙과 덤불을 씻어낸다. 얼려두거나 말려둔 빨간 고추를 꺼내 가늘게 어슷 썰어놓는다. 달걀 흰자와 노른자를 푸는 듯 마는 듯 휘저어 풀어놓는다. 통밀가루에 집 간장이나 소금으로 밑간을 하고 다시마물을 넣어 반죽을 만든다.

기름을 넉넉히 둘러 달군 팬에 반죽 한 국자를 펴고 그 위에 쪽파와 어슷 썬 빨간 고추를 얹는다. 달걀물을 끼얹는다. 센 불에서 익히다가 뒤집어 불을 줄이고 약불에서 노릇하게 지져낸다. 양념간장에 찍어 먹는다.

> **텃밭요리사의 팁!**
> 1. 오징어를 다듬어서 가늘게 썰어 반죽에 같이 넣어 부치기도 한다.
> 2. 시중 부침가루나 튀김가루에는 첨가물이 많이 들어 있다. 때문에 통밀가루를 사용하되 간장과 다시마를 섞어서 맛을 낸다.
> 3. 부추와 양파를 썰어서 쪽파와 섞어 부침개를 부쳐도 좋다.

한여름과 한겨울만 피하면 언제든지 심어 먹을 수 있는 '시금치 사촌'

근대

근대는 외래종 채소를 개량한 것 같지만 1600년대 펴낸 『동의보감』에도 나오는 식물. 위와 장이 나쁠 때 식이요법으로 쓰여왔다. 추위가 다가와 텃밭에서 온갖 채소들이 사라지고 나서도 꽤 한참 동안 살아 추위를 즐기는 듯하다. 서너 포기 심어두면 푸성귀 귀한 철에 반색을 하게 된다. 손바닥만 하게 자란 잎을 따 먹는데 조금 지나면 그만한 잎이 다시 나오니 봄에 심어두면 가을이 늦도록 먹는다. 8월에 새로 심어도 무방하다. 한여름과 한겨울만 피하면 언제든지 심어 먹을 수 있다. 심은 지 한 달만 지나면 뿌리째 솎아서 먹을 수 있다. 포기 사이가 호미자루 간격만큼 사이가 벌어졌으면 바깥쪽의 겉잎부터 따내더라도 금방 새순이 돋아난다.

근대는 시금치랑 사촌지간이라 모양이 비슷하고, 조리법도 비슷하다. 근대가 잎맥이 더 두껍고 잎사귀도 더 톡톡한 편이다. 잎이 넓어 찜기에 쪄서 쌈으로 먹어도 된다. 된장국을 끓여 먹고, 나물로도 무쳐 먹는다. 데친 근대를 으깬 두부와 버무려 먹기도 한다.

◆ 근대무침 ◆

두터운 잎맥 부위와 줄기, 잎사귀를 구분해서 잘라놓는다. 끓는 물에 두꺼운 순서대로 넣는다. 잎맥과 줄기가 있는 부분은 두꺼워서 늦게 익고, 잎 부분은 먼저 익기 때문에 골고루 익히기 위해서 이와 같이 한다. 데쳐낸 근대는 찬물에 헹궈 물기를 뺀 다음 꼭 짜둔다. 맛된장에 다진 마늘, 송송 썬 파, 들기름을 넣고 조물조물 무친다. 통들깻가루를 넣고 버무려 접시에 담는다.

◆ 근대국 ◆

근대를 흐르는 물에 씻는다. 맛국물을 펄펄 끓이다가 먹기 좋게 자른 근대를 넣고, 잎이 부들부들해질 때까지 끓인다. 다 끓었으면 된장을 슴슴하게 풀어넣고 다진 마늘, 어슷 썬 파, 송송 썬 청양고추 몇 조각을 넣어 한소끔 더 끓으면 불을 끈다.

> **텃밭요리사의 팁!**
> 1. 된장에 고추장을 섞어서 끓이면 칼칼한 맛으로 먹는다.

근대무침

근대국

수분을 잔뜩 머금은 흙속의 알!

토란알

'흙에서 나는 알'처럼 토실토실한 토란. 생긴 대로 이름이 붙었다. 텃밭에서 진자리를 골라 씨토란을 묻으면 한 번쯤은 '싹이 트긴 할 건가?' 조바심이 들게 되어 있다. 토란을 처음 심던 해에는 심은 자리를 살짝 파헤쳐 살았나 죽었나 정탐도 하게 된다. 흙속에서 하얀 촉을 올리고 있는 싹을 만나고 나서야 기다림이 부족한 나의 품성을 곱씹게 되더라. 5월 한동안 비가 내리지 않고 가문 해에는 한 달 반 만에 촉이 올라오기도 하더라. 일단 싹이 트면 기르기는 수월하다. 모르는 이들은 파초냐고 물을 정도로 너풀거리는 우산같이 넓은 잎사귀가 풀을 가려주는 덕에 풀과 씨름하지 않을 수 있기 때문이다.

캐낸 토란에는 진흙이 덕지덕지 붙어 있기 일쑤. 하지만 흙을 씻어내고 알처럼 뽀얀 뿌리를 보면 그래서 그 이름을 얻었구나 싶다. 껍질을 까는 게 번거로운 편이다. 흙을 씻어내고 끓는 물에 3~4분 정도 데치면 수월하다. 고무장갑을 끼고 문질러주면 껍질이 슬슬 벗겨진다. 지저분한 부분만 칼로 다듬어준다. 물을 두서너 번 갈아주며 하루쯤 담가서 아린 맛을 뺀다. 담가두면 나오는 미끌미끌한 진액에는 영양소가 많아서 버리지 않고 조리할 때 쓴다.

토란은 수분을 잔뜩 머금고 있으면서 탄수화물은 아주 적고 포만감을 준다. 식이섬유가 많이 들어 있어서 장을 활기차게 움직여 숙변을 제거하고 변비를 뚫어준다. 치질에도 좋다. 『동의보감』에서는 위와 장을 활발하게 해주는 것으로 나와 있다. 『향약집성방』이라는 옛 의서에도 나오는데, 이를 보면 고려 이전부터 심어 가꾸던 토종 식물이다.

◆ 토란들깨탕 ◆

토란을 다듬는다. 큰 것은 먹기 좋게 잘라 넣고 작은 것은 통째로 냄비에 넣는다. 들깨 국물에 맛국물을 좀 더 부어 끓인다. 토란이 다 익었다 싶으면 간장과 소금으로 간을 맞추고 어슷 썬 파, 다진 마늘 등 양념을 넣어 한소끔 더 끓여낸다.

텃밭요리사의 팁!
1. 토란은 한가윗날이면 국으로 끓여 먹는 절기 음식으로, 지역마다 먹는 법이 다소 다르다. 소고기를 넣고 끓이는 지역도 있다.
2. 들깻물을 많이 넣으면 진한 들깨탕이 되고, 적게 넣으면 맑은 들깨탕이 된다. 걸쭉하게 먹고 싶으면 쌀가루를 풀어 넣어도 된다. 토란대, 감자, 머윗대, 무 등을 이용한 들깨탕도 마찬가지다.
3. 간장만으로 간을 하면 색깔이 탁해지므로 소금을 섞어 간을 맞춘다.
4. 토란은 잎줄기만이 아니라 알뿌리에도 독성이 있어 맨손으로 다루면 아리고 쓰릴 수 있다. 수산화석회라 부르는 이 독성은 물에 녹기 때문에 충분히 우려내고 먹는다. 장갑을 낀 손으로 다루고 물에 담가 우려내고 쓴다.

배추보다 덩치 좋고 더 빨리 자라는 '순둥이' 채소!

돌산갓

돌산갓은 김치나 깍두기 할 때 넣는 얼청갓이나 청갓과 비슷하면서도 맛이 순해서 김치를 담그기 좋다. '여수 돌산갓'이라고 하지만 어느 가게에서나 씨앗을 파는 걸 보면 이제는 여수만이 아니라 다른 지역에서도 많이 심어 먹는 듯하다.

우리 식구는 아이들까지도 알싸한 돌산갓김치를 즐기기 때문에 해마다 몇 포기 심는다. 배추보다도 몸피가 좋고 덩치가 좋아 몇 포기만 담가도 김치통이 금방 가득 찬다. 무엇보다도 기르기가 수월하다. 씨앗만 뿌려두면 저절로 자라 있다. 벌레도 꼬이지 않는다. 배추보다 빨리 자란다. 배추 모종을 옮겨 심을 때 씨앗을 뿌리면 김장하기 보름 전쯤 김치를 담글 수 있다. 김장할 때까지 기다려 김치를 담그려면 돌산갓은 너무 자라 있어 지나치게 크고 뻣뻣하다. 김장할 때 같이 담그려면 배추 모종을 옮겨 심고 나서 여남은 날 뒤쯤에 씨앗을 뿌리는 게 좋다.

『동의보감』에서는 갓은 '사람의 몸에 있는 아홉 구멍을 통하게 한다' 하여 신장의 독을 없애주고 눈과 귀를 밝게 해주는 것으로 나온다. 중국의 『본초강목』에서는 '폐를 통하게 하며 가래를 삭이고 가슴을 이롭게 하며 식욕을 돋운다'라고 나와 있다. 채소로서는 단백질이 눈에 띄게 많이 들어 있고, 엽산이 특히 많이 들어 있다. 살짝 데쳐서 쌈으로도 먹고, 된장으로 무쳐서 나물로도 먹는다. 무엇보다도 맛과 향이 깊은 것은 김치. 가을에 담기도 하지만 남쪽에서는 겨울을 지내고 난 봄에 담가 먹는다.

◆ 돌산갓김치 ◆

돌산갓 뿌리를 떼어내고 다듬는다. 포기째 굵은소금을 뿌려 절인다. 서너 시간 지나 속속들이 절여졌으면 소쿠리에 받쳐 물기를 뺀다. 묽게 쑨 풀국을 식힌다. 식힌 풀국에 고춧가루를 풀고 액젓을 넉넉하다 싶게 넣어서 걸쭉해질 때까지 불려둔다. 믹서에 마늘과 생강, 양파를 갈아서 풀국에 넣고 고루 섞어준다. 이 양념소를 잎과 줄기 전체에 문질러주듯이 처덕처덕 발라서 통에 담는다. 담그자마자 먹으면 칼큼한 맛이 좋지만, 새곰하게 곰삭은 돌산갓김치의 알싸한 맛에 비할 바는 아니다. 밥상에 올릴 때는 접시에 줄기째 놓아 가위로 잘라 먹기도 하지만 아예 먹기 좋은 크기로 잘라놓기도 한다.

> **텃밭요리사의 팁!**
> 1. 갈아놓은 찹쌀에 들깻가루를 섞어 찹쌀죽을 쓰면 감칠맛이 깊어진다. 밀가루죽이나 찬밥을 써도 된다.
> 2. 갓에는 철분이 많아 스테인리스 용기에 넣으면 더 시어진다.

농익은 치는 농익은 대로, 중늙은 치는 중늙은 대로 쓸모가 있다!

늙은호박

청둥호박이라 불리는 늙은호박. '늙어서 겉이 굳어 단단하고 씨가 잘 여문 호박'이다. 덩굴을 살살이 뒤져서 애호박을 다 땄어도 늦가을 들어 잎이 마르고 덩굴이 쇠약해질 때쯤이면 어느 섶에선가 어김없이 늙은호박이 얼굴을 내밀더라. 딸 때를 놓친 것들이다. 분을 바른 듯 보얗게 흰 가루가 피어 있는 것이 있는가 하면 군데군데 푸른빛이 남아 있는 것도 있다. 마트에서야 농익은 치를 쳐주지만 텃밭에서는 이런 치 저런 치 다 나오니, 농익은 치는 농익은 대로, 중늙은이는 중늙은이대로 쓸모를 찾는다. 그 한 덩어리로 죽을 끓이면 30~40명은 거뜬히 먹을 터이니 '사람들 불러 호박죽 잔치 한번 벌여볼까' 궁리를 하게 된다.

덩치가 커서 그런가, 청둥호박을 먹는 방법이 참 다양하다. 만만한 게 호박오가리, 농익은 치는 껍질을 까고 썰어서 말리지만 아직 덜 여물어 푸른빛이 도는 치는 껍질째 썰어 말린다. 겨울철에 반가운 묵나물이다. 전, 김치, 찌개도 해 먹고 양갱, 크로켓까지도 해 먹는다. 호박 한 덩어리 떠억 갈라보라. 내가 흥부 아니고 호박과 박이 다른 줄 뻔히 알면서도 호박 가를라 치면 은근히 설렌다. 사람 속은 알 수 없어도 호박 속이야 훤하다. 농익은 주홍빛 살을 파고들어가 박혀 있는 씨앗. 물에 씻어 잘 말려 이듬해 심으면 다시 수십 덩이 호박으로 다시 살아날 터이니 몇 알 챙겨두시라. 겨우내 심심풀이로 까 먹어도 고소하다.

늙은호박은 부기를 빼주므로 아기를 낳은 여성들에게 권하는 먹을거리다. 비타민A, C, B2가 특히 많이 들어 있다고 한다. 동짓날에 호박을 먹으면 중풍에 걸리지 않는다는 이야기도 전해진다.

❖ 호박죽 ❖

호박을 다루기 좋은 크기로 자른다. 숟가락으로 속을 파내고 칼로 껍질을 벗긴다. 숭덩숭덩 썰어서 압력밥솥에 물을 붓는 듯 마는 듯 붓고 끓인다. 추가 돌아가고 조금 지나면 압력을 빼고 덩이진 것들을 주걱으로 눌러가며 으깬다. 으깨면서 졸이다가 풀어놓은 찹쌀가루를 섞어서 저어준다. 찹쌀가루가 투명한 느낌이 나면 다 익은 것. 달콤한 맛을 더하려면 설탕을 넣어 먹는다. 팥을 좋아하면 미리 삶아둔 팥을 한 움쿰 넣어서 끓여 먹는다.

> **텃밭요리사의 팁!**
> 1. 죽을 쑤고 남은 것은 잘라서 냉동실에 보관했다가 다시 써도 무방하다.

❖ 늙은호박전 ❖

껍질을 까고 속을 파낸 호박살. 조각조각 썰어서 믹서에 갈거나 채를 썬다. 소금을 뿌려 뒤적이면 물기가 생기는데 여기에 통밀가루를 넣고 뒤적인다. 노릇노릇 뒤집어가며 굽는다. 달콤하고 쫀득한 맛은 뜨거울 때 먹어야 제대로 느껴진다.

> **텃밭요리사의 팁!**
> 1. 채 썬 양파를 같이 넣어서 부치면 살캉하니 씹히는 맛이 좋다.
> 2. 호박 자체가 수분이 많아 물을 따로 넣지 않아도 그냥 반죽이 된다.

호박죽

늙은호박전

◆ 늙은호박크로켓 ◆

껍질을 벗기고 속을 발린 호박을 푹 삶는다. 국물을 따라내고 따뜻할 때 으깬다. 고구마와 당근도 깍둑 썰어 찜기에 쪄서 식기 전에 으깬다. 땅콩은 작은 부스러기로 부숴놓는다. 양파도 잘게 다진 다음 소금, 후추로 간을 한다. 달걀을 풀어놓는다.

재료를 모두 섞고 소금으로 밑간을 한 뒤 통밀가루를 섞어준다. 손으로 뭉쳐서 갸름하게 빚는다. 통밀가루를 묻힌 다음 달걀물에 적셔 빵가루를 입힌다. 팬에 기름이 끓으면 튀겨내 체에 받친다.

> **텃밭요리사의 팁!**
> 1. 늙은호박 1/4쪽, 양파 1개, 고구마, 당근 한 줌, 달걀 1개, 통밀가루 1컵, 빵가루 1컵
> 2. 나무젓가락을 넣어보아서 공기방울이 생기면 튀기기에 적당한 온도다.

◆ 늙은호박찌개 ◆

호박을 큼직큼직하게 썰어 새우젓, 다진 마늘을 넣고 버무려 잠시 재워둔다. 호박에 간이 들면 다시마물을 붓고 끓인다. 웬만큼 끓이다가 새우, 채 썬 양파, 고춧가루, 다진 마늘을 넣고 한소끔 더 끓인다. 어슷 썬 파를 넣고 바글바글 끓여 밥상에 올린다.

늙은호박크로켓

늙은호박찌개

◆ 늙은호박김치 ◆

속을 빼고 껍질을 벗긴 뒤 얇고 판판하게 먹기 좋은 크기로 호박을 썰고 액젓에 재워 놓는다. 배추는 소금에 절여 씻어 건져 놓는다. 마른 고추는 물에 불려서 마늘, 생강과 함께 갈아 놓는다. 액젓에 재워놓은 호박에 배추와 어슷 썬 파, 갈아놓은 양념을 넣고 버무려 통에 담는다.

텃밭요리사의 팁!
1. 마른고추가 없으면 고춧가루를 쓴다.
2. 쌀뜨물 넣고 우린 맛국물에 바글바글 끓이면 특출한 맛의 김치찌개가 된다.

◆ 늙은호박양갱 ◆

호박의 껍질을 벗기고 씨를 바른다. 호박을 썰어 생강, 계피를 넣고 푹 삶는다. 호박을 믹서에 곱게 갈아놓는다. 한천에 물을 붓고 끓이면서 녹인다. 간 호박을 냄비에 넣고 끓이다가 녹인 한천을 넣고 더 끓인다. 설탕, 조청을 넣어 반으로 줄어들도록 졸인다. 모양이 있는 그릇에 부어 굳힌다. 굳고 나면 그릇에서 떼어 접시에 담는다.

텃밭요리사의 팁!
1. 적당한 재료 비율은 청둥호박 한 개, 한천 200g, 생강, 계피, 설탕, 조청 약간씩.

늙은호박김치

늙은호박양갱

풀 관리 쉽고, 벌레도 달려들지 않아 기르기 쉬운 텃밭작물

우엉

어쩌다 이웃집 밭에서 부러진 우엉 하나를 맛본 뒤, 우엉을 심는다. 어른 키만큼 자라고 뿌리도 땅속 깊이 1m가량 뻗으니 심는 자리를 잘 골라 잡는다. 물이 잘 빠지고 돌이 많지 않고 흙살이 좋은 흙에 심어야 곧게 뻗은 우엉을 캘 수 있다. 흙을 높이 올려 두둑을 만들어 씨를 심는다. 그렇지 않으면 울퉁불퉁하고 잔뿌리가 많고 거무튀튀한 우엉을 각오해야 한다.

뿌리가 깊어 상업적으로 짓는 이들은 포클레인으로 캐더라. 삽이나 곡괭이로 캐어도 부러뜨리지 않고 캐기는 쉽지 않다. 그러면 어떤가? 팔려면 찜찜하겠지만 집에서 먹기에는 아무 지장 없는걸! 묵직하고 은은한 특유의 향, 감칠맛이 뛰어나다.

잎이 커서 풀을 관리하기도 쉽고 벌레들이 많이 달려들지도 않아 기르기는 어렵지 않다. 다만 씨앗을 심으면 절반 정도는 싹이 트지 않는다는 걸 감안해야 한다. 씨앗을 넉넉히 뿌리는 수밖에 없다. 또한 비슷한 크기의 것을 남겨두고 솎을 수 있도록 신경 써야 한다. 싹이 먼저 텄거나 영양이 좋아서 포기가 커진 것이 크기가 작은 것을 가로막아 자랄 여지를 주지 않기 때문이다.

겨울을 밭에서 지낸 우엉은 봄이 되면 다시 싹이 튼다. 이때 우엉을 캐면서 잘라낸 잎을 데쳐 쌈장에 찍어 먹으니, 쌈 가운데 이렇게 맛있는 게 있었나 싶더라.

봄에서 여름까지 꽃을 피우고 꼬투리를 달더니 장마철이 지나 씨앗을 받을 수 있더라. 이눌린이 많이 들어 있어 신장에 좋고 섬유질도 많아 살이 찌지 않는다. 항암효과가 뛰어나기도 하고, 맛이 좋아 채소즙을 내어 먹기도 한다. 조려서 김밥에도 넣고, 데쳐서 무치기도 하고, 잡채에 넣어 먹기도 한다.

우엉채조림

우엉은 칼로 껍질을 벗기고 손가락 길이 크기로 토막을 친다. 토막을 얇게 편으로 썰어 채 썰 듯이 썬다. 채 썬 우엉을 식초 탄 물에 20분쯤 담근다. 아린 맛을 줄이기 위해서다. 흐르는 물에 씻으면서 식초물을 빼고 체에 받쳐 물기가 빠지게 한다. 마늘을 까서 얇게 썰어놓는다.

둥근 팬에 기름을 넉넉히 두르고 썰어놓는 마늘과 우엉채를 넣고 들들 볶는다. 우엉채가 기름옷을 입었을 즈음 물을 조금 부어 익힌다. 보글보글 끓으면 간장, 설탕, 조청을 넣고 뚜껑을 덮어 중불로 졸인다. 웬만큼 졸인 다음에는 뚜껑을 열고 센 불로 올려 조림장이 남아 있지 않았다 싶을 때까지 졸인다. 참기름과 검은 통깨를 뿌려 골고루 섞어준 뒤 접시에 담는다.

텃밭요리사의 팁!
1. 우엉을 어슷어슷 썰어서 졸여도 된다.

갈색 빛으로 물들어가는 늦가을 들판에 등불을 켜다!

국화

국화는 가짓수가 헤아릴 수 없이 많다. 감국, 산국, 쑥부쟁이, 구절초……. 들국화라 불리는 야생 국화꽃만 해도 수십 가지. 산과 들만이 아니라 개울가, 마당을 가리지 않고 핀다. 큼지막한 치부터 오종종한 치들까지, 올망졸망 무리지어 피기도 하고, 꽃대 위로 홀로 피어나기도 한다. 천지는 온통 칙칙한 갈색인데 그 꽃무리는 등불을 켠 듯 환하다. 적어도 찬바람이 불고 얼음이 얼기 전까지는. 하기에 누구는 '서리 속의 호걸'이라 호명하고, 누구는 '서리 속의 영웅'이라 부를 만했구나 싶다.

예전에는 음력 9월 9일을 중양절이라 하여 국화꽃을 밥상 위에 올렸다. 꽃을 따서 날로 먹기도 하고, 술 위에 꽃잎을 띄워 국화주를 마시기도 하고, 뿌리에 물을 적셔 흘러나오는 국화수를 마시기도 했다. 국화떡도 만들고, 화전도 부쳐 먹었다. 삿된 것을 물리치고, 늙지 않게 해주는 힘을 지니고 있다고 믿어서다. 귀족층이 아닌 보통 서민도 그럴 수 있었을까 궁금해지기는 하지만 멋들어진 풍류다.

국화꽃 가운데서도 구절초는 풋풋한 향기가 진하다. 꽃만이 아니라 가지도 그렇다. 어쩌다 스치기만 해도 물씬 향기가 난다. 잘 마르지 않아 열흘에서 보름을 말리게 되지만 꽃향기가 쉬이 사라지지 않는다. 지조가 꼿꼿한 선비의 품격을 닮은 꽃이다. 한의학에서는 말려서 달여 먹으면 몸을 따스하게 해주고 부인병에 탁월하다고 본다. 그래선가. 손발이 차거나 산후 냉기가 있을 때 달여 마시는 상비약으로 쓰여왔다. 단맛이 난다는 감국도 효능이 뛰어나더라. 뒷동산 기슭에 노랗게 피어난 감국을 따서 말려두었다. 한기가 들어 눈이 충혈되고, 잇몸이 뻐근하고 염증이 느껴지길래 두서너 송이를 입에 물고 있었더니 씻은 듯이 낫더라. 물고 있으면 입안 가득 퍼지는 국화 향이 입 냄새를 빨아들이는 듯 개운해진다.

◆ 구절초꽃차 ◆

구절초 꽃봉오리를 딴다. 흐르는 물에 씻는다. 그늘지고 바람이 잘 드는 곳에 펴 널어 말린다.
주전자에 물을 끓여 한숨 식힌다. 찻잔에 꽃 한두 송이 넣고 물을 부어두었다가 잠시 뒤에 마신다.

텃밭요리사의 팁!
1. 주전자에 물을 끓이다가 구절초 한 줌을 넣고 약불로 줄여 10분 정도 우려내서 마시기도 한다. 소주잔에 띄워서 멋스럽게 술을 마셔도 그 진한 향은 수그러들지 않는다.

◆ 감국차 ◆

감국을 흐르는 물에 씻는다. 찜기에 물을 넣고 면모를 씌워 김을 올린 뒤 감국을 올려 살짝 쪄낸다. 그늘에서 한 김 나가게 말린 뒤 밑이 두꺼운 냄비나 무쇠솥에 넣고 낮은 불에 덖는다. 덖을수록 부드러워지고 구수해진다. 적어도 서너 번은 덖는다. 주전자에 물을 끓여 찻잔에 따른다. 설핏 김이 나간 뒤 말린 감국 네댓 송이를 띄운다. 몇 분 뒤 노랗게 우러나면 마신다.

텃밭요리사의 팁!
1. 여러 송이를 넣으면 쓰다.

구절초꽃차

감국차

11월 텃밭

11월 초순에는 배추나 서리태콩이 남아 있겠지만 그마저 걷고 나면 텃밭은 텅 빈 느낌이다. 보리싹, 밀싹은 서릿발 따위 무심하다는 듯 파릇하기만 하다. 어쩌다 들른 텃밭에서 아침이슬 머금고 햇살에 빛나는 보리싹을 만날 터. 입동에 보리싹이 가위 모양으로 나 있으면 풍년 든다는 옛말 따라 내년 농사도 점쳐보면서 가끔은 일 없이도 텃밭을 둘러볼 일이다.

거두기: 서리태콩, 배추, 근대

마른 풀만 서걱이는 텃밭을 늦도록 지키는 작물이 서리태콩과 배추. 서리를 맞고 꺾어야 제맛이 난다는 서리태콩, 눈발 날리기 전에는 거둬들여야 한다. 배추도 입동 추위쯤은 견뎌내지만 영하 5도 이하로 떨어지는 날씨가 이틀 이상 이어지기 전에는 뽑아야 한다. 겨울이 몹시 추운 곳에서는 이듬해 봄에 씨앗을 받을 몇 포기는 줄기만 슬쩍 도려내고 그 자리를 덮개로 덮어준다(이른 봄에 덮개를 걷어주면 언제 그랬냐 싶게 새순을 틔워올려 꽃을 피운다. 남녘에서는 밭에 그냥 놔두어도 겨울을 끄떡없이 나고 꽃을 피운다). 근대 몇 포기가 남아 있거들랑 겨울 추위가 본격적으로 들이닥치기 전에 따 먹는다.

덮어주기: 마늘, 양파

마늘, 양파도 이제 뿌리를 내렸을 터. 겨울맞이를 해야 할 때다. 짚이나 왕겨를 구해 덮어주면 겨우내 땅속으로 뿌리를 내리며 봄을 준비할 것이다. 왕겨를 어디서 구하나? 요즘은 흔치 않은 방앗간이지만 눈여겨보면 찾을 수 있다. 산더미같이 쌓인 왕겨는 인사만 잘하면 거저 퍼 가라고 인심을 쓰는 데도 많다. 삽으로 푸다 보면 먼지가 풀풀 날린다. 마늘밭, 양파밭에 1~2cm 정도 두껍게 덮어준다.

늦가을 환한 등불을 켠 듯한 국화

뿌리가 깊이 박히는 우엉

'시금치 사촌' 근대

추운 텃밭을 묵묵히 지키는 배추

11월 텃밭에서 하는 일

절기	거두기	기타
입동 (11.7)	서리태콩, 근대	국화꽃 따서 말리기
소설 (11.22)	배추	배추 묶어주기 양파·마늘 덮어주기

12월

하루가 다르게 해는 짧아져 오후 5시만 넘어도 어둑어둑하다. 일찍 잠들어도 깨어보면 여전히 캄캄하기 일쑤. 12월 22일, 동지(冬至) 팥죽을 먹고 나서야 해가 '노루꼬리 만큼씩' 낮을 키우고 있구나 더듬을 수 있다. 자고 나면 살얼음이 끼어 있던 물받이통은 날마다 꽝꽝 언 얼음을 담고 있다.

12월 들머리에 대설(大雪)이라는 절기가 있긴 하나 알 수 없는 일이다. 이 달이 다가도록 눈발이 날리지 않는 해도 있었으니. 지난해가 그랬다. 올해는 11월에 첫눈이 내리더니 12월 들어서도 잊을 만하면 눈발이 날렸다. 눈이 많으면 풍년 든다는데 복음이 따로 없다. 해마다 눈이 얼마나 내릴지 알 수 없으니 장님이 코끼리 다리 만지듯 자연을 살펴볼 수 있을 뿐이다. 농사도 그렇다. 내년 농사가 어찌 될지 날 일기만큼 오리소리하다. 손바닥만 한 농사를 짓더라도 '농사는 하늘이 짓는다'는 말을 곱씹게 된다.

겨울잠을 자러 들어간 벌레와 마찬가지로 농부도 이제는 하릴없다. 겨울잠을 잘 때다. 자다 깨다 하면서 이듬해 농사를 어찌할 거나 떠올려보곤 할 뿐이다. 겨울은 생각보다 길어서 느릿느릿 더듬어가도 괜찮다. 겨울 두서너 달에 걸쳐 이렇듯 느긋하게 숨을 고를 수 있다는 것이야말로 농사일의 큰 매력이다.

12월 '텃밭 밥상' 한눈에 보기

절기	들풀	텃밭 작물
대설 (12.7)	냉이	도라지, 갖가지 나물, 더덕, 우엉, 콜라비, 돼지감자, 시래기
동지 (12.22)	광대나물, 봄까치풀	배추

12월 밥상

이제 텃밭에서 바로바로 거둬다 먹을 것이 그리 많지 않다. 아직 땅이 얼지 않았다면 잎은 고스러졌어도 뿌리는 땅속에서 거뜬한 더덕, 우엉, 도라지, 돼지감자를 한두 뿌리씩 캐다 먹을 수 있다. 봄, 여름, 가을에 갈무리해둔 곡식들과 묵나물들을 한두 가지씩 꺼내 밥상을 차릴 때다. 늦어도 2월 대보름까지 겨우내 먹을 묵나물들. 호박오가리, 가지오가리, 토란대, 고구마줄기, 참나물, 취나물, 아주까리잎, 고추부각을 이때부터 지지고 볶으면서 밥상에 올린다. 무말랭이를 고춧잎 말린 것과 섞어서 무치면 맛깔 난 밑반찬이 된다.

밥도 갖가지 잡곡을 번갈아 두어가며 짓는다. 팥밥도 좋고, 녹두밥도 좋고, 수수밥, 콩밥, 동부밥도 좋다. 말린 옥수수알을 따서 옥수수밥을 지어도 별미다. 나물콩 한 컵으로 콩나물을 길러 콩나물밥을 해 먹을까, 말린 시래기를 걷어서 시래기밥을 해 먹을까, 김장김치 썰어서 김치밥을 해 먹을까? 입이 궁금하면 단맛이 든 야콘도 깎아 먹고, 팝콘옥수수 씨알을 따내서 팝콘도 튀겨 먹는다. 동짓날에는 팥죽을 쑤어 먹으며 해가 바뀌어가는 길목을 기린다.

손에 꼽히는 찬거리 공급 작물!

무청

무청만큼 쓸모 있는 찬거리도 흔치 않다. 마르지 않은 것은 그것대로, 꾸덕꾸덕 마른 것이나 바싹 마른 것은 또 그것대로 요긴하다. 무 뿌리를 자르고 나서 줄에 넣어 말린다. 햇볕이 쨍쨍한 곳에서 말리면 잎이 누레진다. 그늘에서 바람을 쏘이며 말리거나 데쳐서 말리면 파르스름하니 색이 곱다.

무청에는 철분이 많을 뿐만 아니라 식이섬유와 미네랄, 칼슘이 풍부하다. 말리게 되면 햇빛을 받아 생성되는 비타민D도 먹을 수 있게 된다.

그래서인가, 종묘회사들은 무 뿌리는 볼품없고 잎만 무성한 씨앗을 만들어냈다. 그런 무시래기를 햇살에 쪼이지 않고 건조기로 말리면 아무래도 맛이 덜하다. 영양도 적을 수밖에 없다. 번거롭더라도 햇빛에 말린다.

시래기는 된장국이나 나물로 볶아 먹는다. 밥을 지어서 양념간장에 비벼 먹어도 맛나다. 민물고기찜이나 감자탕 등 찌개를 끓일 때도 그만이다. 밑에 깔아 느른하게 익히면 입에 살살 녹는다. 겨우내 반찬거리가 마땅찮을 때 참 만만하다.

무시래기는 잘 삶아야 그 맛을 제대로 볼 수 있다. 자칫 덜 삶아 살짝 뻣뻣하기만 해도 맛이 안 난다. 힘줄이 풀어지지 않은 근육을 씹는 기분이랄까? 부들부들한 느낌이 날 정도로 삶아내야 맛있다. 그러려면 압력밥솥으로 삶아야 제격이다. 먹기 전날 밤쯤에 물에 담갔다가 압력밥솥에 넣고 삶는다. 추가 돌아가기 시작하고도 20여 분가량을 더 끓인 뒤 불에서 내려놓는다. 솥이 식을 때까지 그 물에 담가두면 무르게 삶아진다.

잘 씻는 것도 삶는 것만큼 신경 써야 하는 대목. 서너 번 이상 바락바락 문질러 씻는다. 그래야 군내가 싹 빠지고 제맛이 난다.

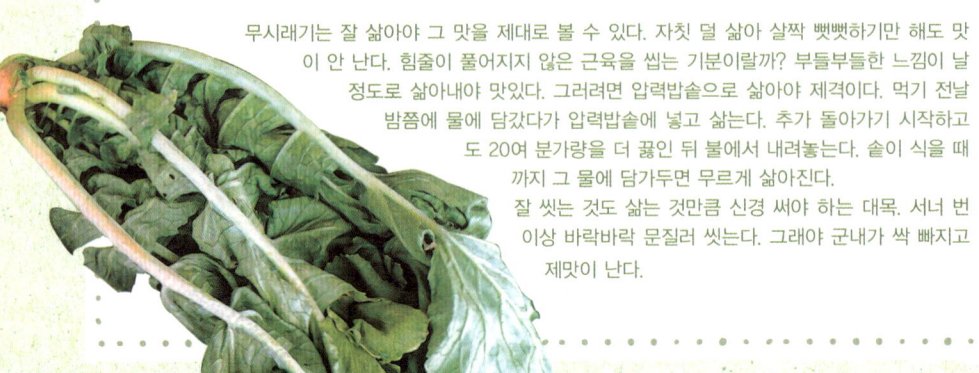

◆ 시래기밥 ◆

삶아서 말끔히 씻은 시래기를 손가락 한 마디가량 자른다. 맛간장으로 살짝 밑간을 하고, 들기름을 넣어 조물조물 무쳐놓는다. 불린 쌀을 냄비에 넣고 무쳐놓았던 시래기를 얹는다. 센 불에 끓이다가 끓기 시작하면 중간불로 줄여 한소끔 끓으면 다시 약불로 줄여 뜸을 들인다. 그릇에 밥을 퍼서 밥상에 올린다.

텃밭요리사의 팁!
1. 시래기밥은 양념간장에 들기름 넣고 비벼 먹으면 맛나다. 양념간장은 327쪽 '풍미를 살려주는 맛장 만들기' 참조.

◆ 시래기나물 ◆

시래기를 삶고 씻은 뒤 먹기 좋게 자른다. 맛간장과 다진 마늘, 들기름을 넣고 조물조물 무쳐서 간이 배도록 놔둔다. 팬을 달구고, 무친 시래기를 넣어 골고루 볶아준다. 다시마 우린 맛국물을 부어 더 볶으면서 들깻가루와 송송 썬 파를 한 움큼 넣는다. 약불에서 양념 맛이 골고루 들도록 졸인 뒤 불을 끄고 뚜껑을 덮어둔다. 접시에 담아 밥상에 올린다.

텃밭요리사의 팁!
1. 맛간장 대신 맛된장을 넣어 무쳐서 볶으면 또 다른 맛이다. 맛간장과 맛된장은 327쪽 '풍미를 살려주는 맛장 만들기' 참조.

시래기밥

시래기나물

텃밭을 밥상에 올리다

시루에 콩 한 컵을 넣고 나서 1주일 후면 먹을 만한 양을 얻는다!

나물콩

콩나물은 햇빛이 비치지 않는 곳에서 콩의 싹을 틔워서 기르는 채소. 콩나물을 기를 때 쓰는 나물콩은 '오리알콩'이라고 불린다. 녹두보다 진한 녹색에 검은 얼룩무늬가 있다. 이 콩으로 나물을 기르면 대가리가 작고 뿌리가 길어 그 어떤 콩보다 좋다. 오리알콩이 없다? 메주콩으로 나물을 길러 먹어도 되고, 쥐눈이콩이나 서리태콩으로 길러 먹어도 된다.

오뉴월에 씨앗을 뿌리거나 모종을 내는데, 이 콩은 메주콩보다 꼬투리를 많이 단다. 그만큼 콩알도 많이 달리지만 자잘하다.

콩나물을 기르는 시루가 없더라도 주전자를 이용하면 어렵지 않게 콩나물을 기를 수 있다. 하루에 네댓 번씩 물을 주기가 번거로우면 자동으로 물을 주게 되어 있는 콩나물시루를 구해서 길러 먹는다. 시루에 콩 한 컵을 넣어 하루에 한두 번씩 물을 갈아주면 대략 1주일이면 먹을 만한 콩나물을 얻을 수 있다.

콩에는 단백질과 지질이 아주 많이 들어 있지만 비타민은 전혀 없다. 하지만 나물로 기르면 성분이 변화해서 비타민류가 생긴다. 특히 콩나물 뿌리에는 숙취를 없애주는 아스파라긴산, 비타민C가 많이 들어 있다. 고려시대의 의학책 『향약집성방』에서는 콩나물은 '감기를 낫게 하고 속을 시원하게 가라앉힌다'고 한다.

콩나물 무쳐 먹고, 국 끓여 먹고, 밥도 해 먹고, 라면에 넣어 먹기도 하고. 잡채도 하고, 쓸모가 많다.

콩을 물에 불려서 싹이 틀 듯 말 듯할 때 시루에 앉히면 좀 더 빨리 자란다. 콩 한 컵으로 나물을 기르면 1kg이 넘는 콩나물을 얻을 수 있다.

◆ 콩나물밥 ◆

쌀은 씻어서 30분쯤 불린다. 그 사이 콩나물을 다듬어 물에 씻는다. 솥에 콩나물을 깔고, 그 위에 쌀을 넣는다. 물은 쌀밥을 지을 때보다 적게 잡는다. 자작자작 쌀이 잠길 듯 말 듯. 밥이 끓어오르면 중불로 줄였다가 불을 약하게 해서 뜸을 들인다. 밥그릇에 살살 퍼 담는다. 양념장을 곁들여 밥상에 올린다.

> **텃밭요리사의 팁!**
> 1. 비벼 먹을 양념장이 맛나야 밥맛이 좋다. 맛간장에 송송 썬 파, 다진 마늘, 고춧가루, 깨소금, 들기름을 듬뿍 넣는다. 양념간장은 표면이 보이지 않을 정도로 진해야 맛있다. 달래장(59쪽 참조)과도 찰떡궁합이다.
> 2. 한 번 먹을 만큼씩만 밥을 지어 먹는 게 좋다. 오래 두면 콩나물의 물기가 빠져나와 가늘고 질겨질 뿐만 아니라 밥이 질척해져 맛이 떨어진다.

오독오독 씹을수록 우러나는 깊은 맛

무말랭이

무는 짬짬이 썰어서 말려두면 겨울 밑반찬으로 요긴하다. 손가락만 한 길이로 도톰하게 썰어 바람 잘 통하고 햇별 잘 드는 곳에 말린다. 한겨울에는 얼기 때문에 가급적 날이 추워지기 전 햇별 좋은 날을 골라 말린다. 짬 날 때마다 참참이 썰어 널어두면 겨우내 먹을 수 있다.

나는 어렸을 적 어머니가 해주시던 무말랭이무침의 맛을 한동안 찾아낼 수가 없었다. 어떻게 하면 그 오독오독 씹히는 감칠맛을 낼 수 있을까? 이리저리 해 먹어보다가 남편이 어디선가 발견한 레시피로 만들어낸 무말랭이무침을 먹어보고 '아, 이 맛이야' 무릎을 쳤다.

생전에 무말랭이장아찌를 즐겨 드셨던 법정스님 레시피에 따르면 무말랭이를 항아리에 담가두고는 가끔씩 주걱으로 뒤적여준다. 간장이 충분히 젖어들게 하기 위해서인데, 그렇게 하지 않으면 질기다고 한다. 스님은 드실 때마다 무말랭이를 꺼내 고춧가루와 참기름, 깨소금을 넣고 버무리셨나 보다. 조근조근 씹으면 깊은 맛이 난다는 그 무말랭이. 우리 집 레시피와 비슷하다. 스님과 달리 우리는 당일치기로 조리를 한다.

◆ 무말랭이고춧잎무침 ◆

무말랭이를 바락바락 주물러 씻어서 물기를 뺀다. 말린 고춧잎을 흐르는 물에 살짝 씻는다. 그릇에 무말랭이와 고춧잎을 넣고 유장을 자작하게 부어 잠기게 한다. 다음 날 적절하게 분 무말랭이와 고춧잎을 뒤적뒤적 섞어준 뒤 조청과 고춧가루로 버무려준다. 송송 썬 파, 다진 마늘, 깨소금 적당량을 넣고 조물거린 뒤 접시에 담는다.

> **텃밭요리사의 팁!**
> 1. 무말랭이를 물에 불리지 않고 씻기만 해서 바로 사용해야 꼬들꼬들한 식감을 낼 수 있다.
> 2. 유장은 맛간장에 참기름을 섞은 것. 맛국물 1, 간장 1/2, 발효액 1/2, 참기름 0.2~0.3의 비율로 만든다.
> 3. 무말랭이무침은 바로 먹지 않고 두었다 먹는 게 더 맛나다. 시간이 지날수록 양념 맛이 속속들이 배어들어가는 데 걸리는 시간이 있기 때문일 것이다.

사방을 물들이는 향긋함의 절정

더덕

덩굴을 타고 올라가는 더덕은 텃밭에서 기르기가 만만찮다. 그런데 타고 올라갈 수 있는 버팀대나 버팀줄을 해주지 않아 땅에서 기더라도 밥상에 올릴 만한 뿌리를 내어주더라. 풀만 제대로 매준다면. 나는 초롱을 닮은 더덕꽃을 보고 그 수더분한 아름다움에 반해 심기 시작했다.

방금 캔 더덕 한 뿌리는 사방을 향긋하게 물들이는 것 같다. 산에 가서 바람결에 더덕 향기를 맡는 운을 누린다면 더할 나위 없다. 변산에 사는 시인 박형진은 긴 밭이랑 두 줄에 더덕을 심고 산에서 풀들과 같이 자라는 환경에 놔둔다. 내겐 그렇게 향기로울 수가 없는데 뒷산에서 더덕을 캐 먹고 자란 그에게는 그 냄새조차도 성에 차지 않는 눈치다.

심고 나서 첫 해는 눈 딱 감고 지나가고 다음 해 늦가을, 그루가 사원 뒤부터 뽑아 먹는다. 그래야 뿌리가 실팍하다. 유월쯤 한창 자라나는 더덕순을 끊어 쌈을 싸 먹는다. 어찌 저리 뒤퉁스럽게 생겼나. 울퉁불퉁한 껍질이 덕지덕지 붙은 더덕을 보면 맛이라곤 있을 거 같지 않다. 그 껍질을 벗겨내야 속살에 이르는데 껍질이 잘 까지지도 않는다. 껍질을 깐 생뿌리를 꾸덕꾸덕하게 말려서 고추장에 박아 장아찌를 담가 먹기도 한다. 고추장을 발라 무쳐 먹기도 하고, 구워도 먹는다.

❖ 더덕무침 ❖

더덕 껍질을 벗긴다. 날것을 칼로 벗기면 잘 안 벗겨진다. 끓는 물에 두어 번 궁굴렸다가 바로 꺼내서 까면 술술 벗겨진다. 몸통에 얇게 칼질을 내고 돌려가며 벗긴다. 껍질을 깐 더덕을 방망이나 칼자루 뒷면으로 살살 두드려가며 납작하게 만든다. 그래야 양념이 고루 밴다. 찬물에 담가 쓴맛을 우려내고 체에 받쳐 물기를 뺀다.

그사이 양념장을 만든다. 그릇에 고추장과 고춧가루를 반반씩 섞고 식초, 조청(꿀 혹은 물엿), 매실발효액, 송송 썬 파, 다진 마늘, 참기름, 생강즙을 넣어 고루 섞는다.

더덕을 양념장에 넣고 조물조물 무친다. 깨소금을 뿌려 버무린 뒤 접시에 담는다.

텃밭요리사의 팁!
1. 방망이나 칼자루 뒷면으로 너무 세게 두드리면 속살이 으깨진다.
2. 너무 우리면 사포닌 성분이 달아나 맛이 밋밋하다. 살짝 쓴 맛을 가시게 하는 정도로 우린다.
3. 먹다가 남은 더덕무침을 나중에 팬에 구우면 더덕의 향을 느낄 수 있다.

입이 심심한 겨울날 쟁글쟁글한 햇살을 떠올리며 먹는 재미

팝콘옥수수

집에서 팝콘을 튀겨 먹는다고? 생협에서 팝콘옥수수 한 봉지 사다가 튀겨 먹어보고는 그 맛에 반했다. 씨앗을 몇 알 남겨두었다가 심고 또 심는다.

옥수수에 비해 자루도 작달막하고 알갱이도 잘다. 토종은 자주색, 개량종은 진한 노란색이다. 예전에도 기름에 튀겨 먹지는 않았을 터, 토종은 뻥튀기로 해 먹었을 것 같다.

옥수수를 거둬 바싹 말린 뒤 그대로 망에 담아두었다가 먹을 때마다 알갱이를 발라서 먹을 수도 있고, 알갱이를 따두었다가 바로바로 튀겨 먹을 수도 있다. 겨우내 입이 궁금할 때 한 냄비씩 튀겨 먹으며 쟁글쟁글한 여름 햇살을 떠올리게 된다. 한 그루에 달리는 두 자루만 갖고도 네댓 명이 둘러앉아 넉넉하게 먹더라. 이만한 간식이 또 있을까? 겨울밤, 우리 남편은 밤마다 팝콘을 튀겨 냄비째 들여오곤 한다.

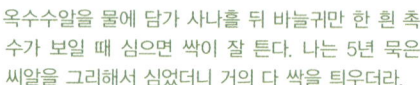

옥수수알을 물에 담가 사나흘 뒤 바늘귀만 한 흰 촉수가 보일 때 심으면 싹이 잘 튼다. 나는 5년 묵은 씨알을 그리해서 심었더니 거의 다 싹을 틔우더라.

◆ 팝콘 ◆

바닥이 두꺼운 냄비 혹은 둥근 팬에 현미유를 넉넉히 두르고 옥수수 알갱이와 소금 한 꼬집을 담는다. 뚜껑을 덮고 한 번 흔들어준 다음 센 불에 올린다. 옥수수알이 한두 개씩 톡톡 터지는 소리가 서너 번 이상 들리면 중불로 줄이고 냄비를 들어 흔들어준다. 옥수수알들이 타다닥거리며 한꺼번에 여러 개씩 터지는 소리가 이어지면 냄비를 들어 자주 흔들어준다. 타닥거리는 소리가 줄어들기 시작하면 약한 불로 다시 줄여주고 가끔씩 흔들어준다. 2~3초에 한두 번씩으로 터지는 소리가 줄어들면 불을 끈다. 잔열로 튀겨지도록 잠시 뚜껑을 닫은 채 놓아둔다. 1분 이상 터지는 소리가 들리지 않을 때 뚜껑을 열면 튀겨져서 부풀어 오른 옥수수가 냄비에 수북하다.

텃밭요리사의 팁!
1. 자칫하면 부풀어 오르기 전에 타버린 옥수수나 덜 튀겨져 딱딱한 옥수수알이 밑에 뒤쳐지기 때문에 때맞춰 흔들어줘야 한다. 불을 줄이는 때도 잘 맞춰야 한다. 자칫 튀겨진 옥수수가 꺼멓게 타버리면 씁쓸하기 때문이다.

무보다 육질이 단단하고 시원한 맛이 일품!

콜라비

양배추랑 순무를 결합시켜서 그런가? 무보다도 육질이 단단하면서도 시원한 맛이 나는 콜라비. 껍질을 벗기면 속살은 뽀얗다. 칼슘과 철분이 많고 비타민C는 여느 잎채소보다 네댓 배나 많다고 알려져 있다. 서늘한 기운에서 잘 자라므로 8월에 김장배추 씨앗 뿌릴 때쯤이나 이른 봄에 씨알 몇 알을 뿌려두면 잔손을 타지 않고도 잘 자란다. 보라색 콜라비와 연두색 콜라비 씨앗이 있는데, 이왕이면 같이 심는다. 땅 위로 솟은 둥근 줄기가 아이 주먹만큼 통통해지면 칼로 베어낸다. 속잎도 다듬어서 같이 사용한다. 까딱하다가 너무 늦게 거두면 껍질이 나무껍질처럼 단단해지므로 그 전에 거둬 먹는다.

무로 해 먹는 음식이라면 콜라비로 안 될 게 별로 없다. 특히 육질이 옹골차서 피클을 해두면 오래도록 무르지 않는 편이다.

채를 썰어서 생채무침, 깍둑 썰어 깍두기와 피클, 동치미도 담근다.

❖ 콜라비생채 ❖

껍질에 칼을 집어넣어 두껍지 않나 싶을 정도로 벗긴다. 뽀얗게 드러난 속살을 얇고 판판하게 썬 다음 가늘게 채를 친다. 그릇에 담아 소금을 훌훌 뿌려서 숨이 죽고 물이 배어나오도록 놔둔다. 물기가 고였다 싶으면 고춧가루를 넣고 버무려 곱게 물들인다. 다진 마늘, 송송 썬 파, 식초, 매실발효액, 참깨를 넣고 조물거려 접시에 담는다. 차게 해서 밥상에 올린다.

❖ 콜라비당근볶음 ❖

콜라비 껍질을 벗기고 얇게 저며 채를 썬다. 당근과 마늘도 가늘게 채를 썬다. 팬에 기름을 두르고 마늘을 먼저 볶아 향을 낸다. 콜라비, 당근을 넣어 약한 불에서 볶는다. 소금과 후추를 뿌려 살살 볶은 뒤 접시에 담는다.

콜라비생채

콜라비 당근볶음

좁은 텃밭에서도 쑥쑥 자라며 몇 해 동안 캐 먹을 수 있네!

도라지

도라지를 먹으려고 심느냐, 꽃을 보려고 심느냐 물으면 어찌 대답해야 하나? 꽃도 보고, 뿌리도 먹지. 톡톡한 질감의 하얀 도라지꽃은 같은 흰색이라도 단아한 멋이 있다. 보랏빛 꽃도 청초하다. 꽃을 보기 위해서라도 심을 만하다. 씨앗을 한 번 뿌려두면 해마다 꽃을 피워 올리고 몇 해 두고 캐 먹을 수 있으니 기르기도 어렵지 않다. 꽃대가 올라오기 전까지 풀을 제때 매주기만 하면 되니까. 꽃을 일찌감치 따줄수록 뿌리가 굵어진다. 하지만 꽃을 보면서 서서히 캐 먹으면 또 어떤가! 심고 나서 2년 되는 해 가을부터 캐 먹는다. 땅속에서도 얼지 않는다. 오래된 도라지는 산삼보다 이롭다 한다. 도라지는 칼슘, 철분이 많이 들어 있는 알칼리식품. 가래를 삭혀주는 사포닌 성분이 듬뿍 들어 있어 호흡기에 이롭다. 땅을 많이 차지하지 않으니 몇 뿌리 심어둘 만하다. 무쳐도 먹고, 볶아도 먹고, 샐러드도 해 먹고 차도 끓여 마신다. 도라지를 다듬을 때 떼어놓은 자잘한 곁가지를 말려두었다가 도라지차를 만든다. 감기, 몸살, 가래, 기침이 올 때 대추, 생강, 배랑 섞어서 끓여 먹는다.

◆ 도라지볶음 ◆

껍질을 벗긴 뒤 칼끝을 넣어 아래로 서너 갈래 되게 쭉쭉 가른다. 굵은소금을 뿌려 한 두 시간 놔두면 쌉쌀한 맛이 빠진다. 박박 문질러 씻은 뒤 끓는 물에 살짝 데쳐준다. 팬에 기름을 두르고 중불로 달군 뒤 도라지를 넣어 볶는다. 탈 것 같다 싶으면 물이나 맛국물 한두 숟가락 넣고 뚜껑을 덮어 부드럽도록 익힌다. 소금으로 간을 맞추고 다진 마늘과 들기름을 넣어 한소끔 더 뒤적인 뒤 깨소금과 후추를 솔솔 뿌린 뒤 접시에 담는다.

텃밭요리사의 팁!
1. 도라지를 캐서 바로 물에 담가 절레절레 흔들고 비비다 보면 흙이 웬만큼 털린다. 줄기가 달려 있던 귀두 부분을 도려낸 뒤 곁에 붙은 가느다란 잔가지들을 떼어 만질만질하게 해놓는다. 껍질이 달라붙은 상태로 두고 길게 반으로 쪼갠다. 그러고 나서 돌려가며 껍질을 벗긴다.
2. 도라지의 쓴맛은 약 성분. 도라지에 굵은소금을 훌훌 뿌린 뒤 바락바락 주물러 놔둔다. 놔두는 시간이 길수록 쓴맛이 빠지지만 약성도 줄어들 터. 자신이 원하는 정도에 따라 소금에 절여두는 시간을 조절한다.

텃밭을 밥상에 올리다

12월 텃밭

눈 덮인 텃밭은 고요하기만 하다. 보리싹, 밀싹도, 새싹을 틔운 가을 풀싹들도 눈에 덮여 죽은 듯이 까부라져 있다. 하지만 햇살이 비치면 눈은 땅속으로 스며들어갔는지 감쪽같이 사라진다. 말라붙은 갈색 풀만이 휑하다. 남녘으로 내려오니 풀들이 웅크리긴 하지만 아직 푸른빛을 잃지 않고 있더라.
"여긴 겨울에도 풀을 매요."
30년 넘게 이곳에서 유기농으로 농사를 지어온 부안 사는 전명순 씨의 말이 예사롭게 들리지 않더라.
한동안 텃밭에 볼일이 없으니 이제 '겨울잠'에 들어가 숨을 고를 때. 벌레나 짐승만이 아니라 사람도 몸을 보듬으며 쉴 때다. 행여 이 날 저 날 미루다 채 털지 못하고 남겨놓은 곡식 따위가 있을지도 모른다. 내가 그랬다. 첫눈이 내릴 때까지 덮개만 씌워두고 털지 못한 콩, 꼬투리를 따서 푸대에 처박아두고 털지 못한 팥과 녹두가 한두 번이 아니었다. 갈무리해둔 작물들이 얼지는 않을지, 싹이 나지는 않을지, 행여 쥐가 들지는 않을지 살펴보고 손을 본 다음 겨울잠에 들어간다. 겨울잠에 들어서도 가끔씩 몸을 움직여 들락거리기는 하지만.
문득 텃밭 생각이 나거들랑 오줌을 받아놓은 패트병이라도 들고 가서 뿌려주고 온다. 텅 빈 텃밭에 서면 지나간 계절의 시간들이 한꺼번에 밀려들어오는 것 같다. 말없는 텃밭이 웅얼대며 이야기보따리를 풀어놓는다. 햇살도 눈 설고, 바람 또한 낯서니 또 다른 새해가 벌써 오고 있는 기척이리라.

메주 말리기

실내 텃밭에서는 콜라비가 무럭무럭

겨울잠을 준비하는 갈색빛의 12월 텃밭

1월

강물은 얼었다 녹았다 하면서도 나날이 두꺼워지는 얼음 밑으로 유유히 흐른다. 꽁꽁 언 겨울 저녁이라도 어느 날 문득 '어, 해가 꽤 길어졌네' 느끼게 된다. 동지 지나 노루꼬리만큼씩 빨리 뜬다는 해가 그만큼씩 늦게 지는 것이다. 겨울이 깊어 간다고 느끼는 동안 봄이 몸을 풀고 있는 기척을 느낄 때의 오묘함, 한겨울의 신비다.

꿔서라도 반드시 오고야 만다는 소한(小寒) 추위. 겨울은 겨울답게 추워야지 하며 받아들일 수밖에 없다. 삼한사온이 있어 그나마 다행이다. 사나흘은 내쉬는 숨마저 얼어붙을 듯 추웠다가 이어지는 사나흘은 언제 그랬냐 싶게 온화하다. 지구 전체의 기후변화로 긴가민가할 때도 있지만 바짝 추웠다가 푸근해지는 리듬을 깡그리 무너뜨릴 정도는 아니다. 얼었다 녹기를 거듭하니 흙도 덩달아 부풀어 올랐다 내려앉기를 거듭한다. 그렇게 땅의 기운이 움직여야 이듬해 농사도 탈이 없다 하니 춥지 않은 겨울이 되레 겁나기도 한다. 눈이 오지 않아 겨울 가뭄이라도 들면 땅속에서 뿌리를 내리는 밀, 보리, 양파, 마늘은 겨울을 고되게 살아내야 한다.

1월초 기세를 올린 추위는 중순께 대한(大寒)을 지나면서 누그러진다. 춥지 않은 소한 없고, 포근하지 않은 대한 없다던가. 대한 추위는 소한처럼 길지도 않고 덜 춥다. 추위에 익숙해지다 보니 웬만큼 영하로 내려가더라도 푸근하다고 느끼는 것인가? 머잖아 입춘이니 추위가 한 발자국이나마 물러서고 있어서 그런 것인가? 겨울잠도 깊어만 간다.

1월 '텃밭 밥상' 한눈에 보기

절기	텃밭 작물
소한 (1.5)	묵나물: 시래기, 토란대, 고구마줄기, 취나물, 참나물, 호박오가리, 가지오가리, 아주까리, 무말랭이 부각: 고추, 들깨송아리, 들풀잎, 차조기, 깻잎 곡식: 팥, 녹두, 깨, 콩, 결명자
대한 (1.20)	저장: 배추, 무, 고구마, 돼지감자

1월 밥상

얼어붙은 텃밭에 푸성귀는 아예 없으니 때가 되면 또 뭘 먹어야 하나 궁리하게 된다. 제철에 갈무리해둔 먹을거리가 솔찮게 많으면 겨울밥상을 차리기도 수월하다. 묵나물이 진가를 드러내는 계절. 지난해 말려두었던 것들이 '뭐가 있었더라' 꾸러미를 뒤적거리게 된다. 마르고 나니 색깔도, 모양도 엇비슷해서 알아보기 쉽지 않다. '이게 뭐였더라' 번번이 헷갈리다가 나는 속이 비치는 봉투에 넣어서 이름을 써 붙여두게 되었다.

법정스님은 '무말랭이를 썰면서'라는 글에서 송나라 때 왕신민이란 학자가 '사람이 항상 나물 뿌리를 씹어 먹을 수 있다면 백 가지 일을 이룰 수 있다'고 말한 바를 소개한다. 기름지게 먹는 사람들은 이 말이 무엇을 뜻하는지 잘 상상되지 않겠지만 담백하게 먹는 사람들은 금방 알아들을 소리다. 음식이 본디 천천히 씹어 먹어야 제맛을 느낄 수 있거니와 묵나물이야말로 그렇다. 밥상에 오르기까지 뜯고 데치고 뒤적여가며 말려서 봉지에 담던 시간들, 물에 불려서 삶고 조리할 때까지의 손길들이 묻어 있는 묵나물. 번거롭다면 번거로운 일. 허나 몸을 보살피는 일이 삶의 시작이니 군말 없이 몸을 꿈적이게 된다. 느리지만 끈질기게 이어지는 삶의 리듬에 걸맞게 살아갈 근력을 길러주는 일이니까.

한창 맛이 든 김장김치는 든든한 겨울밥상 지킴이. 밥 하고, 국 하고, 찌개 하고, 볶아 먹고, 부침해 먹고, 만두 해 먹고, 국수 말아 먹고……. 기름진 것이 먹고 싶은 날 들깨 송아리와 들깻잎부각, 고추부각은 고기반찬을 잊게 만든다. 지난가을 거둔 들깨나 콩이 한 줌씩이라도 남았걸랑 강정을 만들어 쟁여두면 궁금한 입에 짝 달라붙는다. 겉보리 싹을 틔워 엿기름 길러두었다가 식혜나 호박식혜를 담가 먹는다. 둥근 팬에 땅콩이나 콩을 볶아 방 안에 놓아두면 아이들만이 아니라 내 손길도 끊이지 않으니 이보다 영양이 듬뿍한 군것질이 있으려나.

쫄깃하고 담백한 식감

토란대

미각은 먹어보지 않은 낯선 맛에는 까다롭다. 새로운 맛은 예닐곱 번은 맛봐야 그 맛을 받아들일 수 있다고 한다. 텃밭농사를 하기 전에는 토란알을 먹어본 적이 없는 내게 토란은 천덕꾸러기일 수밖에 없었다. 그런데도 해마다 진 땅을 골라서 꾸역꾸역 심어왔다. 그 너른 잎이 그늘을 드리우는 풍광, 이슬방울 빗방울 맺혀 또르르 굴러내리는 모습에 끌려서이고, 쫄깃하고 담백한 토란대를 몹시 좋아하기 때문이기도 하다.

밭에서 물이 많은 땅을 골라 씨토란을 묻으면 한 번쯤은 싹이 트긴 할 건가 조바심이 들어 심은 자리를 파헤쳐보게 된다. 빨라야 한 달, 5월이 한창 가물 때는 한 달 반만에 촉이 올라오더라. 기르기는 수월하다. 모르는 이들은 파초냐고 물을 정도로 너풀거리는 우산 같은 잎사귀가 풀을 가려줘 풀과 씨름하지 않아도 된다. 그러나 먹으려면 까다롭다. 알뿌리만이 아니라 잎과 줄기도 그냥 손으로 만질 수 없다. 장갑을 끼고 만지고, 물에 우려내고 먹어야 한다. 나는 언젠가 토란나물을 먹다가 입안만이 아니라 속이 타들어가는 줄 알았다. 그러고 나니 한동안은 토란대나물을 먹을 엄두가 안 났다. 충분히 우려서 헹궈내면 그런 일은 없는데 설마 그러랴 싶어 대충 우려냈나 보다. 독과 약은 동전의 앞뒷면이라던가. 예로부터 토란은 치질을 치료하고 독을 풀어주는 데 이용되는 약재로 쓰여왔더라.

토란대는 낫으로 베어서 껍질을 벗긴다. 껍질이 두꺼운 편이라 먹을 수 없기 때문이다. 육개장이나 해장국은 물론 얼큰한 찌개에 들어가는 건더기로 토란대만 한 것이 없다. 대개는 햇볕에 바짝 말려두었다가 겨우내 이용한다. 한 아름 되는 토란대라도 말리고 나면 어디로 도망갔나 싶게 허룩하기만 하다. 그러나 물에 불리면 또 언제 그랬냐는 듯 푸짐하다.

◆ 토란대밥 ◆

토란대는 전날 밤쯤 물에 담가 아린 맛을 우려낸 뒤 압력밥솥에 부드럽게 삶는다. 흐르는 물에 서너 번 헹궈 먹기 좋게 잘라둔다. 쌀을 씻어 30분 남짓 물에 불린다. 솥에 쌀을 놓고 그 위에 삶은 토란대를 얹고 여느 때처럼 물을 잡는다. 센 불에 올려 끓어오르면 중불로 줄였다가 약불로 줄여 뜸을 들인다. 위아래 골고루 섞어 밥그릇에 퍼 담는다. 맛간장에 다진 마늘, 송송 썬 파를 넣고 후춧가루, 들깻가루, 들기름을 넣은 양념간장을 곁들여 밥상에 올린다.

> **텃밭요리사의 팁!**
> 1. 쓰고 남은 것을 적당히 잘라 얼려두면 바로바로 사용할 수 있다.

◆ 토란대나물볶음 ◆

삶아서 우려낸 토란대를 먹기 좋은 크기로 썬다. 맛간장, 송송 썬 파, 다진 마늘, 들기름을 넣고 조물조물 무친다. 기름 둘러 달군 팬에 느른하게 볶아낸다. 들깻가루를 뿌리고 뒤적인다. 접시에 담아 밥상에 올린다.

> **텃밭요리사의 팁!**
> 1. 위에서처럼 무친 토란대에 맛국물을 붓고 들깨물을 자작하게 부어 끓이면 들깨탕으로 먹을 수 있다. 들깨물은 331쪽 '들깨국물 내리기' 참조.

토란대밥

묵나물모듬채반

텃밭을 밥상에 올리다

햇살의 기운을 받아 더욱 영향이 풍부해지다
◆ ◆ ◆ ◆
호박오가리

오가리는 얇게 썰어서 말린 것을 두루 이른다. 묵나물이든, 말랭이든, 오가리든 말린 것들은 재료의 성질이나 말린 정도에 맞게 부드럽게 하는 것이 맛에 이르는 열쇠. 압력 밥솥을 써서 익혀야 하는 것도 있고, 그냥 뜨거운 물에 담가 불리는 정도로만 해도 되는 것이 있다. 익히는 시간도 말리고 불린 상태에 맞춰 부드럽게 익었는지 손끝으로 만져보면서 가늠한다.

'호박고지'라고도 부르는 호박오가리는 애호박으로 만든 것도 있고, 늙은 호박으로 만든 것도 있을 터. 육질도 다르고 마른 상태도 다를 것이므로 어느 만큼 불려야 할지 세심하게 가늠해야 한다. 호박오가리는 껍질이나 속살이 그리 딱딱하지 않아 뜨거운 물에 불리기만 해도 부드러워진다. 애호박오가리는 따끈한 물에 30분 정도 불리는 반면 늙은호박 오가리는 한두 시간가량 불린다. 한 조각 씹어보아 쫀득하면서도 속살이 부드러우면 된다. 말리기 전 호박에는 비타민류가 많지만 말리면서 비타민 D가 생겨 호박오가리는 영양이 더 풍부해진다. 그래서인가, '동짓날 호박을 먹으면 중풍에 걸리지 않는다'는 속담도 있더라. 나 어렸을 적 우리 어머니는 가을마다 고사를 지내셨는데 시루에 고사떡을 찌실 때 늙은호박오가리를 듬뿍 넣어 만들어주셨다. 달작지근한 그 고향의 맛, 이제는 맛을 보려고 해도 거의 맛볼 수 없으니 그리운 음식이다. 그렇더라도 호박오가리는 묵나물로는 빼놓을 수 없는 자리를 지키고 있다. 정월 대보름에는 볶아서 나물도 하고, 찌개도 끓이고, 김치도 해 먹는다. 우리 어머니가 자랄 때는 호박오가리로 엿을 고아 먹었다고 한다.

❖ 호박오가리나물 ❖

뜨거운 물에서 30분~1시간 불린 오가리를 물에 헹궈 물기를 꼭 짜놓는다. 물컹거리는 게 싫고 꼬들꼬들한 식감이 좋으면 퉁퉁 불지 않게 불린다. 소금으로 살짝 간을 하고 들기름으로 조물거려놓는다. 기름을 두르고 달군 팬에 넣고 센 불에서 살짝 볶아낸다.

> **텃밭요리사의 팁!**
> 1. 위에서처럼 별다른 양념을 넣지 않고도 해 먹지만, 송송 썬 파, 다진 마늘과 생강, 고춧가루 등 양념에 버무려 볶기도 한다. 소금 대신 간장이나 액젓으로 간을 맞추면 또 다른 맛이 난다. 기름을 두르지 않는 대신 들깻가루를 푼 다시마물을 넉넉히 붓고 약불에 타지 않게 익혀 먹어도 된다.

❖ 호박오가리김치 ❖

늙은호박을 썰어서 말린 오가리를 물에 담가 살짝 불린 뒤 물기를 짜내 고들고들하게 해둔다. 찹쌀가루로 풀을 쑤어서 식힌다. 찹쌀풀에 배즙, 생강즙, 다진 마늘, 소금, 고춧가루, 들풀발효액을 넣어서 고루 섞어둔다. 오가리에 풀국과 어슷 썬 파를 넣고 골고루 버무려 통에 담는다.

호박오가리나물

호박오가리김치

호박오가리와 함께 묵나물로 손꼽히는 겨울밥상의 '대표선수'

가지오가리

가지오가리는 호박오가리와 더불어 겨울철에 먹는 묵나물로 손꼽힌다. 정월 대보름 밥상에도 빠지지 않고 올라간다. 가지 두어 포기만 심으면 4인 가족이 먹고도 남을 정도로 열매가 달릴 터. 다 못 먹고 남게 되는 것은 물론이거니와 그렇지 않더라도 묵나물을 염두에 두고 오가리를 만들어두면 제철밥상을 차리기 좋다.

늦여름과 초가을, 가지가 많이 달릴 때 썰어서 햇볕에 말린다. 이 무렵은 선선한 바람, 짱짱한 햇볕, 건조한 바람이라는 3박자가 맞아 들어가 무얼 말리더라도 잘 마른다. 하루, 이틀 정도만 말리면 꼬들꼬들한 가지오가리를 챙길 수 있다.

가지는 꼭지를 따고 타원형으로 어슷 썰어도 되고, 기다랗게 썰어도 된다. 꼭지를 따지 않고 네댓 갈래로 칼집을 내어 줄에 걸어 말리기도 한다.

뜨거운 물에서 한 시간쯤 불려 밥을 지어 양념간장에 비벼 먹거나 파스타를 해 먹으면 뜻밖의 맛에 반할 거다. 딸아이가 만드는 가지오가리파스타, 우리 집 밥상의 인기요리다. 우리 어머니는 가지오가리를 고추장에 버무려 장아찌를 만들어주시곤 했다.

✦ 가지오가리파스타 ✦

가지오가리를 바락바락 문질러 씻는다. 따끈한 물을 자작하게 부어 불린다. 30~40분 정도 지났을까? 촉감이 폭신하고, 씹어볼 때 부드러운 감이 들면 물을 갈아주면서 두서너 번 문질러 씻는다. 마늘을 저며놓고, 양파는 1cm 정도로 채를 썬다. 마른 홍고추를 채 썰거나 실고추를 준비한다. 둥근 팬에 올리브기름을 넉넉히 두른다. 약불에 마늘을 넣고 들들 볶아 향을 낸다. 이때 한쪽에서 냄비에 물을 넣고 끓기 시작하면 소금을 한두 큰술 넣어 간을 한 뒤 파스타를 넣어 7~8분 삶아준다.

향을 낸 올리브유에 양파와 불린 가지오가리, 실고추를 넣고 센 불에서 휘리릭 볶는다. 이때 간장과 멸치액젓을 넣어 간을 맞추면서 앞서 빼두었던 마늘을 넣고 재료들이 익을 때까지 달달 볶는다. 여기에 삶은 파스타를 넣고 약한 불에서 골고루 섞는다.

텃밭요리사의 팁!
1. 간장 한 숟가락과 다시마물을 부어 불리면 밑간이 들어 맛이 풍부해진다.
2. 마늘이 타면 쓴맛이 나므로 노릇노릇해지면 건져서 그릇에 담아놓는다.
3. 파스타에 물기가 너무 없다 싶으면 물을 서너 숟가락 떠 넣는다. 파스타 삶는 방법은 331쪽 '파스타 맛나게 삶는 법' 참조.

두말할 필요 없는 제철음식의 최고봉

김장김치

텃밭에서 제철에 나는 재료로 해 먹는 김치가 나름대로의 맛으로 충만하지만 겨울엔 김장김치가 최고다. 날이 추워져서 푸성귀가 나오지 않는 겨울에 먹기 위해 담그는 김치가 김장김치이지만 추워서 어쩔 수 없이 먹는 것이 아니라 그 깊은 맛과 향에 반해서 먹게 되니까. 어릴 적부터 김치대장으로 불렸던 나는 나이 들어가면서도 김장김치의 오묘한 맛에 찬사를 꺼내게 된다. 예부터 기온이 영하로 떨어져 만물이 얼어붙기 전인 11월말, 12월초 앞뒤로 집집이 김장김치를 땅에 묻었다. 텃밭에서 배추가 얼기 전에 하는 것이고, 날이 푸근해서 자칫 김치가 시어질 수 있기 때문이다.

낮은 온도에서 긴 시간을 두고 익힌 김치의 감칠맛은 그 무엇에 비할 바 없는 강렬한 기운으로 입맛을 돋운다. 김치와 양념의 성분들이 우러나와 발효되면서 몸에 이로운 미생물이 싱그러운 맛을 일궈주는 것. 겨울밥상에서 김치로 만든 음식을 빼면 팥소 없는 찐빵처럼 밥상이 허전하다. 생김치 한 가지만으로도 군침이 돌지만 밥, 국, 찌개, 부침개, 만두, 말이국수, 볶음 등으로 변주해서 먹어본다. 겨울은 길고 푸성귀도 마땅찮으니까. 시어터졌어도 물에 헹궈 지져 먹거나 볶아 먹으면 그 나름의 맛을 낸다.

◆ 김치밥 ◆

김장김치 다 먹기 전에 한 번쯤은 해 먹고 지나가는 제철음식. 김치가 맛있으면 김치밥도 맛있게 마련. 그렇지 않더라도 맛깔난 양념장에 비벼 먹으면 양념 덕에 먹을 만하게 고쳐 먹을 수 있다.

쌀은 미리 씻어서 불려놓는다. 김치는 송송 썰어도 되고, 씹는 맛을 즐기고 싶으면 큼지막하게 썰어놓는다. 솥에 들기름을 두르고 썬 김치를 볶는다. 그 위에 쌀을 안치고 여느 때보다 적은 듯이 물을 부어 밥을 고슬고슬하게 짓는다. 센 불에 올려 끓기 시작하면 중불로 줄여 익히다가 약불로 줄여 뜸을 들인다. 그사이에 간장에 다진 마늘, 송송 썬 파, 매실발효액, 참깨, 들기름을 넣고 양념간장을 만들어둔다. 밥이 다 되었으면 밑에 깐 김치랑 고루 섞이게 살살 퍼서 담아낸다. 김이 모락모락 피어오르는 밥에 양념간장을 끼얹어 비벼 먹는다.

> **텃밭요리사의 팁!**
> 1. 솥에 쌀 한 켜, 썬 김치와 돼지고기 몇 점씩 한 켜 깔기를 되풀이한 다음 물을 부어 밥을 지어도 된다.
> 2. 양념간장은 327쪽 '풍미를 살려주는 맛장 만들기' 참조.

텃밭을 밥상에 올리다

◆ 김칫국 ◆

냄비에 김치를 적당히 썰어넣고 국간장, 내장 뺀 멸치 몇 마리, 다시마 한 조각 넣고 물을 넉넉히 부어 끓이기만 하면 된다. 김치국물도 한 국자쯤 떠 넣어야 맛이 더 깊다. 신맛을 은근하게 하려면 설탕을 조금 넣는다. 느른하게 끓었으면 어슷 썬 파 한 줌 얹어 한소끔 더 끓여낸다. 멸치와 다시마는 건져내고, 소금으로 간을 맞춘다.

> **텃밭요리사의 팁!**
> 1. 국간장을 살짝 넣어야 맛이 깊다. 너무 검지 않게 밑간 정도로 넣고 소금으로 마무리하면서 간을 맞춘다. 김치국물만 넣거나 소금만 넣으면 깊고 그윽한 이 맛이 안 나더라.

◆ 김치부침개 ◆

통밀가루에 찬물을 넣어 되지도, 묽지도 않게 반죽한다. 여기에 김치를 썰어 넣고 기름을 달군 팬에 부쳐낸다. 식초를 넣어 새콤한 양념간장을 곁들여 찍어 먹으면 더 맛있다.

> **텃밭요리사의 팁!**
> 1. 센 불에 부쳐 뒤집다가 꺼질 듯한 약불로 오랫동안 익혀내야 바삭하게 구워진다.
> 2. 양념간장은 327쪽 '풍미를 살려주는 맛장 만들기' 참조.

김칫국   김치부침개

김치말이국수

어릴 적 한겨울이면 뜨끈한 아랫목 이불 밑에 두 다리 뻗고, 수다도 떨고, 책도 보다가 출출해지면 언니, 오빠들이랑 가위바위보해서 밤참 내기로 김치말이국수를 내걸곤 했다. 살얼음이 낀 새콤한 국물에 아삭거리는 김치, 고소한 참기름 맛의 조화라니. 따끈한 방이 아니라면 속이 추워져서 달달 떨어야 하리라.

김치국물을 떠서 맛국물과 매실발효액을 섞어 얼 듯 말 듯할 정도로 차게 만들어둔다. 밖에 내놓거나 냉동실에 넣어두거나. 달걀을 삶아서 껍질을 까고 반으로 잘라둔다. 김치를 자잘하게 썰어놓는다. 그릇에 삶은 국수를 담는다. 차끈하게 만들어놓은 국물을 붓고, 썰어놓은 김치와 잘라놓은 달걀을 올린다. 참기름 한 방울, 깨소금 한 술 뿌려 밥상에 올린다.

> **텃밭요리사의 팁!**
> 1. 김치국물만으로 국물을 하면 너무 걸쭉하기도 하거니와 양도 부족하기 쉽다. 이럴 땐 멸치와 갖은 채소로 우려낸 맛국물을 식혀두었다가 김치국물과 섞는다. 동치미 국물이 있으면 더할 나위 없다. 국물에 설탕이나 발효액을 적당히 넣어 단맛을 채워주면 새콤달콤한 맛을 낼 수 있어 쌉싸래하거나 군내가 나더라도 맛을 고칠 수 있다.
> 2. 국수는 330쪽 '국수 맛있게 삶는 법' 참조.

바삭하고 고소해서 싫어하려야 싫어할 수 없는 겨울 먹을거리

부각

부각은 푸성귀에 밀가루나 찹쌀가루로 쑨 풀을 발라 바싹 말려서 기름에 튀겨 먹는 음식. 고추나 깻잎, 들깨송아리는 물론 차조기, 국화잎, 들풀잎 등 제철에 텃밭이나 산과 들에 나오는 것들로 만든다. 다시마나 김 등 바다에서 나오는 풀도 부각에 어울린다.

바삭하고 고소해서 싫어할 수가 없는 먹을거리다. 기름이 귀해서인가, 튀기는 음식이 발달하지 않은 우리 음식에서 부각은 그만큼 귀한 음식으로 쓰였다. 손님상이나 궁중 주안상으로 쓰였고, 고기를 멀리하는 사찰음식에서 쓰였을 뿐이다.

김이나 깻잎처럼 얇은 것은 풀을 발라 두서너 장씩 겹쳐야 튀겨서 부풀어 올랐을 때 켜도 살아나고, 씹는 맛도 난다.

텃밭에서 흔히 남아도는 재료를 알뜰하게 챙길 수 있을 뿐만 아니라 반찬거리가 마땅치 않은 겨울에 손쉽게 먹을 수 있는 제철 저장음식이다.

기름이 많이 들어가는 것이 흠. 콩이나 옥수수 등으로 짠 시중 기름들이 유전자를 조작한 작물을 쓰기도 하거니와 화학약품을 써서 녹여내는 방식으로 짜내니 찜찜할 따름이다. 그나마 폐식용유를 덜 내려면 기름을 적게 잡아 지지듯이 튀겨낸다.

◆ 모듬부각 ◆

둥근 팬에 기름을 넣고 끓인다. 부각 한 개를 떨어뜨려 보아 바르르 끓어오르면 적당한 온도다. 고추부각, 들풀잎부각, 들깨송아리부각을 차례로 넣어서 튀긴다. 뜰채에 담아서 기름에 넣었다 빼내면 타지 않게 튀겨낼 수 있다. 건져낸 부각은 체에 받쳐 기름을 뺀 다음 소금을 뿌리고 뒤적거려 간이 골고루 묻게 한다. 접시에 들풀잎·고추·들깨부각을 골고루 담고 참깨를 뿌려 밥상에 올린다.

> **텃밭요리사의 팁!**
> 1. 튀김음식은 튀기는 온도가 중요하다. 너무 낮으면 기름이 흥건해서 바삭하지 않고, 자칫 너무 높으면 삽시에 타버려 색깔도 거무튀튀하고 씁쓸한 맛이 난다. 보통 튀김 할 때보다 살짝 낮은 듯한 기름에 넣어서 겉이 바르르 튀겨진다 싶을 때 후다닥 건져낸다. 젓가락으로 하나씩 건져내다가는 나중에 건지는 것은 타기 일쑤. 뜰채 같은 망에 담아서 한꺼번에 기름에 넣었다 바로 빼내면 번거롭지도 않고 타는 것도 피할 수 있다.

겨울 가기 전에 한 번쯤 꼭 해 먹는 맛과 영양의 주전부리

강정

어릴 적 시골에 가면 할머니가 다락에서 부스거리며 꺼내 주시던 먹을거리. 텃밭 하면서 비로소 간절해지더라. '콩도, 깨도 거뒀는데…… 그거 한번 해 먹어볼까?' 그렇게 시작했는데, 겨울 가기 전에 한 번쯤 꼭 해 먹는 주전부리가 되었다. 군것질이나 주전부리라고 부르는 것이 그 맛과 영양의 품격에 걸맞지 않을지 모르겠다. 하지만 밥도, 반찬도 아닌 과자니 주전부리라 부를 수밖에.

깨는 들깨든 흰참깨든 검은참깨든 다 좋다. 따로따로 해도 좋고 섞어서 해도 좋다. 콩도 흰콩, 검정콩, 땅콩 다 좋다. 검정깨와 흰깨를 섞은 깨강정, 들깨강정, 땅콩강정, 콩강정, 콩깨모듬강정 등 맘대로 어울려 만들어도 맛나다. 깨나 콩을 볶아서 조청이나 물엿으로 버무려 엉기게 해서 한입 먹기 좋게 썰면 된다.

깨와 콩은 물론 땅콩, 호두, 잣 등 견과류는 질 좋은 식물성 지방, 단백질, 비타민은 물론 철, 인 등 몸에 부족하기 쉬운 무기질이 듬뿍 들어 있다. 고기를 대체하고도 영양이 부족할까봐 걱정하지 않게 해주는 먹을거리다.

◆ 들깨콩강정 ◆

들깨를 물에 담궈서 씻는다. 가벼워서 알곡은 물에 뜨고 흙알갱이는 가라앉는다. 알곡을 체로 건져 물기를 빼놓는다. 콩도 씻어놓는다. 둥근 팬을 중불에 올리고 들깨를 넣고 저어주면서 볶는다. 들깨는 자칫 타기 쉬우므로 불 조절을 해가며 볶는다. 들깨를 꺼내놓고 센 불로 올려 콩을 볶는다. 비린내가 나지 않고 고소하다 싶게 익었으면 볶아놓은 들깨를 집어넣는다.

물에 조청, 설탕, 소금을 푼다. 들깨와 콩을 넣은 팬에 붓고 젓지 않고 그대로 졸인다. 반쯤 졸았다 싶으면 숟가락으로 떠서 찬물에 떨어뜨려본다. 퍼지지 않고 실타래같이 엉겨 있으면 적당하다. 실이 생길 때까지 저어주다가 종이호일을 깐 스테인리스 쟁반에 쏟아붓고 주걱으로 펴준다. 그 위를 종이호일로 덮고 도마같이 평평한 걸로 꽉 눌러놓고 식힌다. 겨울이라 밖에 내놓으면 금방 식는다. 너무 굳으면 딱딱해서 썰기 어렵다. 적당히 굳었을 때 칼로 썰어 굳힌다.

텃밭요리사의 팁!
1. 강정 적정 비율: 들깨 1컵, 콩 1컵, 조청 3큰술, 설탕 1큰술, 물 2큰술, 소금 1작은술.

텃밭을 밥상에 올리다

명절의 설레는 기분을 담아 달콤하고 부드럽게 음미하다

엿기름

한겨울 따끈한 방에 엉덩이 붙이고 한 탕기씩 마시던 시원한 식혜. '감주'라는 다른 이름으로 불려온 달콤하고 부드럽지만, 결코 술이 아닌 음료. 지금처럼 마실거리가 흔치 않았던 시절에는 명절이나 잔칫날이 아니면 구경하기 어려웠는데, 후딱 만들 수 없는 느린 음식이기 때문일 것이다. 살얼음이 동동 떠 있는 식혜는 설날이 지나고 대보름널이 되도록 명절의 설레는 기분을 이어주던 음식이었다. 요즘 마트에서 파는 감미료로 맛을 낸 식혜와는 비교할 수 없는 은은한 그 맛은 집에서 하는 식혜에서만 찾을 수 있다.

식혜의 단맛은 엿기름이 내준다. 보리 몇 그루 심어 훑어낸 겉보리로 가을에 엿기름을 길러놓으면 식혜 한 잔을 마시더라도 남다른 기분을 누릴 수 있다(333쪽 '엿기름 활용법' 참조). 늦가을에 하나씩 따게 마련인 늙은호박을 곁들여 사용하면 빛깔 고운 식혜를 맛볼 수 있다. 음식을 잔뜩 먹고 나서 속이 더부룩할 때 마시면 속이 편해진다. 입맛이 없을 때는 입맛을 살려준다. 엿기름에 들어 있는 보리싹의 신통한 효능이다.

호박식혜

물에 푹 담가 불린 엿기름을 짤주머니에 넣고 바락바락 주무른다. 뽀얗게 우러난 물을 따라내고 다시 주무르고 따르기를 서너 번쯤 반복하면서 엿기름물을 받아놓는다. 대여섯 시간쯤 지나 말간 웃물만 따라놓고 앙금은 버린다. 여느 때보다 물을 적은 듯이 잡고 밥을 짓는다. 그 밥을 전기밥솥에 고루 펴 담아 식힌 다음 엿기름 우린 물을 부은 뒤 주걱으로 뒤섞어준 다음 보온으로 해둔다. 네댓 시간쯤 지나 밥알이 둥둥 떠다닐 정도면 잘 삭은 것. 밥알을 체로 건져내 찬물에 헹궜다가 단물을 빼서 식힌다. 늙은호박을 갈라 껍질을 벗기고 씨와 속을 훑어낸다. 깍둑 썰어 찜기에 깔고 푹 삶는다. 다 익으면 체에 받쳐 으깨면서 살을 내린다. 냄비에 식혜물과 갈아놓은 호박을 같이 쏟아부어 팔팔 끓인다. 끓을 때 생기는 거품을 걷어내야 맑고 깔끔한 식혜가 된다. 끓을 때 생강 조각을 넣어 10여 분쯤 같이 끓이다가 빼낸다. 설탕을 입맛에 맞게 넣어 끓인다. 살얼음이 낄 정도로 찬 식혜를 잔에 담고 밥알을 띄워낸다. 대추꽃이나 잣 등을 얹으면 멋스럽기도 하고, 먹음직스럽기도 하다.

> **텃밭요리사의 팁!**
> 1. 식혜 재료 적정 비율: 엿기름 500g, 호박 1통, 찹쌀 2컵, 생강 1톨, 물 5리터, 설탕 1컵
> 2. 앙금이 들어가지 않게 하고, 끓일 때 거품을 건져내주면 뽀얀 식혜를 얻을 수 있다.
> 3. 위의 과정에서 늙은호박을 넣지 않으면 그냥 식혜가 된다. 늙은호박 대신 단호박을 넣어도 된다.
> 4. 대추꽃 만드는 방법은 332쪽 '대추꽃 만들기' 참조.

톡 쏘는 청량감과 아삭거리는 식감의 마법

동치미

동치미. 그저 무로 담근 물김치라고 하기에는 새콤하게 결이 삭은 그 맛의 강렬함을 다 담아낼 수 없을 것 같은 김치다. 봄무로도 담그지 말란 법은 없지만 뭐니 뭐니 해도 겨울에 먹는 동치미가 맛있다. 가을무는 뿌리도 단단하고 무청도 톡톡해서 오래 두고 익혀도 무르거나 상하지 않는다.

무와 무청에 굵은 소금을 뿌려 하루, 이틀 재어둔다. 그동안 물에 소금을 풀어 소금물을 만들어둔다. 살짝 절여진 무에서 국물이 흥건하게 배어나왔을 터. 베주머니에 갓·대파 흰 줄기 부위와 뿌리, 쪽파, 양파, 배, 생강 조각, 마늘 조각, 삭힌 고추를 넣고 입구를 묶은 뒤 무 위에 얹는다. 만들어둔 소금물에서 윗물을 따라 붓는다. 돌이나 접시로 재료가 떠오르지 않도록 누른다. 김장 담글 때 장만하는 재료로 같이 담그면 일이 줄어든다. 충분히 발효된 동치미에는 유산균이 풍부하다. 톡 쏘는 듯한 청량감, 아작거리는 무의 식감과 시원하고 새콤한 국물을 즐길 수 있다. 그 국물에 국수를 말아서 자글자글 끓는 아랫목에 앉아 먹던 겨울 추억. 그 맛을 공장에서 나오는 동치미 냉면이 따라잡을 수 없더라. 국물은 거의 다 먹고 무 건더기가 뒤쳐질 때, 혹은 국물 맛이 별로일 때 무를 꺼내 샐러드를 해 먹다 보면 나중에는 이 맛을 찾아 동치미 통을 열게도 된다.

✦ 동치미샐러드 ✦

맛이 든 동치미 무를 꺼낸다. 무는 가늘게 채를 썬다. 양파는 껍질을 벗기고 채를 썰어 둔다. 사과와 배는 껍질을 까고 씨를 뺀 뒤 마찬가지 두께로 채를 썬다. 콩마요네즈에 유자청을 살짝 섞어 소스를 만든다. 그릇에 채 썬 동치미, 양파, 사과를 담고 소스를 끼얹어 버무린다. 접시에 담아 밥상에 올린다.

텃밭요리사의 팁!
1. 무청도 손가락 마디만 하게 잘라 넣어도 씹히는 감이 색다르다.
2. 사각거리는 양파와 달콤한 과일의 식감, 동치미의 새콤한 청량감이 잘 어울린다.
3. 먹을거리가 안전한지 무심했던 젊은 날, 나는 마요네즈 대신 통조림된 참치를 넣고 버무려 먹었다. 그 맛에 반해 동치미를 사서 샐러드를 해 먹던 기억이 새롭다. 통조림 기름은 고소하고 참치는 부드러워 샐러드에 잘 어울렸다. 그러나 어쩌랴, 바다가 오염되었으니. 오염에 취약한 큰 물고기에 속하는 참치를 피할 수밖에.

기르기도 수월하고 눈을 밝게 해주는 약성까지 지닌 이로운 작물

결명자

눈을 밝게 해주는 씨앗이라 하여 이름도 결명자(決明子). 풀이라 부르기에는 결례가 아닐까 싶게 우람하다. 다 크면 영락없이 나무다. 땅콩 싹처럼 동글동글한 싹이 자라 초승달 모양의 갸름한 꼬투리를 줄기마다 다닥다닥 단다. 벌레도 꼬이지 않고, 저 혼자 쑥쑥 커버리니 기르기도 수월하다. 날이 따스해지는 5월에 심는데 땅에 저절로 떨어져 있던 것들이 싹을 틔울 정도로 발아가 잘된다. 그래서 우리는 따로 심지 않고 아무 데나 싹 터서 자라는 치를 그 자리에 놔두거나 모종 삼아 다른 데로 옮겨 심어 가꾼다. 늦가을 서리 내리기 전에 베어놓았다가 며칠 말린 뒤 막대기로 두드리면 꼬투리 속에 들어앉은 씨알이 톡톡 잘도 튀어나온다. 꼬투리 하나에 열댓 알씩 씨알이 들었으니 한두 꼬투리만 남겨두어도 이듬해에 또 심어 대를 잇기에 부족함이 없다. 검붉은 색도, 세모진 모양새도 독특하다. 간이 나빠서 생기는 눈병에는 뛰어난 효과를 보는 것으로 알려져 있다. 따라서 눈이 충혈되거나 햇빛을 볼 수 없게 시리거나 눈물이 나올 때, 눈동자가 뻑뻑할 정도로 건조하거나 피로할 때, 눈이 침침해지는 등 눈이 좋지 않으면 꾸준히 챙겨 먹는 게 좋다. 결명자는 성질이 차서 열이 많은 이들에겐 좋지만 손발이 차거나 저혈압인 사람이라면 참참이 먹는다. 맛은 '달고도 쓰다'고 하는데 향은 독특하다.

결명자차

결명자는 물에 두어 번 씻이 뜰채로 조리질을 하며 건진다. 밑에 가라앉은 모래나 흙은 버린다. 바닥이 두꺼운 둥근 팬을 불에 올려 달구면서 결명자를 넣어 볶는다. 볶기 전에는 투명하고 윤기가 흐르지만, 볶으면서 그 빛을 잃어 탁한 느낌을 준다. 오래 볶지 않고 살짝 볶아야 쓴맛이 덜하다. 2L 주전자에 물을 채우고 결명자 한두 순가락을 넣어 펄펄 끓이다가 불을 줄여 물이 1/3쯤 줄어들면 불을 끈다. 투명하면서도 붉은 갈색을 띠는 빛깔이 곱다. 설핏 미끈한 찰기가 느껴지지만 독특한 향을 즐길 수 있다.

텃밭요리사의 팁!
1. 볶지 않고 먹기도 한다. 그리하면 씨알의 빛깔이 곱지만 구수한 맛은 덜하다.
2. 너무 오래 끓이면 맛이 쓰고 알곡이 터져서 미끈한 찰기도 나온다.
3. 계피나 정향을 넣으면 향을 끌어올려준다.
4. 여름에는 찬물에 넣어 우려내서 마신다.

1월 텃밭

한겨울에 텃밭에 나가 몸을 쓸 일은 없다. 하지만 텃밭에 나가 미처 챙기지 못한 호미 한 자루라도 있는지 살펴보고 보리싹, 밀싹 등 추위에 옹송그린 생명체들을 만나고 오면 활기가 생긴다.

가을에 거둬들이긴 했으나 미처 손을 대지 못한 콩이나 녹두, 팥 같은 것이 있다면 참참이 느긋하게 고르는 것도 하릴없는 이때다. 쟁반같이 널찍한 그릇에 콩을 쏟아붓고 살살 굴리면 잘 영글어 동글동글한 것은 또르륵 굴러 가 모일 터. 그것을 주워 담고, 쭉정이나 납작하거나 쭈글쭈글한 것들은 따로 골라낸다. 미처 여물지 못한 것, 찌그러진 것, 빛깔이 거무튀튀한 것을 고르다 보면 그런 게 그리 많을 수가 없다.

한가한 이때야말로 내년에 심을 씨앗들을 갈무리하기에 좋은 때이기도 하다. 여기저기 처박아두었거나 굴러다닐지도 모를 상추·고추·시금치·아욱·오이·호박·토마토·가지 등 채소의 씨앗들, 완두콩·서리태콩·팥·녹두·콩·수수·옥수수 등 곡식 씨앗들, 분꽃·백일홍·채송화 등 꽃씨들을 추슬러 봉투나 망에 가지런히 담아둔다. 감자는 싹이 나지 않는지, 고구마는 얼거나 썩고 있지는 않은지 눈여겨 살핀다.

겨우내 서너 달 너끈히 심심하게 뒹굴 수 있다는 것은 농사짓는 삶이 안겨주는 뿌리칠 수 없는 매력이다. 손바닥만 한 텃밭을 가꾸더라도 겨울에는 느긋하게 숨을 고르고 갈 수 있으니 그 또한 텃밭농사에서 얻을 수 있는 수확이 아닐까?

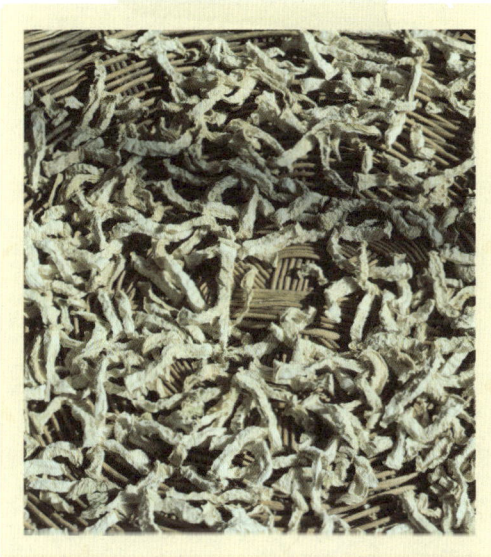
무말랭이 말리기

무청과 시래기 말리기

농기구도 겨울잠을 자는 1월

2월

아니 벌써, 입춘(立春)? 추위는 여전하고 봄이 오려면 멀었다 싶은데 봄의 들머리다. 스치는 바람결에 설핏 봄기운이 짚인다. 해도 부쩍 길어졌다. 한낮에 비치는 햇살은 뺨에 따사롭고 등짝도 훈훈하게 해준다. 그러나 봄기운은 차오르는 듯싶다가도 다시 몰아닥치는 추위에 가뭇없이 사라진다. '입춘 추위'. "입춘에 물동이 깨진다, 오줌독 터진다, 김칫독 얼어 터진다" 했으니 그 시절에는 동이마다 비상이 걸렸겠다. 그렇게 서슬 퍼렇던 추위도 며칠 지나면 누그러져서 푸근해지는가 하면 함박눈이 내리기도 한다. 입춘의 봄은 맛보기였나. 우수, 경칩 지나도록 꽃샘추위는 봄기운을 얼러댄다. 얼어붙은 흙이 낮에는 녹았다가 밤에는 얼고 그렇게 몇 날 며칠 몸을 풀고서야 흙은 폭신해진다. 봄은 어느 날 문득 오는 것이 아니었구나. 지루하도록 밀고 당기는 힘겨루기를 거쳐, 앞서거니 뒤서거니 자리를 잡아가는구나.

들풀이 일어서는 시간이다. 해바른 밭두둑, 마른 풀을 들춰보니 꽃다지랑 냉이가 땅에 바짝 웅크려 붙어 있다. 나뭇가지를 주워 냉이를 후벼파보니 흙속 깊이 뽀얀 뿌리를 내리고 있지 않은가? 어느새, 봄이 이만큼 와 있구나.

강물이 풀린다는 우수(雨水), 여전히 눈발이 날리기도 하고 얼음이 얼기도 하지만 낮에는 봄볕의 따스한 기운을 감출 수 없다. 이런 때면 어서 빨리 밭에 나가 헛호미질이라도 하고 싶을 정도로 몸이 근질근질하다. 햇살과 봄바람에 경작 본능이 스멀스멀 깨어나는 것이리라. 그래도 씨앗을 심으려면 아직 멀었다. 농사는 타이밍. 때를 기다리지 않을 수 없다.

2월 '텃밭 밥상' 한눈에 보기

절기	들풀	텃밭 작물
입춘 (2.4)	냉이, 꽃다지 고수덩이 벌금자리 광대나물	오곡 묵나물: 호박오가리, 무나물, 토란대, 고구마줄기, 취나물, 참나물 가지, 콩나물, 무말랭이 도라지
우수 (2.19)	나도점나물, 냉이	무, 배추, 봄동, 월동시금치, 똥딴지

2월 밥상

'입춘오신반(立春伍辛盤)'. 입춘에 해 먹는 맵싸한 다섯 가지 나물. 임금마저도 신하들과 나물로 차린 밥상을 나눠 먹으며 봄맞이를 할 정도로 중요하게 챙겼나 보다. 아직은 봄나물이 풍성치 않을 때인데 그걸 어찌 다 구했을까? 마른 풀 밑에서 피어나는 들풀 몇 포기를 모아서 밥상에 올렸을까, 아니면 따스한 남쪽에서 날아왔으려나?

입춘 지나고 나면 정월 대보름. 오곡밥에 아홉 가지 나물 밥상을 받고, 호두와 땅콩으로 부럼을 깨물고, 잣으로 불을 켜고, 달맞이를 하면서 한 해를 복되게 맞으려는 명절. 묵은 곡식과 나물을 떠나보내고 풋것들을 맞이하는 푸닥거리를 하잔다. 그러고 보면 겨우내 먹던 묵나물이 지루하게 느껴지고, 햇것에 입맛을 다시고 있다. 봄나물을 살금살금 키우는 천지 기운이 사람에게도 미치고 있는 것이리라. 겨우내 먹었던 묵나물 남은 것일랑 아쉬워 말고 꺼내 볶아 먹고, 지져 먹고, 끓여 먹을 때다. 이 무렵 텃밭이나 마당 한 귀퉁이에 구덩이를 파고 묻은 무, 배추가 있다면 더 놔둘 수 없다. 거실 햇살 바른 곳에 놓아둔 상자텃밭에서 파를 한 움큼 뜯어 나박김치나 햇깍두기를 해 먹으면 묵은 김장김치에서 맛볼 수 없는 싱그러움을 맛볼 수 있다.

묵나물정식, 묵나물밥, 묵나물김밥, 묵나물비빔밥. 묵나물 잔치를 끝내고 텃밭으로 나가본다. 거기 아직 겨울기운이 채 가시지 않은 누리에서 숨을 쉬는 생명체를 만날 수 있다. 2월 하순 우수 무렵이면 벼룩나물, 점나도나물, 꽃다지, 벌금자리, 달맞이꽃 등 더 많은 들풀이 파릇이 올라오기 시작한다. 늦가을 찬 서리 내릴 즈음 싹을 틔우고 겨우내 숨만 붙이고 있다가 봄기운이 돌면서 물오르는 것들은 봄이 되기가 무섭게 꽃이 피고 쇠어버린다. 허나 또 다른 들풀들이 싹을 틔우고 살금살금 자라난다.

오행의 기운을 받아 우리 몸도 튼튼, 텃밭농사도 순풍!

오곡

하필이면 왜 이맘때 오곡밥을 지어 먹으려 했을까? 액땜을 하려고 한 걸까, 쌀밥으로는 다 채울 수 없는 천지의 기운을 곡식에 담아 먹으려 한 것일까? 곡식농사가 잘되기를 바라는 마음을 모으려 한 것일까? 노란 조, 빨간 팥, 하얀 찹쌀, 검정 콩, 수수 등 오색 빛깔의 곡물로 오행의 기운을 잘 받아 우리 몸의 오장육부를 튼튼히 다지려 한 것일까?

오곡은 굳이 다섯 가지 곡물만을 일컫는 말이 아니라 곡식을 통틀어 일컫는 것인즉 잡곡밥과 같은 말일 것이다. 오곡을 섞어 밥을 지으면 요샛말로 철분, 칼슘, 미네랄 등 다양한 영양소를 아우를 수 있을 터. 몸이 부실한 이들일수록 잡곡밥을 챙겨 먹을 만하다. 영양소도 영양소지만, 쌀밥만 먹을 때에 비해 구수하니 대보름날만이 아니라 1년 내내 오곡밥을 즐기면 좋다. 그 누룽지, 그 숭늉은 또 얼마나 구수한지.

정월 대보름날에는 오곡밥 지어 이웃과 나눠 먹으라 하니 정을 주고받으며 살라는 풍습일 터, 이웃과 뭘 같이 먹어본 지 오래더라도 이참에 밥 한 그릇 돌리면서 웃어보자.

텃밭에서 곡식을 기르기는 쉽지 않다. 땅이 어느 정도는 돼야 하기 때문이기도 하지만 입에 들어오기까지 거치는 과정도 길어서다. 거두는 것으로 끝나는 게 아니라 털고, 말리고, 까불어서 잡티를 날리고, 제 모양이 아니거나 벌레 먹은 것들을 골라내는 일이 여간 번거롭지 않다. 콩, 팥, 동부, 깨, 녹두, 수수 따위 곡식은 여럿이 땅을 빌려 같이 경작하고 같이 나누는 길을 찾으면 어려움이 덜어질 것이다. 그때까지는 생협에서 다른 농부들이 지은 곡식 몇 가지를 사다 먹을 수밖에.

✦ 오곡밥 ✦

콩과 옥수수는 전날 밤에 씻어 물에 담그고, 찰보리쌀, 통밀, 수수는 한 시간 남짓 불리고 기장이나 조처럼 자잘한 것은 바로 씻어서 밥을 짓는다. 팥은 미리 삶아야 포실하게 퍼진다. 쌀과 잡곡은 7:3 정도로 섞는 게 무난한데 입맛따라 어떤 곡식은 더 넣고, 어떤 것은 덜 넣는다.

쌀과 잡곡을 섞어서 솥에 넣고 밥물은 평상시보다 많은 듯이 잡는다. 센 불에 올려 끓어오르면 불을 줄이고 쌀알이 퍼지면 약불로 줄여 뜸을 들인다. 주걱에 물을 묻혀 위아래 골고루 섞어 밥그릇에 퍼 담는다.

> **텃밭요리사의 팁!**
> 1. 수수는 박박 비벼가며 문질러 불그레한 물이 우러나올 때까지 씻는다. 떨떠름한 맛을 없애려면 서너 번쯤 헹궈야 한다.
> 2. 팥 삶는 법에 대한 자세한 내용은 209쪽 참조.

텃밭을 밥상에 올리다

겨울을 털고 봄을 맞이하는 밥상 의식

묵나물

정월 대보름날은 겨우내 하나둘 꺼내 먹던 묵나물이 총출동하는 날. 남아 있는 토란대, 무, 시래기, 고구마줄기, 취나물, 고춧잎, 참나물, 아주까리잎 따위 모든 묵나물을 꺼내 반찬을 해서 이웃과 나눠 먹는 날이다. 텃밭을 하면서야 나는 왜 그런 잔치를 하는지 알게 되었다. 텃밭에서는 이즈음 이미 봄의 들풀들이 살금살금 일어나고 있으니 이제 더는 묵나물을 쟁여 가지고 있어봤자 쓸 일이 없어질 터.

묵나물을 실컷 맛보면서 겨울을 털고 봄을 맞이하는 의식이 아닐까 싶다.

아홉 가지 나물이라지만 구태여 아홉 가지를 채울 필요가 있으랴. 제 집에 남아 있는 묵나물 어느 거라도 좋으니 이웃과 나누면 넘치는 것도, 모자라는 것도 없으리라. 저장했던 무나 월동시금치, 콩나물도 나물로 무쳐 곁들인다.

정월 대보름에 나물을 해 먹고 남은 자투리 반찬으로 몇 끼 밥상 정도는 차리게 되더라. 싫증나기 전에 뚝딱 묵나물을 해치울 수 있는 만만한 음식이 묵나물비빔밥. 짜투리로 만들었다고 시큰둥했다가는 큰코다칠 일. 맛도, 영양도 나무랄 데 없다. 취나물, 참나물, 무나물, 호박오가리, 가지말랭이, 시래기나물, 콩나물…… 없는 건 빼고, 먹고 싶은 건 더 만들어 넣는다. 남은 나물로 김밥을 말면 별미. 봄에는 들풀김밥, 겨울에는 묵나물김밥이다.

아홉 가지 나물

토란대, 고구마줄기, 취나물, 호박오가리 등 말려둔 묵나물을 먹기 전날 밤에 꺼내 물에 푹 담가놓는다. 한 가지씩 압력밥솥에 넣어 삶아낸다. 심이 배긴 부분이 없어졌다 싶게 익힌다. 물에 불린 묵나물을 먹기 좋게 썰고 각각 간장, 다진 마늘, 송송 썬 파, 들기름에 무쳐놓는다. 팬에 기름을 두르고 센 불에 달군 다음 물기를 짠 호박오가리를 볶다가 소금을 솔솔 뿌려 접시에 담는다. 나머지 묵나물을 한 가지씩 볶아내고, 콩나물을 무친다. 김이 오른 찜통에 콩나물과 채 썬 당근을 넣고 적당히 익었으면 꺼내서 그대로 펼쳐 식힌다. 실파는 먹기 좋게 잘라 얇게 채를 썬다. 그릇에 콩나물과 실파, 소금, 다진 마늘, 들기름을 넣고 골고루 무친다. 무는 도톰한 듯이 채를 썰어 소금을 뿌려 슬쩍 절인 뒤 물을 빼놓는다. 팬에 들기름을 넉넉히 둘러 달구다가 보글거리는 기름이 보이면 무채와 생강즙을 넣고 볶는다. 맛간장으로 맛을 잡고 송송 썬 실파, 다진 마늘을 넣는다. 빨간 실고추 몇 가락, 후춧가루 살짝, 검정깨 솔솔 뿌린다. 쟁반만 한 접시에 볶거나 무친 아홉 가지 나물을 빙 둘러가며 담는다.

텃밭요리사의 팁!
1. 콩 비린내가 안 나게 찌려면 다 익기 전에 뚜껑을 열어보지 않는다.
2. 호박오가리, 가지말랭이를 불리는 법은 332쪽 '묵나물 맛있게 조리하는 방법' 참조.
3. 압력밥솥으로 삶으면 시간은 물론, 연료도 아낄 수 있다.
4. 호박오가리와 가지말랭이는 따스한 물에 담가 30분~1시간 정도 불린다.
5. 삶은 물에서 바로 꺼내지 말고 뚜껑을 덮어두었다 꺼내면 잔열로 잘 퍼지게 삶을 수 있다.
6. 삶는 시간이 비슷한 것들은 나물들이 서로 뒤섞이지 않도록 구분지어 한 솥에 삶아도 된다.

묵나물 채반

아홉 가지 나물

◆ 아주까리묵나물볶음 ◆

말린 아주까리잎을 하룻밤 정도 물에 흠뻑 불려 압력솥에 삶아준다. 적절히 삶아졌으면 불에서 내려놓고 뚜껑을 닫는다. 남은 열로 무르게 익히기 위해서다. 다 익었으면 찬물에 씻어 물기를 꼭 짜고 먹기 좋은 크기로 썬다. 맛간장과 다진 마늘과 송송 썬 파를 넣고 조물거려 간이 배게 한다. 팬에 들기름을 둘러 달군 다음 느른하게 볶는다. 뚜껑을 덮고 익히다가 맛국물을 한두 숟가락씩 떠넣어 타지 않도록 볶는다.

텃밭요리사의 팁!
1. 삶은 아주까리 잎을 된장에 찍어 쌈을 싸 먹기도 한다.

◆ 취나물볶음 ◆

바삭하게 마른 취를 물에 흠뻑 불린다. 하룻밤 정도 불려 압력솥에 삶았다가 적절히 익었으면 물에 헹궈 물기를 짠다. 맛간장, 송송 썬 파, 다진 마늘, 들기름을 넣어 조물조물 무친다. 기름 둘러 달군 팬에 넣고 센 불에서 줄기를 헤쳐가며 볶는다. 맛국물을 살짝 넣고 뚜껑을 덮은 뒤 약한 불로 줄여 뭉근하게 익힌다.

아주까리묵나물볶음

취나물볶음

◆ 묵나물비빔밥 ◆

손에 잡히는 나물반찬 몇 가지를 대접에 담고 들기름을 한 숟가락 뿌린다. 간장에 다진 마늘, 송송 썬 파, 깨소금, 들기름, 후춧가루를 넣은 양념간장을 만든다. 밥상에 묵나물을 얹은 대접과 양념간장 종지를 같이 올린다. 목을 축여가며 먹을 수 있도록 된장국이나 동치미 혹은 나박김치를 곁들이면 금상첨화다.

◆ 묵나물김밥 ◆

자투리 묵나물 반찬을 남아 있는 대로 꺼낸다. 김 한 장을 깔고 밥을 펴서 그 위에 토란대, 시래기, 취나물, 시금치, 콩나물 무엇이든 원하는 대로 얹는다. 상큼하게 씹히는 재료가 뭐가 있을까? 무장아찌, 마늘종장아찌, 무말랭이……. 뭐든 아삭한 식감이 나는 것을 곁들인다. 채 썬 홍당무에 소금 한 꼬집 넣고, 기름에 볶아놓은 것을 올리면 색깔이 곱다. 달걀을 풀어 얇게 부쳐서 자른 뒤 김 위에 올린다. 김을 둘둘 말아 통째로 먹거나 잘라서 먹거나.

묵나물비빔밥

묵나물김밥

한국인의 몸속 어딘가에 각인된 그리움의 채소

겨울배추

배추는 텃밭에서 겨울을 나기 어렵다. 가을에 배추가 흔할 때 몇 통 챙겨두었다가 먹는다. 겨울을 지나면서 노랗게 맛이 든 고갱이는 가을에 먹는 것보다 더 달콤하고 사각거린다. 푸성귀가 귀한 때라서 그런가, 추위를 이기면서 육질이 촘촘해지고 맛이 농밀해져서 그런가? 아무튼 국을 끓여도 달작지근하고, 고갱이만 추려서 된장을 찍어 먹어도 과일처럼 먹을 수 있다. 통배추를 반으로 가르면 노란빛으로 눈길이 쏠린다. 고갱이 잎을 뜯어 그냥 한입 베어 문다. 달콤하고 고소할 뿐만 아니라 독특한 향이 난다. 배추만이 지닌 맛과 향. 고향의 냄새가 있다면 아마 그렇지 않을까? 한국인의 몸에 저도 모르게 각인된 그리움의 맛이랄까 그런 게 깃들어 있는 것 같다. 구태여 쌈장을 만들 필요도 없다. 토장이라고 불러야 제격인 재래식 된장에 찍어 먹어도 맛나니까.

겨우내 잘 먹던 김장김치도 시들하고 입맛은 벌써 상큼하고 가벼운 것을 찾을 때다. 이맘때면 우리 어머니는 묻어둔 배추와 무를 꺼내 햇국물김치를 담아주셨다. 나박김치다. 흉내 내기 쉽지 않은 그 맛은 알싸하고 칼칼하면서도 가뿐한 청량감이 느껴진다. 묵직한 맛이 감도는 동치미와 다르니 바로 담가 먹어서 생기는 맛인가 보다. 새곰하게 익은 나박김치. 군고구마, 찐 고구마는 물론 떡국이나 전을 먹을 때 같이 떠 먹으면 너무 잘 어울린다. 입맛 없을 때는 그 국물에 밥을 말아 먹기도 하는데, 동치미 깊고 웅숭깊은 맛과는 달리 경쾌하고 발랄하여 입에 착 달라붙는다. 맛도 평준화되어가는 밋밋한 세상에서 나는 적어도 나박김치 이 맛만은 잃어버리고 싶지 않다.

통배추는 신문지에 둘둘 말아 얼지 않을 정도로 찬 곳에 두면 보관이 잘된다. 밭에 구덩이를 파고 무 따위와 같이 묻었다가 꺼내 먹기도 한다.

✦ 배추고갱이쌈 ✦

배추 속대 부분의 노랑 고갱이를 뜯어서 씻어놓는다. 체에 받쳐 물기를 뺀다. 밥상에 낼 때는 된장 종지를 곁들이거나 접시 한 쪽에 된장을 덜어놓는다.

✦ 나박김치 ✦

배추를 반으로 갈라 속잎부터 고갱이까지의 속대를 한입 크기로 썬다. 무는 나박나박 썬다. 물과 소금을 10:1 비율로 타서 배추와 무를 각각 절여둔다. 절이는 사이에 파의 흰 줄기, 쪽파, 미나리를 손가락 길이로 썰어둔다. 마늘, 생강은 얇게 저미고 배와 사과는 채를 쳐둔다. 베주머니에 고춧가루를 넣고 물을 부어 받아둔다. 건더기가 자작하게 잠길 수 있도록 물을 더 붓는다. 소금으로 간을 맞춘다. 절인 배추와 무를 헹구고 채반에 받쳐 물을 뺀 뒤 함지박에 담는다. 준비해둔 다른 재료들을 같이 넣고 고춧가루물을 붓는다. 양념이 골고루 섞이도록 뒤적여서 통에 담는다.

> **텃밭요리사의 팁!**
> 1. 채소 따위를 네모진 모양으로 얄팍하게 잇따라 써는 걸 나박 썰기라 한다.
> 2. 얼려둔 비트 한 조각을 넣으면 꽃분홍빛 국물을 낼 수 있다.

배추고갱이쌈   나박김치

텃밭을 밥상에 올리다

김장김치는 넘볼 수 없는 달작지근하고 고소한 맛

봄동

봄동이라니 봄을 부르는 아이를 말하나, 봄에 맞이하는 아이를 말하나? 아무튼 요즘은 종자회사들이 봄동 씨앗을 팔고 있다. 하지만 원래 봄동은 가을에 통이 덜 차 남겨 두었던 배추가 옆으로 펑퍼짐하게 퍼지고 육질도 톡톡하고 특유의 맛을 담은 것을 거두어 먹으면서 비롯되었다. 우리는 텃밭을 하기 전에도 겨울과 봄이 맞물려 돌아가는 이 계절에 봄동을 챙겨 먹곤 했다. 겨울이라 풀도 별로 없고 벌레도 없을 터이니 농약을 쓸 일이 없거나 적으리라고 안심하면서. 봄동은 달작지근하고 고소한 맛이 돈다. 겨울 추위를 버티며 살아온 기운이리라. 생김새에도 겨울을 이긴 고단함이 묻어 있다. 손바닥만 하게 옆으로 벌어진 걸잎은 파랗지만 누렇게 마른 부위도 달고 있다. 하지만 싱싱하게 살아 있는 부위는 배추보다 수분도 많고 사각거린다. 풋풋한 향내를 피워 새콤달콤하게 걸절이를 하면 상큼해서 나른함을 깨워준다. 그 때문에 맛이 깊을 대로 깊어진 김장김치가 맛있어도, 봄동을 찾게 되나 보다. 보통 소금에 절이지 않고 겉절이로 무쳐 먹거나 쌈으로 먹는다. 남쪽에서는 겨울을 나고 이른 봄에 올라오는 배추 속대와 푸른 잎을 같이 거둬 봄동김치를 담그기도 한다.

❖ 봄동겉절이 ❖

봄동의 밑동을 칼로 베어낸다. 누런 잎을 떼어내고 먹을 만한 잎만 남겨 다듬는다. 줄기와 뿌리가 만나는 부위에 칼집을 넣어 끊어내면 잎들이 낱낱으로 떨어진다. 그 잎을 흐르는 물에 절레절레 흔들어 씻고 채반에 받쳐 물기를 뺀다. 먹기 좋은 크기로 잘라 그릇에 담는다. 고춧가루를 훌훌 뿌리듯이 넣고 다진 마늘, 송송 썬 파, 매실발효액, 식초를 넣은 양념간장을 부어 양념이 골고루 묻도록 뒤적이며 버무린다. 참기름 한 방울 넣고, 소금으로 간을 한다. 접시에 올려 깨소금을 뿌린다.

> **텃밭요리사의 팁!**
> 1. 씻은 뒤 물기가 남아 있으면 양념 맛이 물에 퍼져서 제맛이 안 난다. 물기가 쭉 빠지도록 놔두었다가 무친다.
> 2. 간장 대신 액젓으로 무쳐 먹기도 한다.

겨울의 기운을 달콤한 맛으로 품어내다!

월동시금치

시금치라고 다 같은 시금치가 아니다. 모든 먹을거리가 씨앗에 따라, 흙에 따라, 퇴비에 따라 맛이 달라지지만 월동시금치만큼 맛의 차이를 절감하게 하는 것도 흔치 않다. "그래, 시금치는 겨울을 난 거라야 해" 하는 말이 절로 나온다. 가을에 심은 시금치는 죽은 듯이 있다가 봄기운이 짚일 때 푸릇푸릇 되살아나서 입맛을 돋운다. 그 겨울 동안 시금치는 죽은 듯 살아 있으면서 달콤한 맛을 품어낸 듯 달다. 늦어도 9월말에는 심어야 겨울 오기 전에 싹을 틔워 어느 정도 자란 둥치로 겨울을 버티고 봄을 맞이한다.

나는 가을에 미처 시금치를 심지 못하게 되면 어쩌다 가는 마트에서 월동시금치를 찾아 두리번거린다. 대개 포대를 통째로 쏟아놓은 매무새로 등장하는데, 단으로 묶을 수 없을 정도로 옆으로 퍼져서 그랬을 것이다. 하지만 그 맛은 단을 지어 가지런히 묶여 나오는 비닐하우스 시금치에 비할 바가 아니다. 풀이 자라지 않는 겨울이니 제초제를 치지 않았을 거고, 벌레를 잡는다고 농약을 뿌리지도 않았을 터이니 그나마 마음 놓고 가까이 가게 되는 푸성귀. 월동시금치다.

◆ 시금치나물 ◆

시금치를 다듬어 끓는 물에 소금을 넣고 데친다. 잎이 도타우니 여느 때 시금치와 달리 서너 번쯤은 뒤적여가며 뻣뻣하게 데친다. 시금치를 건져서 찬물에 넣고 식혀서 체에 받쳐 물기를 뺀다. 소금, 들기름을 넣어 조물조물 무친다. 접시에 담아 깨소금을 솔솔 뿌린 뒤 밥상에 올린다.

> **텃밭요리사의 팁!**
> 1. 월동시금치는 양념 맛이 아니라 시금치 자체의 맛으로 먹어도 맛나다. 된장에 무쳐도 맛이 산다. 양념간장에 무쳐 먹기도 한다.

◆ 시금칫국 ◆

시금치와 된장은 죽이 잘 맞는 음식. 시금치는 누런 잎을 떼어내고 다듬어 물에 씻어 체에 받쳐놓는다. 맛국물을 끓이다가 된장을 풀고 다듬은 시금치와 채 썬 양파, 다진 마늘을 같이 넣어 숨이 죽을 정도로 끓인다. 어슷 썬 파 한 줌을 넣어 바르르 끓어오르면 불을 끈다.

시금치나물

시금칫국

왕성한 번식력으로 겨울을 스스로 이겨내는 '땅속 사과'

돼지감자

'돼지감자'라고 부르다가 그 생김새를 보면 "뚱딴지로 불러주세요"라고 말을 거는 것 같다. 작은 감자알 비슷한 덩이줄기가 제각각 울퉁불퉁하게 생겨먹었다. 어떤 치는 도깨비방망이 같고, 어떤 치는 뿌리 여럿 삐친 밤톨 같기도 하고. 그래서 분위기나 상황에 매끄럽게 대처하지 못해 엉뚱하다는 핀잔을 줄 때 '뚱딴지같다'고 하나 보다. 뚱딴지만큼 왕성하게 번식하는 식물이 또 있을까? 한번 심어두면 그 주변으로 마구 번져 나가 걷잡을 수 없을 지경이 된다. 텃밭에 심었다가 자칫 다른 것을 심을 자리가 없어지기 때문에 공터나 비탈 같은 곳에 심어둔다.

가을에 캐지 않고 겨우내 돌아보지 않았던 뚱딴지는 추위에 얼어 죽지 않았을까? 토란이나 고구마나 야콘은 밖에서 겨울을 날 수 없지만 뚱딴지는 캐지 않고 놔두어도 까딱없다. 땅이 얼지 않아 호미질을 할 수만 있다면 겨울에도 캐 먹을 수 있다. 농사일이 별로 없는 데다가 땅이 녹는 이즈음에 소일거리 삼아 캐 먹기 딱 좋다. 호미로 파다가 껍질을 긁어내고 먹으면 생과일이 뭐 대순가 싶다. 프랑스에서는 '땅속 사과'라 부른단다.

뚱딴지는 날것으로 먹어도 사각거리는 식감이 즐겁다. 후식, 간식, 맥주 안주로 나무랄 데 없다. 적당한 크기로 잘라서 소스를 뿌리면 샐러드. 다른 과일과 섞어서 샐러드를 해도 빠지지 않는 식감이다. 감자조림처럼 조려서 밥상에 반찬으로 올리기도 한다. 썰어 말려 차를 끓여 마셔도 구수하다. 감자나 토란, 고구마처럼 구워 먹는 사람도 있다. 천연 인슐린이라 불리는 이눌린이 들어 있어 당뇨병을 다스리는 데 탁월하다.

바로 캔 뚱딴지는 바락바락 씻는다. 덩이끼리 붙어 있는 부위에 끼어 있는 흙을 잘 씻어야 흙내가 안 난다. 거뭇거뭇한 반점이 있는 껍질 부위만 긁어내고 먹는다.

❖ 돼지감자샐러드 ❖

다듬어 씻은 뚱딴지를 얇게 썰어서 소스로 버무린다. 콩마요네즈같이 부드럽게 감싸주면서 제맛을 살려주는 소스가 잘 어울린다. 돼지감자 자체는 향이 없으므로 콩마요네즈에 유자청을 넣어 버무리면 아삭하게 씹으면서 은은한 유자향을 즐길 수 있다.

❖ 돼지감자차 ❖

돼지감자를 씻어서 껍질째 납작납작하게 썰어 햇볕에 말린다. 말리지 않거나 덖지 않은 채 끓이면 비릿한 냄새가 난다. 꾸덕꾸덕 말랐으면 둥근 팬에 넣고 덖어준다. 주전자에 말린 뚱딴지 한 주먹을 넣고 센 불에서 끓인다. 물이 끓으면 불을 줄이고 물이 절반으로 줄어들 때까지 달인다.

텃밭요리사의 팁!
1. 잔에 뚱딴지 덖은 것을 넣고 뜨거운 물을 부어 우려 마시기도 한다. 다 마신 뒤 한 번 더 우려 마실 수 있다.

돼지감자샐러드

돼지감자차

2월 텃밭

마늘, 양파, 밀, 보리는 겨우내 안녕하신가? 텃밭으로 발길을 돌려보고 싶을 때다. 잔설이 덮여 있는 이랑은 기척이 없다. 가만히 들여다보면 서릿발에 얼었다 녹으면서 흙이 봉긋이 부풀어 올랐을 터. 뿌리가 들뜨지 말라고 밀, 보리 심은 자리를 꾹꾹 밟아주고 온다. 겨우내 받아두었던 곰삭은 오줌 한 통 들고 갔거든 부어주면 작물들 기가 살 것이다.

도시에서 텃밭 하려는 이들의 손을 잡아주는 도시농부학교들도 이즈음 하나둘씩 문을 연다. 봄에 농사를 시작하려면 미리 알아두어야 할 것을 슬슬 챙겨두라는 뜻에서다. 텃밭농사를 한번 지어볼까 싶어 문을 두드린 이들은 벌써부터 밭으로 나가보고 싶어 한다. 이즈음엔 땅이 질펀하게 녹아서 그나마 마른자리를 짚어야 밭을 둘러볼 수 있을 것이다. 구두를 신고 온 이들은 덕지덕지 붙은 진흙에 울상이겠지만, 텃밭에 올 때는 어떤 차림으로 와야 할지 배우고 갈 것이다. 밭에 붙은 산기슭엔 잎을 떨군 나무들만 가득하더라도 경작 본능에 불붙은 이들의 발걸음은 재기만 하다. 뭔가를 심으려면 흙이 풀릴 때까지 더 기다려야 한다는 말을 듣더라도 아직은 농사가 때에 맞춰 하는 일이라는 사실이 실감나지 않을 것이다.

이제 슬슬 '겨울잠'을 털고 일어날 때다. 올해는 텃밭에 무엇을 심을지 그림을 그리고, 이른 봄에 심을 씨앗도 하나둘 챙겨본다. 상자에 둔 씨감자는 싹이 났을 터. 싹을 문질러주고 온도가 낮은 곳으로 옮겨준다. '토종씨드림'이라는 단체에서 씨앗을 나누는 날도 이즈음. 거기 가면 콩 같은 곡식은 물론, 상추 같은 푸성귀의 종류가 그리 많은 줄 알게 될 것이다. 종묘회사에서 개량한 씨앗들과는 달리 시간과 공간의 내력이 스며 있는 씨앗들 말이다.

겨울추위를 이겨내는 꽃다지

씨앗 역할을 하는 씨감자

매서운 추위를 견뎌내는 월동시금치

2월 텃밭에서 하는 일

절기	텃밭
입춘 (2.4)	밀·보리 밟아주기 웃거름주기
우수 (2.19)	씨앗 챙기기 씨감자 싹 문지르기

부록: 텃밭밥상에 덧붙이는 이야기

입맛에 맞는 드레싱 만들기

드레싱은 재료의 겉에 끼얹어 부드럽게 흘러내리며 섞어 먹는 양념을 일컫는다. 들풀이나 채소, 과일을 날것으로 먹을 때 드레싱을 달리하면 재료가 같더라도 색다른 맛을 즐길 수 있다.
맛과 향, 식감을 살려주고 성질이 어울리는 드레싱을 만들어 곁들인다. 한 번에 너무 많이 만들어 오래 두면 변할 수 있지만, 번번이 만드는 것도 번거로우니 들풀을 즐기는 봄에는 한 병 만들어두고 그때그때 끼얹어 먹는 게 좋다.

- **토마토드레싱:** 토마토퓌레 3큰술+조청 1/2큰술+소금 1/2작은술+생강가루 1/2작은술
- **오미자드레싱:** 오미자효소 2/3컵+조선간장 5큰술+들기름 2큰술
- **유자청드레싱:** 유자청 3큰술+식초 3큰술+소금 3작은술+들기름 2큰술
- **사과드레싱:** 사과 1개+유자청 1큰술+식초 2큰술+소금 2작은술+생강가루 1작은술
- **참다래드레싱:** 참다래 2개+매실효소 1큰술+소금 2작은술+식초 1큰술
- **간장드레싱:** 조선간장 1/3컵+매실발효액 1/3컵+들기름 2큰술+다진 마늘 1작은술+유자청 1큰술+식초 1/3컵+조청 2큰술
- **들깨드레싱:** 들깻가루 1큰술+들기름 1큰술, 소금 1/2작은술
- **참깨드레싱:** 통깨 4큰술+간장 2큰술+설탕 2작은술+다진 파 1작은술+송송 썬·양파 1작은술+참기름 1큰술(참기름을 뺀 나머지 재료를 넣고 곱게 간 다음 참기름을 넣고 골고루 섞어준다)
- **콩마요네즈:** 달걀노른자와 기름이 들어가지 않는 채식소스다. 믹서에 콩물(149쪽 참조), 두부, 소금을 한꺼번에 집어넣고 곱게 간다. 선택사항인 땅콩 등 견과류, 매실발효액, 유자청도 이때 같이 넣는다. 넣으면 한결 고소하고 향긋하니 감빨린다. 묽게 하려면 콩물을 더 넣고, 되게 하려면 콩물을 덜 넣고 물기를 조절한다(콩물이 없거나 넣고 싶지 않다면 물을 넣고 두부를 더 넣어줘도 된다). 가령 과일샐러드를 버무리려면 되직하게 하고, 감자샐러드를 버무리려면 묽은 듯이 만든다(콩마요네즈 적정 비율: 콩물 1/2컵, 두부 1/2모, 땅콩 한 줌, 들기름 1큰술, 식초 1큰술, 매실청 1큰술, 소금 1/2작은술).

드레싱 만들 때 알아두면 좋은것들
① 가루→ 액체→ 기름→ 식초의 순서로 섞는다.
② 신맛, 단맛, 짠맛은 입맛에 따라 더 넣거나 덜 넣는다.
③ 기름기가 많은 음식에는 드레싱에 들어가는 기름류의 양을 적게 넣는다.
④ 단맛이 많이 나는 재료는 드레싱에 들어가는 발효액, 조청, 설탕의 양을 줄인다.

들풀, 식감과 향을 살리며 데치는 방법

같은 풀이라도 어떻게 익히느냐에 따라 식감이 기가 막히기도 하고, 입맛이 떨어지기도 한다. 부드럽게 씹히고 향이 제대로 살아 있도록 익히는 게 관건. 그러려면 물크러지지도 않지만, 뻣뻣하지도 않게 익혀야 된다.

연한 싹은 소금을 살짝 푼 펄펄 끓는 물에 넣었다 바로 건지는 정도로 데친다. 물에 넣어 푹 삶는 것과 달리 데친다는 것은 휘리릭 궁굴려 숨만 죽을 정도로 익히는 것이다. 싹이 연한 정도에 따라 익히는 정도를 가늠할 수밖에 없는데 감으로 익혀야 한다. 잎이나 줄기가 뻣뻣하거나 말린 묵나물 등은 푹 익히기도 해야 하지만 골고루 익히는 것도 중요하다. 그러려면 연한 부위는 살짝 데치고, 질긴 부위는 좀 더 데쳐야 한다. 뿌리나 줄기처럼 질긴 부분을 먼저 넣고 나중에 잎 등 연한 부분을 넣어주면 엇비슷하게 익을 것이다. 뒤적뒤적 뒤집어주면서 삶아야 골고루 익는다.

다 익었을까? 재료마다, 부위마다 다를 수 있으니 딱 정해진 시간을 말할 수는 없다. 눈대중으로 하다가 미심쩍으면 한 가닥 꺼내서 씹어보는 수밖에. 입술을 데지 않으려면 찬물에 식히고 맛봐야 한다. 됐다 싶으면 뜰채로 후루룩 건져서 흐르는 찬물에 식혀 물기가 쏙 빠지도록 두었다가 조리에 들어간다.

들풀, 맛깔나게 무치는 방법

나물을 좋아하는 우리 큰딸은 자취살림을 하는데 자기가 조리하면 집에서 먹어본 그 맛이 안 나온다고 투덜댄다. 나물 무치는 게 간단해 보이는데 이상하단다. 서양 요리는 제법 맛나게 하는 편이니 미각이 그리 무디다고 할 수는 없는데도 그렇다. 무엇보다도 재료가 신선해야 하는데 마트에서 산 것은 제아무리 신선하다고 해도 텃밭에서 방금 채취한 것에 비할 수 없을 것이다. 그거야 어쩔 수 없다 치더라도 맛을 제대로 내려면 몇 대목을 더 챙겨야 한다. 데치든 삶든 재료를 적절히 익혀야 한다. 그럴더라도 된장이든 간장이든 고추장이든 장맛이 받쳐주지 않으면 맛이 살지 않는다. 들기름, 식초, 발효액 한 방울도 허투루 넣어서는 그 맛이 나타나지 않는다. 무엇보다도 양념이 속속들이 배어들도록 조물조물 무쳐야 한다. 손맛이라는 말이 그래서 나왔구나 느껴질 때가 있다. 참고로 우리 딸이 맛나게 집어 먹던 그 나물은 방앗간에서 막 짜온 들기름으로 무친 거였다.

들풀이 지닌 향과 맛을 고스란히 살릴 수 있으려면 양념을 거의 넣지 않다시피 한다. 양념은 선택. 그러나 간을 잘 맞추는 것은 필수다. 소금을 넣으면 담백하다. 간장으로 하면 감칠맛이 돈다. 된장으로 하면 구수하다. 초고추장에 버무리면 상큼하고. 새콤달콤한 맛을 보태려면 매실발효액 한 방울, 달콤한 맛만 내려면 제 향이 도드라지지 않는 들풀발효액, 당근발효액이나 양파발효액이 좋다. 좀 더 새콤하게 먹으려면 식초 한 방울을 쳐서 버무리면 깔끔하다. 맛의 미묘한 어울림, 그 지점에 왕도나 묘수가 없으니 꾸준히 해보면서 자기 나름의 손맛을 찾을 수밖에 없다.

야생의 기운을 담은 들풀 차 만들기

냉이, 질경이, 꽃다지, 쑥은 물론 거의 모든 들풀은 차로 마실 수 있다. 들풀은 저마다 생김새가 다르고 성질이 다르듯 향도 다르다. 들풀을 그냥 널어 말리거나, 살짝 데쳐서 말리거나, 쪄서 말리거나, 덖거나 해서 우려 마시면 된다(말릴 때는 그늘지고 바람이 잘 통하는 곳에 말려야 색감이 살아 있는 차를 만들 수 있다). 차를 어떻게 만드는가에 따라 재료가 같더라도 맛이 아주 다르다. 그냥 말린 것은 들 냄새가 살아 있는데, 풋내나 비릿한 내가 나는 것은 쪄서 말리거나 덖어주면 향이 은은하고 순해진다.

들풀을 덖을 때는 잎을 손으로 비벼 숨을 죽인다. 뿌리는 칼로 얇게 저며서 우러나기 쉽게 해둔다. 무쇠솥이 아니어도 좋다. 바닥이 두꺼운 냄비나 팬이라면 서서히 달아오르고 더디게 식을 터이니. 그릇을 200도 가까이 뜨끈하게 달군다. 잎과 뿌리를 넣고 면장갑 낀 손으로 뒤적이면서 물기를 말린다. 자칫 호로록 타지 않도록 불을 잘 조절해가며 덖는다. 웬만큼 덖어졌으면 채반에 펴 널어 부채질을 해가며 식힌 뒤 뭉치지 않게 털어서 그늘에 말린다. 몇 번을 거듭하는데 공들여 차를 덖어 으뜸가는 맛을 내려는 이들은 그렇게 아홉 번을 쪄서 말린다고 한다. 가령 머위처럼 쌉싸름하고 날카로운 맛을 누그러뜨리려면 이런 덖음차가 좋을 것이다. 그러나 웬만한 들풀은 뜨거운 김을 쐬어 그늘에 말려두었다 마시기만 해도 된다. 말릴 때는 바싹 말려야 벌레가 기웃거리지 않고, 장마철에 곰팡이도 피지 않는다. 아무튼 잘 말리기만 해도 한 해는 거뜬히 나고, 차 맛도 좋다.

차 마시는 법이 따로 있을까? 법도에 얽매이지 말고 몸과 마음이 가는 대로 편하게, 마시고 싶은 대로 마시면서 자신의 맛을 찾아가면 되지 않을까 싶다.

감칠맛 나는 맛국물 만들기

• 맛국물

화학조미료를 쓰지 않고도 감칠맛 나는 밥상을 차리려면 자연 조미료는 필수. 맛국물은 국물 있는 음식만이 아니라 나물을 무치고 볶을 때, 김치를 할 때도 적절히 활용하여 재료가 지닌 맛을 끌어올려준다. 고기나 멸치를 기본 재료로 삼아 국물을 내는 육수든, 갖가지 채소로 국물을 우려내는 채수든 떨어지지 않게 만들어두면 좋다. 특히 파뿌리와 무를 듬뿍 넣으면 국물의 감칠맛이 뛰어나다.

두꺼운 냄비에 물을 넣고 내장을 뺀 멸치, 겉에 묻은 먼지를 닦은 다시마, 파 뿌리, 양파 껍질, 무와 당근 등 채소를 다듬을 때 나오는 자투리를 모아두었다 같이 넣어 끓인다. 펄펄 끓으면 불을 줄이고 국물이 반가량 줄 때까지 졸인다. 2011년 후쿠시마 원전 사고가 나기 전에는 표고버섯도 썼지만, 이제는 방사능이 검출되곤 하는 표고버섯을 넣을 수 없어 아쉽기만 하다. 그 대신 검은콩을 삶아낸 콩물을 같이 넣어 쓰기도 한다.

• 다시마물

다시마는 5분 이상 끓이면 쓴맛이 나기 때문에 너무 오래 끓이지 않는다. 끓이지 않고 찬물에 우려 쓰는 것도 좋다. 다시마 겉면에 핀 하얀 가루는 맛 성분이므로 겉에 묻은 먼지만 닦아낸 다음 찬물에 담가둔다. 8시간이면 알긴산이라는 맛 성분이 우러나므로 그 정도 우려서 쓴다. 우려낸 다시마는 말려놓았다가 필요할 때 다시 우려 쓸 수 있다. 바빠서 말리지 못했다면 물을 부어 두어 번 우려서 쓴다. 국이나 찌개의 국물, 나물 무치거나 볶으면서 감칠맛을 낼 때 두루 쓰이는데 맛을 끌어올리는 자연 조미료다.

풍미를 살려주는 맛장 만들기

장은 음식 맛을 잡아주는 밑돌. 풍미가 좋은 간장, 된장, 고추장만 있으면 콧노래를 부르며 음식을 만들 수 있을 것이다. 국이나 찌개도 그렇고 무침도 그렇다. 그런데 장맛은 참 오묘해서 같은 재료로 만들었다고 해도 집집마다 다르다. 내가 담근 장도 해마다 한결같지는 않다. 콩을 익혀서 띄운 메주가 얼마나 잘 발효되었는지, 메주를 소금물에 담가서 가른 된장과 간장이 햇살과 바람을 들이쉬고 내쉬면서 잘 익었는지를 한마디로 측정하기는 어렵다. 다만 맛으로 존재를 드러낼 뿐이다.

마트에서 사 먹는 장은 재료는 물론 발효과정까지 공장식으로 하기 때문에 식품첨가물에 의존해서 맛을 내게 마련. 건강에 이롭지도 않을 뿐더러 자연의 맛을 따를 수가 없다.

집에서 전통식으로 담근 간장이나 된장 혹은 고추장이 짜거나 감칠맛이 떨어질 때는 맛국물과 조청 등을 섞어 맛을 고쳐서 쓴다

• 맛간장

간장이 너무 짠 것 같으면 맛국물을 섞어서 간을 맞춰서 쓴다. 장맛과 맛국물의 감칠맛이 어우러져 음식의 맛을 끌어올려준다. 새콤달콤하게 무칠 때는 매실발효액이나 여러 가지 들풀발효액을 재료에 맞게 섞어서 써도 감칠맛이 깊어진다.

• 맛된장

시중에서 파는 된장은 유전자조작 콩에서 콩기름을 짜내고 난 유박으로 만든다. 장은 원래 맛을 내기 위한 것인데 이렇게 콩 자체가 지닌 영양과 맛을 거세하고 갖가지 화학조미료를 버무려 맛을 내는 것이다. 그래서 집에서 전통적인 방식으로 장을 담갔는데 자칫 짜거나 맛이 없게 되어 손이 안 간다면 맛을 고쳐 쓴다.

된장에 콩 삶은 물을 넣거나 삶은 콩을 으깨 넣어 오래도록 후숙시켜 풍미를 더하기도 하지만, 급할 때는 간단한 처방만으로도 고쳐 쓸 수 있다. 된장에 맛국물을 넣어서 개어준 맛된장은 감칠맛이 깊을 뿐만 아니라 묽기를 적절히 조절해가며 쓸 수 있어 좋다. 나물을 무칠 때나 된장국물을 만들 때 마늘, 파 등 양념을 더해서 사용한다.

- **쌈장**

된장과 고추장을 2:1의 비율로 넣고 맛국물을 섞어 버무린다. 송송 썬 파, 다진 마늘, 들기름, 들깨가루를 넉넉히 넣는다. 땅콩, 호두, 잣 등 견과류를 갈아 넣으면 씹히는 맛이 좋다. 조청을 섞어 마무리하면 반지르한 윤기가 돌아 먹음직스러워 보이기도 하고 감칠맛도 좋아진다.

- **초고추장**

고추장에 다진 마늘, 생강즙, 입맛에 맞는 정도의 식초와 매실발효액, 조청을 넣어 고루 섞어놓는다.

- **양념간장**

맛간장에 송송 썬 파, 다진 마늘, 고춧가루, 통들깨 혹은 참깨를 넣고 고루 섞는다. 나물을 무치거나 볶을 때, 부침개나 만두 찍어 먹을 때 등 두루 사용할 수 있다.

발효액(효소) 제대로 만들고 활용하기

들풀이나 채소나 과일 등 거의 모든 식물로 발효액을 만들 수 있다. 설탕에 절여 발효시키면 재료에 담긴 약성과 영양이 우러나고 몸에 이로운 미생물이 활발하게 움직이게 되어 있다. 단맛과 새콤한 맛 혹은 재료가 지닌 특별한 맛과 향을 조리하는 데 활용한다. 정체를 알 수 없는 화학적 첨가물이 들어가 있는 청량음료를 대신할 수 있는 고급스러운 마실 거리로도 좋다.

발효의 재료는 무궁무진. 봄, 여름으로 무성한 들풀이나 작물의 잎, 뿌리, 열매, 꽃은 발효액으로 만들 수 있다. 재료별로 한 가지 재료로 발효액을 담갔다가 나중에 섞을 수도 있고, 백초발효액처럼 처음부터 여러 가지를 섞어서 담글 수도 있다.

발효시킬 때 미생물의 먹이가 되어주는 설탕은 재료의 무게와 같은 분량의 설탕을 넣어 버무리는 것을 기본으로 한다. 재료가 함유한 당분이나 수분의 양에 따라 더 넣거나 덜 넣을 수 있다. 가령 재료 자체에 당분이 많이 든 것은 설탕을 1:0.8 비율로 넣고, 당분이 적게 든 것은 1:1.2의 비율로 넣는다. 항아리에 넣어 밀봉한 뒤에도 설탕이 다 풀어질 때까지 두서너 번에 걸쳐 저어준다. 설탕 비율을 제대로 맞추기 위해서도 그렇고, 미생물이 먹이활동을 하면서 내놓는 탄산가스를 밖으로 빼내어 보다 맛좋은 발효액을 얻기 위해서다. 재료와 온도에 따라 한 달에서 세 달 남짓 걸려 우러날 성분이 거의 다 빠져나오면 재료가 가벼워져서 위로 뜬다. 이때가 건져줄 때다. 건더기는 술을 붓거나 식초를 만드는 데 다시 써도 된다. 그렇잖으면 삭혀서 퇴비로 쓴다. 즙은 병이나 항아리에 담아 숙성시킨다. 되도록 서늘하고 바람이 잘 통하는 곳에서 서서히 숙성시킨다.

• 발효액을 맛있게 마시려면

물에 타서 일주일쯤 냉장고에 넣어두었다가 따라 마신다. 천연 탄산음료처럼 톡 쏠 뿐만 아니라 풍미도 몰라보게 좋아진다. 청량감이 좋으려면 뚜껑을 최대한 꼭 닫아둔다. 어쩌다 오래 놔두면 가스가 차올라 심하면 폭발할 수 있으므로 중간에 뚜껑을 열고 공기를 빼준다. 기온에 따라 다르지만 냉장고에서 일주일 정도 두었다 먹는 것이 제일 맛있는 것 같다. 발효액 음료는 원액과 물을 1:4 비율로 섞는데 더 진하게 먹고 싶으면 원액을 더 넣고 은은하게 먹고 싶으면 물을 더 넣는다.

• 음식을 만들 때 발효액은 아주 쓸모가 많다

달콤한 맛을 내기 위해 설탕 대신 넣을 수 있고, 식초와 곁들여 새콤한 맛을 내는 데도 이용한다. 가령 매실발효액은 새콤달콤한 맛을 내는 데는 약방의 감초처럼 넣어도 좋다.
드레싱이나 겉절이 양념을 만들 때도 그렇다. 오미자발효액은 된장과 아주 잘 어울려서 채소비빔밥 소스로 써도 좋다. 쇠비름 등 들풀로 만든 발효액은 김치나 깍두기 담글 때 맛을 돋워준다. 우리 집에서는 6월 매실, 9월 오미자, 10월 생강은 반드시 발효액으로 만든다. 마실 거리든 양념이든 없어서는 안 되는 지위를 굳힌 것들이다. 4월 진달래꽃, 목련꽃, 5월 아카시아, 6월 쑥 발효액은 마실 거리로 담근다.

새콤달콤 장아찌와 피클 만들기

장아찌는 채소를 간장, 된장, 고추장 등 장이나 소금에 절여 삭혀두고 먹는 것을 두루 일컫는다. 피클은 서양식 장아찌. 간장이든 된장이든 장을 모르는 서양인들은 소금과 식초, 설탕을 기본으로 월계수, 바질, 딜, 계피, 파슬리 등 여러 향신료를 넣어 맛을 냈다. 오래 두고 먹을 수 있고, 바로 꺼내 먹을 수 있어 서양 가정에서는 여러 가지 피클을 담가두고 먹는다.
텃밭농사를 짓다 보면 장아찌나 피클로 저장할 거리가 많이 나온다. 모든 채소, 모든 들풀이 재료가 될 수 있다. 잎이나 줄기가 좀 질긴 듯싶어도 숨이 죽고, 맛이 들면 순해지니 괜찮다. 무른 것보다는 오히려 억세다 싶은 것이 쫀쫀하게 씹히는 맛이 있어 더 좋을 때도 있다. 봄에는 망촛대, 질경이, 민들레, 취나물, 참나물, 방풍나물. 여름 들머리에는 마늘종, 양파, 마늘, 양배추, 한여름에는 깻잎, 콩잎, 오이, 모듬 채소, 토마토, 가을엔 고추, 더덕, 감, 무……. 손에 닿는 거의 모든 채소를 장아찌로 절여 밥상에 올릴 수 있다. 처음엔 엄두가 나지 않을 수도 있는데 몇 번 해보면서 손에 익으면 '참 별것 아니네' 싶어진다. 새콤, 달콤, 짭짤한 간을 맞춰서 삭히면 그만이니까. 밥맛이 없을 때 입맛을 끌어올려주기도 하고, 반찬은 마땅찮은데 꼼짝하기 싫을 때 만만한 밑반찬으로 참 반갑기만 한 장아찌다. 물기가 많거나 억세다 싶은 재료는 살짝 데쳐서 꾸들꾸들하게 말려서 쓰면 좋다.

냄비에 설탕, 간장(혹은 소금), 물을 같은 비율로 넣어 끓이다가 불에서 내려놓을 때쯤 식초를 넣어 살짝 끓인다(식초는 방부성도 있지만 휘발성이 있으므로 오래 끓이지 않는다). 식초가 덜 날아가도록 하기 위해서다. 단맛을 줄이고 싶으면 설탕을, 신맛을 줄이고 싶으면 식초를 조금 적게 넣는 식으로 조절한다. 물 대신 맛국물을 쓰면 감칠맛이 더해진다. 간장, 물, 식초, 설탕비율을 3:3:2:2로 하면 달콤새콤한 맛이 진하고, 3:3:1:1로 하면 그 맛이 연하다. 재료가 지닌 물기가 다르므로 이렇게 저렇게 해 먹다 보면 자기 입에 착 달라붙는 비율을 찾을 수 있을 것이다. 이 단촛물을 팔팔 끓여 그대로 붓기도 하고, 식혀서 붓기도 한다. 통에 넣은 재료가 자작하게 잠기게 한 뒤 떠오르지 않도록 돌로 눌러놓는다. 3일 뒤쯤에 한 번, 그 뒤 일주일 띄어 국물을 따라내서 다시 끓여 부으면 오래 두고 먹을 수 있다. 냉장고에 넣지 않고 두고두고 먹으려면 그렇게 다섯 번 정도는 하고 소독을 잘 한 통에 넣어야 한다. 그게 번거로우면 냉장고에 들여놓는다. 숙성시켜서 먹으면 더 깊은 맛이 나는데, 한두 달 남짓 두었다 먹는다.

색깔 있는 장아찌 담그기

무나 양파처럼 하얀 바탕에 색깔을 물들이고 싶을 때는 간장 대신 소금을 쓴다. 말린 오미자나 비트를 활용하면 붉은 빛을 낼 수 있다. 단촛물을 끓여 불에서 내려놓을 때쯤 비트나 오미자를 넣어서 놔두면 빛깔이 서서히 우러나온다. 진달래 빛깔에서 철쭉 빛깔까지 자신이 원하는 빛깔이 났을 때 꺼내면 된다. 말린 오미자는 물에 하룻밤 우려내서 그 물을 쓴다. 초록빛을 내려면 시금치나 부추를 갈아서 즙을 내어 쓴다. 노란빛은 단호박을 갈아서 즙을 내서 쓰고, 보랏빛은 포도즙으로 낸다.

국수 맛있게 삶는 법

냄비에 넉넉하게 물을 잡아 센 불에 끓인다(국수가 서로 달라붙지 않도록 큰 냄비에 삶는다. 작은 냄비에서는 물의 양이 적어 면을 고루 익히기 쉽지 않다). 물이 끓으면 국수를 넣는다. 끓어 넘칠 듯하면 찬물 반 컵을 넣어 누그러뜨린다. 다시 끓어오르면 다시 찬물 반 컵을 넣어 가라앉히기를 두세 번한 뒤에 불을 끈다(마른 국수는 끓는 물에 넣자마자 바로 저어주고, 생국수는 웬만큼 익고 나서 저어야 끊기지 않는다). 면이 다 익었을까? 국수가 말갛게 비치면 다 익었다. 미심쩍으면 한 가닥 꺼내 찬물에 씻어 먹어본다. 설컹거리지도 않고 풀어지지도 않게 삶으면 된다. 삶아낸 국수는 흐르는 찬물에 바락바락 문질러가며 헹궈서 전분을 싹 씻어내야 국수발이 야들야들하다.

파스타 맛나게 삶는 법

큰 냄비에 물을 넉넉히 붓는다. 바싹 말라 있는 파스타가 불어나서 들러붙지 않도록. 파스타 250g을 기준으로 삼으면 물 2000cc 정도를 넣어야 넉넉하다.
센 불에 올려 물이 펄펄 끓으면 파스타를 넣고 젓가락으로 휘저어 물에 충분히 잠기게 한다. 웬만큼 불었다 싶으면 한 가닥 꺼내어 깨물어본다. 바늘끝만 한 심이 남아 있으면 적절히 삶아진 것. 체로 건져 그대로 식힌다. 찬물에 헹구지 않기! 그대로 물기만 빼주면 된다.

들깨의 효능과 활용법

들깨는 음식으로 흡수해야 하는 필수 지방산을 듬뿍 담고 있다. 그래서 고기를 먹지 않아도 들깨를 먹으면 영양에 문제가 되지 않는다. 항암작용도 하고 자연치유력을 높여주며 뇌의 신경기능을 활기차게 해주는 성분이 들어 있다. 세포의 성장을 돕고 노화를 방지하니 자라나는 아이들은 물론 나이 든 노인들에게도 좋다.
들깨는 기름을 짜거나 가루를 내어 쓰거나 볶아서 사용한다.
통들깨는 톡톡 씹히는 맛이 좋고, 곱게 간 들깻가루는 부드러운 식감이 뛰어나다. 들깨로 짠 기름은 음식의 맛을 끌어올리는 깊은 향취를 풍긴다. 타는 온도가 낮아 볶는 과정에서 발암물질이 생기기 쉬우므로 생들기름, 생들깨로 먹는 것이 좋다. 쉽게 산화되어 오랫동안 두고 먹기 어렵다. 들깨나 들기름을 넣어 조리한 음식은 가급적 그때그때 먹을 만큼씩 만들어 먹는다.
물에 두어 번 씻은 뒤 체로 조리질을 해서 돌을 걸러내고 햇볕에 바싹 말려 사용한다. 바짝 말라야 기름이 많이 나오고, 더 고소하다.

들깨국물 내리기

들깨를 손으로 바락바락 문질러가며 씻는다. 뜰채로 모래와 돌 부스러기 따위가 나오지 않을 때까지 조리질을 한다. 씻은 들깨와 물을 믹서에 넣고 곱게 갈아 체에 받쳐낸다. 건더기는 버리고 국물만 쓴다. 들깻가루가 있을 때는 체에 들깻가루를 넣고 4배가량의 다시마물을 부어 국물을 내려서 쓴다.

나물 볶는 법

채소는 기름을 둘러 뜨겁게 달군 팬에 센 불로 볶다가 타지 않게 불을 살짝 낮춘다. 계속 낮은 불에서 볶으면 채소가 늘어진다. 어느 정도 물기가 나오면 다시 잠깐 불을 올렸다가 낮춘다. 이렇게 하면 씹히는 느낌을 살려 익힐 수 있다. 뜸을 들여야 양념과 재료의 맛이 고루 어우러진다.

묵나물, 맛있게 조리하는 방법

묵나물은 대체로 조리하기 전에 미리 물에 담가서 불렸다가 삶는다. 호박이나 가지오가리, 말린 고춧잎처럼 삶지 않고 그냥 물에 불렸다가 써도 부드러워지는 것들이 있기는 하다. 재료에 따라, 어느 만큼 말랐는가에 따라 삶는 시간이 달라질 수 있으니 제법 신경이 쓰인다. 오래 삶아야 하는 것들은 압력밥솥에 삶으면 조리시간도 줄이고, 에너지도 적게 들일 수 있다. 어느 만큼 익었는지 살피기가 쉽지 않지만 몇 번 하다 보면 감이 잡힌다. 묵나물이 잠길 정도로 넉넉히 물을 부어야 골고루 익는다. 다 익었는지 모르겠거든 한 줄기 건져서 씹어보거나 손가락으로 눌러본다. 딱딱한 심이 없으면 적당히 삶아진 것. 하다 보면 눈대중만으로도 나름 알게 된다. 암튼 부들부들하게 삶아야 한다. 만져보아 뻣뻣하다 싶으면 더 삶는다. 너무 삶으면 물러터지고, 덜 삶으면 설익어 질기니 제대로 삶는 것이 맛에 이르는 제1관문인 셈.

묵나물은 재료마다 맛은 물론 질감도, 영양도 다르다. 그러나 조리할 때는 양념도, 조리하는 방법도 거의 비슷하다. 맛간장, 들기름, 송송 썬 파, 다진 마늘이 기본적으로 들어간다. 입맛에 따라 양념을 더 넣거나 덜 넣는다. 묵나물과 양념을 조물조물해서 맛이 속속들이 고르게 배게 하는 것이 중요하다. 묵나물은 특히 들기름과 잘 어울린다. 참기름과 달리 너끈하게 넣어야 향기롭다. 무친 묵나물을 기름 살짝 둘러 달군 팬에 느른하게 볶는다. 묵나물은 들깻가루랑 잘 어울리니 한두 술 넣어주고. 뻑뻑하다 싶으면 맛국물 한두 숟가락 넣어가며 볶다가 뚜껑을 덮어두면 부드럽게 익는다.

> 1. 간은 간장만으로 해도 되지만 너무 거무튀튀하다 싶으면 소금을 섞어 쓴다.
> 2. 들깻가루는 입맛 따라 넣어 먹으면 된다.
> 3. 팬은 미리 기름을 넣어서 달궈놓은 뒤에 재료를 넣고 볶는다.

대추꽃 만들기

대추에서 씨를 빼고 돌돌 말아 썰어서 보면 꽃 모양이 난다. 이 대추꽃은 음식을 먹음직스럽게 하는 장식으로 쓰인다. 식혜에 띄우거나 떡을 할 때 박아 넣곤 한다. 대추는 기관지 천식에 따르는 부종을 가라앉히고 기침을 멎게 하는 효능을 지니고 있으니 이래저래 이롭다.

엿기름 활용법

보리 몇 그루를 심어 이삭을 털면 겉보리. 요즘은 보리방아를 찧는 방앗간이 사라져 보리쌀은 넘볼 수 없지만, 엿기름을 기르면 밥상이 다채로워진다. 질금이라 부르기도 하는 엿기름. 보리가 싹을 틔울 때 전분이 당분으로 변하는 성질을 조리에 활용하는 것이다. 식혜를 하거나 고추장을 담그거나 조청을 고을 때 이것 없이는 맛에 이를 수 없다.

엿기름은 봄철이나 따뜻할 때도 기를 수는 있지만, 그럴 때는 썩기가 쉬우므로 날이 선선해지는 가을부터 기른다. 얼음이 얼기 시작하면 잘 마르지 않아 멀끔한 엿기름을 얻기 어려우니 너무 늦지 않게 기른다.

겉보리를 씻어 하루 정도 물에 담가둔다. 충분히 불릴수록 싹이 금방 튼다. 물에서 건진 겉보리를 바구니에 앉히고 덮개를 씌워두되 물기가 마르지 않도록 살펴준다. 아침저녁 수시로 물을 준다. 하얀 잔뿌리가 내려 서로 뒤엉켜지면 물에 쏟아 엉긴 것을 뜯어준다. 두어 번을 더 그렇게 뜯어줄 때쯤 파르스름한 싹이 손가락 한 마디쯤 자라면 다 된 것. 더 이상 자라면 단맛이 줄어들므로 깔개 위에 펴 넌다. 볕바르고 바람 잘 통하는 곳에서는 대엿새면 바짝 마른다. 잘 마른 엿기름은 손으로 바락바락 비벼 뿌리 부위의 지저분한 부분을 떨어내고 봉투나 그릇에 담아둔다. 필요할 때마다 조금씩 믹서에 갈아서 사용한다.

농부가 세상을 바꾼다

귀 농 총 서
guidebook

숨쉬는 양념·밥상

쉽고 편하게 해 먹는 자연양념과 제철밥

장영란 지음·김광화 사진 | 대국판 344쪽 | 올 컬러

자연양념과 제철밥으로 늘 건강한 우리 집 밥상!

저자는 양념부터 만들자고 말한다. 있는 재료로도 당장 끼니 챙기기 어려운 데 양념을 만들라니 까마득하게 느껴질 수 있겠다. 하지만 양념이란 게 복잡하게 지지고 볶을 것 없이 단순하게 해도 맛있다. '숨 쉬는 양념'은 아주 쉬우면서도 우리 몸에 좋은 양념 만들기를 소개한다. 또한 우리 땅에서 나는 쌀과 잡곡, 감자 등을 이용해 사철 맞는 '제철밥'을 만들어 먹는 노하우를 담았다.

"장영란 선생의 손맛에는 삶이 있다. 귀농생활을 통해 터득한 그의 맛은 단아하다. 품위가 있다. 어떤 화려한 밥상도 흉내 낼 수 없다. 15년, 진솔한 시간의 힘이다. 아직도 도라지나물, 호두밥, 애호박오가리나물, 잣비지 등 그의 맛에 두근두근 심장이 뛰었던 기억을 잊지 못한다. 사람의 마음을 움직이는 맛은 세상에 그리 흔하지 않다._ 박미향(한겨레신문 음식담당기자)

농사꾼 장영란의 자연달력 제철밥상

장영란 지음·김정현 그림 | 360쪽 | 올 컬러

2008년 정농회 선정도서

24절기 자연 흐름에 맞춘 자급자족 밥상

이 책은 단지 먹을거리만 소개하고 있는 것이 아니다. 절기에 맞춰 자연의 흐름을 이해하기 쉽게 보여주는 훌륭한 자연교과서라 할 수 있다. 절기마다 피고 지는 꽃, 찾아오는 새들의 울음소리와 다양한 동물들과 벌레들의 활동, 그에 맞춰 진행되는 농사일들, 그리고 먹을거리에 관한 이야기들이 재미있고 잔잔하게 전개된다. 저자는 자연을 구경만 하는 관객의 입장이 아니라 자연 속에서 자연과 하나 되어 자연을 말하는 태도를 일관되게 취한다. 독자들은 이 책을 통해 자연 속으로 흔쾌하게 빨려 들어가는 즐거움을 맛볼 수 있을 것이다.

"먹을거리가 넘쳐나지만 제대로 먹고 살기는 오히려 힘든 세상이다. 아이 어른 할 것 없이 면역력이 떨어지고 있다. 면역력이란 다른 말로 몸의 자급능력이라 할 수 있다. 몸의 자급능력은 하루아침에 얻어지는 게 아니라 꾸준히 먹을거리를 자급해나갈 때 얻을 수 있다."_지은이의 말 중에서

약이 되는 잡초음식 숲과 들을 접시에 담다

변현단 지음·안경자 그림 | 국판 320쪽 | 올 컬러

2010년 문화관광부 우수교양도서

약이 되고 찬도 되는 50가지 잡초음식의 향연장!

매일 먹는 밥상에 비상이 걸렸다! 화학재료의 남용으로 우리 밥상이 위험 수위에 오른 지는 이미 오래. 하지만 건강한 밥상으로 바꾸는 일도 만만치는 않다. 이제 인스턴트 음식과 매식에서 벗어나 철 따라 즐길 수 있는 자연산 식물에 눈을 돌려보자. 잡초음식을 상용하여 병도 고치고 건강도 찾은 저자의 생생한 경험담이 그만의 독특한 농철학과 함께 소개된다. 석유가 점령한 우리 밥상의 심각성을 경고하는 1부에 이어, 2부는 우리 산야에 나는 자연산 풀을 일상에서 건강한 먹을거리로 즐길 수 있는 여러 가지 조리법을 소개한다. 풀이나 뿌리뿐 아니라 꽃잎까지 다양하게 활용하여 식탁의 그린지수를 높여본다.

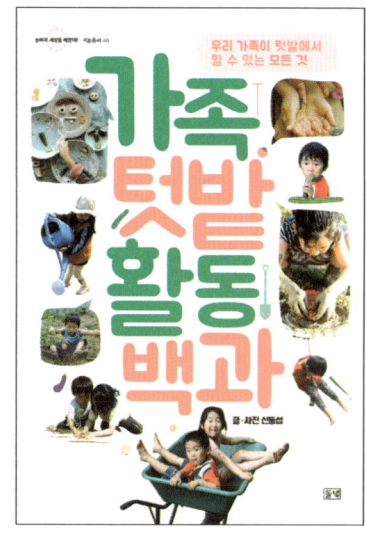

가족텃밭 활동백과

우리 가족이 텃밭에서 할 수 있는 모든 것

신동섭 글·사진 | 국판 384쪽 | 올 컬러

이 책만 있으면 도시토박이 엄마아빠들도 텃밭이 두렵지 않다!

모든 아이들이 밭일이나 야외활동을 좋아하는 건 아니다. 여름엔 덥고, 비가 오면 젖고, 풀에 쏠리면 아프고, 벌레에 물리면 따가우니까. 엄마아빠도 처음엔 아이들을 위한 체험교육 때문에 텃밭을 시작하지만, 어느새 '경작본능'이 앞서는 탓에 밭을 돌보느라 바빠진다. 아이들은 자연스레 호미 대신 게임기를 손에 든다.
자연체험활동을 하러 모처럼 나왔는데 집에 가자며 보채는 아이들 때문에 당황스러웠던 '경작본능' 부모, 그자를 보고 낫을 떠올려도 낫질은 해본 적 없는 '도시토박이' 부모, 어린 시절 먹었던 화전이나 봄나물의 맛을 아이들에게 알려주고 싶은 '미각본능' 부모를 위해 텃밭에서 아이들과 함께 잘 기르고, 놀고, 먹기 위한 모든 것을 이 한 권에 담았다.